JN256862

関 周一 著

中世の唐物と伝来技術

吉川弘文館

目次

序　章 …… 一
一　近年の対外関係史研究の状況 …… 一
二　本書の課題と方法 …… 三
三　唐　物 …… 七
第一章　唐物の流通と消費 …… 一六
はじめに …… 一六
一　古代における唐物 …… 一八
二　中世における唐物の輸入 …… 二〇
1　宋・元・高麗からの唐物輸入 …… 二〇
2　明・朝鮮王朝・琉球からの唐物輸入 …… 二四
三　京都における唐物の消費 …… 二八

1 宴や儀式・法要の室礼などの利用……二九
2 法会の捧物……三一
3 天皇・院・将軍の下賜物……三一
4 天皇・院・将軍への進上と返礼……三三
5 陶磁器に関する文献史料……三六
四 島津氏・大内氏による唐物贈与……三七
1 島津氏による唐物贈与……三八
2 大内氏の贈答……四六
五 「御物」の成立とその意義……五三
1 「御物」(東山御物)の形成過程……五三
2 「御物」の持つ意味……五四
3 和の中の漢……五五
六 博多・鎌倉における唐物……五八
1 博多……五八
2 鎌倉(東国)……六一
おわりに……六三
第二章 香料の道と日本・朝鮮・琉球……六六
はじめに……六六

一　日本の香料輸入ルートの変遷……六八
二　搭載植物からみた新安沈没船……七〇
三　第二期の香料輸入ルートと琉球……七三
四　琉球の香料貿易……七六
1　暹羅からの胡椒輸入……七六
2　明への胡椒輸出……七八
3　高麗・朝鮮王朝への輸出……八〇
五　香料消費の変遷……八三
1　第一期……八三
2　第二期……八四
六　朝鮮の香料輸入とその消費……八七
1　朝鮮の香料輸入状況……八七
2　朝鮮での香料の普及……九四
おわりに……九六
第三章　大蔵経・貨幣と日本国王使……九九
はじめに……九九
一　足利義持期の日本国王使——大蔵経・大蔵経板への執着——……一〇二

二　足利義教・義勝期の日本国王使——請経使と通信使への対応——……一一〇
三　足利義政期の日本国王使——特定寺院のための遣使——……一一五
四　朝鮮貨幣を求めた日本国王使……一一七
1　朝鮮における銭貨……一一七
2　交易による銅銭獲得……一一八
3　日本国王使による銅銭請求……一一九
4　守護大名の使節による贈与要請……一二三
おわりに……一二三
第四章　鉄砲の生産技術の伝来……一二八
はじめに……一二八
一　東南アジアへの鉄砲伝来……一三一
二　鉄砲伝来に関する文献史料（一）——ヨーロッパ側史料——……一三三
三　鉄砲伝来に関する文献史料（二）——日本・中国側史料——……一四一
四　鉄砲の初伝をめぐる考察——『鉄炮記』の検討——……一四五
1　宇田川武久説の検討……一四五
2　清水紘一氏による分析……一四七
3　村井章介氏による分析……一四八

4　中島楽章説……一五〇
五　鉄砲製造技術の伝播とその背景……一五二
1　鉄砲製造の技術……一五二
2　原材料の輸入……一五五
3　種子島の位置――中国・琉球との貿易――……一五七
4　鉄砲製造の背景……一六二
5　合戦における鉄砲の普及……一六五
六　倭乱以前の明・朝鮮王朝と鉄砲……一六六
七　壬辰・丁酉倭乱における鉄砲の受容……一七一
おわりに――武器の輸出――……一七四
第五章　朝鮮王朝に伝えられた日本の技術……一七六
はじめに……一七六
一　朝鮮王朝による日本の技術の導入……一七六
1　朝鮮王朝の技術への関心……一七七
2　水車とその造法……一七七
3　造船技術……一八二
二　境界の交流と、技術の伝播の条件……一八五

1 技術の伝播の条件……一八五
2 朝鮮鐘をめぐる境界の交流……一八七
おわりに……一九二
第六章 中世後期における唐人をめぐる意識……一九五
はじめに……一九五
一 「唐人」の語義の変遷……一九七
二 応永の外寇と「唐人」をめぐる情報……二〇二
三 明使に対する幕府の対応……二〇七
おわりに……二一〇
終 章……二一四
一 本書の要約……二一四
二 今後の課題……二二二
引用・参考文献……二二四
あとがき……二四三
索 引

序章

一　近年の対外関係史研究の状況

中世対外関係史研究の活発化

一九八〇年代以降、中世日本の対外関係史（交流史）研究――アジアやヨーロッパの人々との交流史の研究――は急速に進展し、海域アジア史の視点を踏まえる研究を含めて、成果が次々と発表されるようになった〔桃木至朗―二〇〇八〕。

とりわけ二一世紀に入り、当該分野の研究は、毎年相当な数が発表されるようになり、『史学雑誌』毎年五月号に掲載される「回顧と展望」の「日本」「中世」において、対外関係史で一節を設けることが恒例になった。筆者が、二〇一一年の「回顧と展望」の「日本」「中世」「四　中世の対外交流」の項目を執筆した際には、対象とした著書・論文は九〇点にのぼった。それらの論考を、「境界論」「北方」「琉球・南島」「唐坊・薩摩塔と博多」「禅僧」「外交」「対外観と唐物・信仰」「アジア交流史」「史料」に分類して紹介した〔関周一―二〇一二〕。年によって、右のテーマに関わる著書・論文の発表件数は異なるものの、最近の研究上の関心が集約されているといっても過言ではない。

こうした研究動向については、二〇一三年、『歴史学研究』第九〇六号の特集「『東アジア史』は可能か―方法／検証の同時代史（Ⅰ）―」に寄せた「中世『東アジア』研究の動向」〔関周一―二〇一三ａ〕において整理した。そこでは、一九八〇年代に、村井章介氏の「環日本海地域」「環シナ海地域」や、荒野泰典氏の「倭寇的状況」「諸民族雑居の状態」という議論に代表されるような、時代や地域をとらえる枠組みが提示されたことをまず示した。次いで諸研究のうち、「倭寇と境界」「海商と僧侶」「禅僧と偽使・対外観」の三つを取り上げ、私見を交えつつ、代表的な議論を紹介した。そして「ほかの研究分野との協業」という節を設けて、仏教史や美術史、考古学との連携の現状について紹介した。それは、毎年行われる研究会を場とするものや、二〇世紀末以降相次いで組織された、文部科学省の科学研究費による研究プロジェクトなどがあたる。

中世考古学研究の進展

アジア・ヨーロッパとの交流史という視点から、「ほかの研究分野」のうち、中世考古学の成果に注目しておきたい。

日本列島各地において中世遺跡の発掘調査が進み、京都・平泉・鎌倉・首里という都をはじめ、一乗谷・豊後府内・小田原などの城下町、博多・十三湊・草戸千軒町・那覇・堺などの港町といった都市遺跡（消費地）の具体像が明らかにされてきた。さらに石見銀山・湯之奥金山・佐渡のような鉱山や、常滑・瀬戸・備前や珠洲・越前のような陶器の窯跡など、生産に関わる遺跡の調査が進められている。輸入された陶磁器や銅銭などは、日本列島各地の遺跡から膨大な量が出土している。

さらに、国際的な視野に立てば、韓国・中国・日本・ヴェトナムなどで沈没船の調査が進められている。二〇一三年、『季刊考古学』第一二三号において、「水中考古学の現状と課題」が特集され、日本・韓国・中国・東南アジアの水中遺跡が紹介された。韓国では、一九七五年に確認された新安沈没船の調査を皮切りに、莞島や道里浦・飛雁島などにおいて、海外との貿易船（ジャンク船）や、国内を運行した船の調査が、国立海洋文化財研究所（全羅南道木浦市）

を中心とした国家事業として継続している。中国では、一九八七年、広東中部沿海沖で発見された南海Ⅰ号沈船をはじめ、定海や泉州后渚港などで沈船遺跡が調査されている。台湾の澎湖諸島で確認された将軍一号沈船、ヴェトナムのクーラオチャム沖沈没船などアジア各地で調査が進められている。日本では、弘安蒙古合戦で沈没したモンゴル軍の船（旧南宋の船など）や遺物の調査が、鷹島で継続して行われている（考古学ジャーナル編集委員会―二〇一三）。長崎県小値賀島の前方湾、和歌山県加太友ケ島北方沖などにおいても調査が行われる。多くの調査において、NPO法人アジア水中考古学研究所が果たす役割は大きい。

こうした中世日本の交流の姿は、たとえば、筆者が関わった二つの企画展「東アジア中世海道　海商・港・沈没船」（二〇〇五年三月～一一月。国立歴史民俗博物館、大阪歴史博物館、山口県立萩美術館・浦上記念館の三館を巡回）と「時代を作った技―中世の生産革命」（二〇一三年七月～一一月。国立歴史民俗博物館、広島県立歴史博物館の二館を巡回）のように、多くの方々に紹介する機会が生まれている。

二　本書の課題と方法

課題と構成

右でみた中世考古学研究からは、物（モノ）の動きや生産技術について多くの知見を得ることができる。それに対し、歴史学の側から、物（モノ）の動きや生産技術について考察していこうとするのが、本書である。冒頭で述べたように、近年の交流史研究は活発であるが、このテーマについては研究の蓄積が薄く、考察すべき点は多い。

まず、本書各章の概要に触れていこう。

モノについては、それを象徴する言葉として、本書では唐物（からもの）を挙げる。この語の定義については後述するが、「唐物」や「唐」を付した語で表現される高級舶来品は、王家・公家・武家・寺社などの日本の支配者層の需要がきわめて高く、古文書・古記録などの文献史料の中に数多く確認することができる。したがって唐物の動きが、中世におけるモノの動きを知る上で指標になる。

第一章においては、唐物が日本に輸入される経過を述べた後、唐物がどのように消費されたか考察する。その場所は、主に京都であり、博多や鎌倉にも言及する。唐物の動きについては、特に贈与に注意したい。

第二章では、唐物の代表例である香料を取り上げ、日本への輸入ルートの変遷を考察し、貿易の担い手である琉球王国や、博多・対馬商人の役割を考察する。そして香料がどのように消費されたのかについて、日本と朝鮮とを比較する。

第三章では、朝鮮王朝に派遣された日本国王使の考察を通じて、朝鮮王朝に大蔵経や銅銭を求めた事例を検討し、室町殿らの意図を探ることを試みる。後述する本書の唐物の定義に従えば、大蔵経は唐物に該当し、銅銭は該当しないが、ともに日本国王使が朝鮮に求めたものであり、モノの動きを広くとらえるねらいから銅銭も考察の対象にした。

第四章では、日本への生産技術の伝来という観点から、一六世紀における鉄砲伝来を取り上げる。先行研究に学んで、種子島への鉄砲伝来の年次を確定した上で、種子島にどのような経過で生産技術が伝来したかを検証する。また日本で生産された鉄砲が、朝鮮王朝や明にどのように伝わったのかについて展望する。

第五章では、日朝境界をこえて技術が伝播した事例を考察する。四章が境界の島である種子島を対象としたことに対比して、朝鮮王朝という国家が、日本から技術を導入しようとした事例として、水車と倭船を検討する。また境界の島で対馬や北九州に、朝鮮鐘が輸入され、生産が試みられたことを考察する。

第六章では、唐物というモノへの認識と対比させる意味で、「唐人」（からうど、とうじん）という言葉に示される異国人に対する認識を考察する。古代・中世日本における「唐人」（史料用語）の指す対象の変化を指摘した上で、中世後期（一五世紀）において、主に京都の人々が「唐人」をどのように認識していたのかという点について、応永の外寇（一四一九年）の際に飛び交った風聞や、明使に対する室町幕府の対応、特に祇園会への明使の出席などから考察する。

各章と旧稿との関係

各章はいずれも既発表論文をもとにしており、複数の論文を再構成しているものもある。第二章の原論文のように、発表後二〇年以上経過しているものもあるため、旧稿の誤りを正し、旧稿発表後の研究についてできるだけ加筆し、現段階における研究状況と私見とがわかるように配慮した。また旧稿に寄せられた批判に対する回答も加筆した。ただし各章とも、旧稿の主張に大幅な変更を加える必要が認められなかったので、基本的な論旨には手を入れていない。

第一章は、「唐物の流通と消費」（『国立歴史民俗博物館研究報告』第九二号、二〇〇二年）を軸に、「唐物に関する近年の研究」（『貿易陶磁研究』第三一号、二〇一一年）を時代や論点ごとに分けて加えている。前者の報告書は、桜井英治氏を代表とする、国立歴史民俗博物館の共同研究「日本における都市生活史の研究　古代・中世の都市をめぐる流通と消費」（一九九六〜九八年度）の成果を収めたものである。後者は、二〇一〇年九月二五日に行われた第三一回日本貿易陶磁研究集会における報告「近年の日本史研究と唐物・貿易陶磁」をもとにしたものである。

第二章は、「香料の道と日本・朝鮮」（荒野泰典・石井正敏・村井章介編『アジアのなかの日本史　第Ⅲ巻　海上の道』東京大学出版会、一九九二年）と、「香料の道　再考」（研究代表者小野正敏　平成一四年度〜平成一七年度科学研究費補助金　基盤研究（A）⑵『前近代の東アジア海域における唐物と南蛮物の交易とその意義』二〇〇六年）とをあわせて、再構成したものである。後者の科研には研究協力者として参加し、国立歴史民俗博物館を中心とした企画展「東アジア中世海道」（前述）の展示プロジェクト委員を兼ね、その準備に携わった。

第三章の第一節〜第三節は、「室町幕府の朝鮮外交—足利義持・義教期の日本国王使を中心として—」（阿部猛編『日本社会における王権と封建』東京堂出版、一九九七年）、第四節は「朝鮮王朝からの銅銭輸入」（出土銭貨研究会『出土銭貨』第九号、一九九八年）による。

第四章は、佐々木稔編『火縄銃の伝来と技術』（吉川弘文館、二〇〇三年）のうち、筆者の分担部分である「火縄銃伝来の虚と実」の第一・二・四・五章と「火縄銃の伝来をめぐって」、「一六世紀アジアにおける鉄砲と戦争」（小林一岳・則竹雄一編『戦争Ⅰ　中世戦争論の現在』青木書店、二〇〇四年）、「鉄砲伝来をめぐる近年の歴史学研究」（『銃砲史研究』第三五四号、二〇〇六年）を再構成し、近年の研究について加筆した。

『火縄銃の伝来と技術』は、金属工学の佐々木稔氏、銃砲史の峯田元治氏との共著で、火縄銃構造解析研究会の成果に基づいている。同会は、銃砲史研究を先導してきた所荘吉氏を代表とし、技術史の伊藤博之氏と、佐々木・峯田両氏と私がメンバーで、火縄銃が伝来した当初における生産技術を明らかにすることを目的とし、定期的に研究会を開き、その成果を『産業考古学』などに随時発表してきた。

同書の刊行後、『歴史学研究』誌上で、「一六〜一七世紀における軍事技術の発達・交流と価値観」が特集された〔歴史学研究会—二〇〇四〕。宇田川武久・村井章介・宮武志郎・藤本正行・谷口眞子各氏が文章を寄せ、新たな論点を提示している。「一六世紀アジアにおける鉄砲と戦争」は、右の特集記事を踏まえた上で、前著〔佐々木稔—二〇〇三〕の不備を補い、近年の諸研究によりながら、アジアにおける鉄砲伝来を見通した。

その後も本書で述べるように、ポルトガル人の来航年次についての中島楽章氏の新説が発表されるなど、鉄砲伝来の議論が継続しているため、第三六二回日本銃砲史学会例会（二〇〇六年六月二五日）において、「鉄砲伝来をめぐる近年の歴史学研究」と題する報告を行い、『銃砲史研究』に文章を発表した。

第五章の原論文は、「『朝鮮王朝実録』にみる国家と境界の技術交流」（研究代表者小野正敏　平成一八年度～平成二一年度科学研究費補助金　基盤研究(A)『中世東アジアにおける技術の交流と移転―モデル、人、技術』二〇一〇年）である。この科研には、研究協力者として加わった。本章の一部については、『対馬と倭寇―境界に生きる中世びと―』（高志書院〔高志書院選書〕、二〇一二年）、『朝鮮人のみた中世日本』（吉川弘文館〔歴史文化ライブラリー〕、二〇一三年）においても言及した。

第六章の原論文は、「中世後期における『唐人』をめぐる意識」（田中健夫編『前近代の日本と東アジア』吉川弘文館、一九九五年）であり、一九九二年度鈴渓学術財団助成研究「中世日朝関係の基礎的研究」および一九九二・九三年度文部省科学研究費補助金（特別研究員奨励費、研究課題「一四～一六世紀東アジア海域の交流と地域社会」）による研究成果の一部である。また第一節は、社会文化史学会大会（一九九一年八月三日）において「中世後期日本における唐人について」と題して報告した。なお、応永の外寇と風聞については、「『朝鮮王朝実録』の日本関係史料」（北島万次・孫承喆・橋本雄・村井章介編著『日朝交流と相克の歴史』校倉書房、二〇〇九年）においても言及した。

三　唐物

唐物研究の隆盛

本書では、モノを象徴する言葉として唐物を選んだが、近年、唐物に関する研究が急速に進展している。このテーマは、美術史の分野で専ら研究されてきたが、近年歴史学（特に日本古代史・日本中世史）においても、唐物に関する研究が数多く発表されるようになった。その結果、美術史研究においても、歴史学の側から示した論点を取り入れ、議論を展開するようになった。こうした唐物の研究史については、皆川雅樹氏が詳細に整理している〔皆川雅樹―二〇一四、序章〕が、具体的な考察に入る前に、筆者の旧稿〔関周一―二〇一二〕に基づき、主要な研究や議論を紹介しておきたい。なお、中世の唐物に関する美術史の研究は、本書第一章において言及する。

古代史研究において、唐物に関する研究は、近年、急速な進展をとげている。その代表的な論者は、日本文学の研究者である河添房江氏と、日本古代の対外関係史を研究している皆川雅樹氏である。

『源氏物語』の研究者として知られる河添氏は、古代の対外関係史研究の成果を積極的に取り入れ、同書の中で随所に登場する唐物個々の意味について分析を加えた〔河添房江―二〇〇五〕。その上、その成果を幅広い読者に向けて提示した〔河添房江―二〇〇七・〇八〕。

また皆川氏は、古代の唐物についての研究を一貫して進め、二〇一一年度の歴史学研究会古代史部会における報告に結実した〔皆川雅樹―二〇一二〕。

その二〇一一年には、河添氏と皆川氏を編者として、アジア遊学のシリーズの一冊として、『唐物と東アジア―舶載品をめぐる文化交流史―』〔河添房江・皆川雅樹―二〇一一〕が刊行され、文学・歴史学・美術の各分野の研究者が論文を寄せている。同年には、シャルロッテ・フォン・ヴェアシュア氏による大著の日本語版〔河内春人翻訳、鈴木靖民解説〕が刊行された〔シャルロッテ・フォン・ヴェアシュア―二〇一一a〕。同書は五章から成るが、第二章のタイトルは「唐物への殺到　九―一二世紀」である。日本語版では、豊富なカラー口絵によって輸入品や輸出品の実例が示され、五本のコラムが増補されている。「コラム3」は「唐物への憧憬」である。

そして二〇一四年、皆川氏は一連の唐物研究を論文集にまとめている〔皆川雅樹―二〇一四〕。序論において、日本古代・中世史における「唐物」研究の論点を整理した上で、「唐物」「交易」をキーワードとして、「日本古代の対外関係」が王権・国家による支配秩序の形成に果たした役割について、特に権力者が政治的な力によってモノを集中し分配することで「内なる秩序」を形成することの意義を検討すると述べる。その際、「東部ユーラシア」に連なるヒト・モノ・情報の交流という視点を強調する。右書の第一部では、平安期の対外交易と「唐物」認識について、「唐物」の語の成立の意義や対外交易制度と「唐物」の関係性、日本王権の「唐物」贈与などを論じる。第二部では、日本古代の「唐物」交易の具体的諸相として、香料〔沈香・乳香・麝香〕、動物〔鸚鵡・孔雀〕、琴の事例を取り上げている。

同年、河添氏は、「舶来品すなわち唐物が、古代から近世までどのように日本文化史に息づいているのか」という視点から、古代から近世までの唐物の通史を叙述した〔河添房江―二〇一四〕。美術品や歴史史料のみならず、河添氏の専門とする文学作品を使って描いているのが特徴である。同書では、唐物交易の時代的変遷とその実態からみた異国との交流史のほか、各時代の権力者たちの権威と富の表象としての唐物のあり方を考察している。後者は、「唐物に関わるヒトの政治的権力と文化的権威の関係をあぶり出す」試みである。そして日本文化における〈和漢〉の構図と、その中に占める唐物の役割を見通している。〈和漢〉の構図は、島尾新氏ら美術史研究者によって提示された論点であり、本書第一章において言及したい。

中世では、第一章の原論文にあたる筆者の研究〔関周一―二〇〇二a〕において、唐物がいかに輸入されたのか、その唐物がどのように消費されたのかについて、具体的な事例を挙げながら論じた。消費のあり方としては、唐物の贈与に注目した。

冒頭で触れた「ほかの研究分野との協業」との一例である、神奈川県立歴史博物館の企画展「宋元仏画」〔二〇〇七年一〇〜一一月〕は、美術史と歴史学の共同研究の成果である。この共同研究の成果を踏まえて、古川元也氏は、鎌倉円覚寺の塔頭仏日庵の什宝・什物の目録である「仏日庵公物目録」（貞治二年〈一三六三〉）の原本を丹念に調査し、唐物の階層性に注目している（この点は、後述する）。

中世における唐物を購入する主要な主体は、禅宗寺院であった。禅宗史研究の立場から、原田正俊氏は、室町時代の禅宗が唐物と一体になって受容されたことを指摘している〔原田正俊―二〇一二〕。

そして橋本雄氏は、美術史研究の成果を積極的に取り入れて、室町幕府や守護大名にとっての唐物を検証し、室町文化論へ新たな展望を示している〔橋本雄―二〇一二〕。橋本氏の議論は、第一章で取り上げる。

「唐物」の初見

ここで、史料にみえる「唐物」（史料用語）の意味について考えたい。

『日本国語大辞典』第二版の「から-もの【唐物】」は、語義として次の三つを挙げている〔日本国語大辞典第二版編集委員会ほか―二〇〇一、第三巻、一〇九八～九九頁〕。

①中国およびその他の外国から輸入された舶来の品物の総称。とうぶつ。

②「からおりもの（唐織物）」に同じ。

③古道具の称。

そして「語誌」には、次のような説明がある。

①平安時代では、舶来品について「貨物」「雑物」「方物」「土物」「遠物」等のいろいろな表現がなされるが、「唐物」は中国製品あるいは中国経由の輸入品に使用され、渤海や新羅からの輸入品には使用されない。また、史書・記録以外の資料でも、「唐物」を中国と無関係な舶来品に使用した例を見ないので、平安時代では、舶来品一般をさす言葉としてではなく、文字どおりの意味で使用されていたと考えられる。

②「唐物」は、「とうもつ」「とうぶつ」等（中世・近世のキリシタン資料・辞書他にある読み方）と読まれていた可能性もあるが、「宇津保物語」や「源氏物語」の仮名書例や、交易唐物使のことを「古今集」等で「からもののつかひ」といっていることなどから、日常的に「からもの」と読まれていた可能性が高い。

皆川雅樹氏によれば、「唐物」の語の史料上の初見は、『日本後紀』大同三年（八〇八）一一月一一日条に、

勅、如レ聞、大嘗会之雑楽伎人等、専乖二朝憲一、以二唐物一為レ飾、令之不レ行、往古所レ譏、宜下重加二禁断一、不レ得二許容一、

とある記事である。大嘗会の「雑楽伎人等」が国法にそむき、「唐物」を飾りとし、法令が守れない状況が往古から批判されているので、再度禁止命令が出されている。延暦の遣唐使の帰国にともなう「唐物」の流入とみられるが、詳細は不明であると皆川氏は指摘する（皆川雅樹―二〇一四、第一部第一章、二六頁）。そして、右の『日本国語大辞典』の語誌の①の平安時代の説明の「『唐物』は中国製品あるいは中国経由の輸入品に使用され、渤海や新羅からの輸入品には使用されない」ことに注目し、その意味について考察している（本書第一章参照）。

また一一世紀に成立したとみられる、藤原明衡『新猿楽記』八郎真人（商人の主領）の箇所では、唐物として、次の品目を列挙している（括弧内は、引用者の注記）。

沈（沈香）・麝香・衣比（薫物の一種）・丁子・甘松・薫陸・青木（青木香）・竜脳・牛頭（牛頭香）・鶏舌（丁子の一種）・白檀・赤木・紫檀・蘇芳（蘇木）・陶砂（明礬）・紅雪（薬品）・紫雪（薬品）・金益丹（金液丹、丹薬）・銀益丹（丹薬）・紫金膏・巴豆・雄黄・可梨勒・檳榔子・銅黄（顔料）・緑青（顔料）・燕脂（臙脂虫の粉末）・空青（薬用の鉱石）・丹・朱砂・胡粉・豹虎皮・藤茶碗・籠子・犀生角・水牛如意・瑪瑙帯・瑠璃壺・綾・錦・羅・縠（綾以下は、絹織物）・呉竹・吹玉

沈香・麝香・丁子のような香料（薬用になるものもある）や、染料（蘇芳など）・薬品・絹織物などがみえる。

本書における唐物の定義

唐物の語は、右でみたように、九世紀以降の史料にみえる語、すなわち史料用語であるが、「　」で示す引用史料を除き、本書では研究上の概念として使用する。

かつて筆者は、旧稿において、唐物を次のように説明した（引用史料に返り点を付した）。

本稿で使用する「唐物」の語について定義しておく。この語からは、中国からの輸入品が想定されようが、その中には東南アジア産の物資も含まれていた。また「抑自㆓高麗㆒公方へ進物到来、鵝眼千貫・唐物重宝済々進云々」（『看聞日記』永享三年七月二八日条）という記事から、朝鮮王朝からの輸入品に対しても「唐物」と呼んでいたことがわかる。一五～一六世紀には、琉球王国を通じてもたらされる中国産の物資もあった。したがって、本稿では唐物の語を、中国大陸・朝鮮半島・琉球などからの輸入品（舶来品）と定義して使用する。具体的には、絵画（唐絵）・書籍・絹織物・香料・薬種・工芸品・陶磁器・金属器などがあげられる。尚、本稿の定義によれば、銭貨（宋銭・明銭など）も唐物に含まれることになるが、銭貨の研究にはかなりの蓄積があるので、本稿では直接分析対象とはしない。　〔関周一―二〇〇二a、八九頁〕

旧稿は、中世全般の唐物についての概観を試みたものである。唐物の語の対象は、時期や認識主体によって相違があり、それを一律に規定するのは困難だと判断し、「中国大陸・朝鮮半島・琉球などからの輸入品（舶来品）」という包括的な定義を与えることにした。また史料では、「唐絵」や「唐墨」などの個々の唐物が表記される事例が多く、「唐物」の語句のみを対象とするのではなく、舶来品全般を分析の対象とした。右の記述では、銭貨を唐物に含めているようにも読めるが、現段階では、それ自体の持つ価値に基づき、商品や贈答品になる高級品を唐物と想定している。銭貨は贈答品にも使われるが、唐物という範疇には含めるにはふさわしくないと考えている。

ところで旧稿は中世全般を見通して唐物を考察したため、唐物にやや曖昧な定義を与えることになった。時期や史料を限定して、「唐物」の範疇を定めることは可能であり、羽田聡氏がそれを試みている〔羽田聡―二〇一〇〕。羽田氏は、将軍護持僧である醍醐寺座主満済の『満済准后日記』（一四一一～二一、二三～三五年）や伏見宮貞成親王の『看聞日記』（一四一六～四八年）を素材として、史料用語としての「唐物」を定義づけた。羽田氏によれば、唐物は「唐」を冠した品物の総称、広義の将来品というより、狭義の「唐物」は漆工品・金工品・陶磁器・染織品という工芸品を指すことが多いという。その一方、「堆紅盆」「胡銅瓶」「茶碗花瓶」のように、具体的な材質・技法を付して克明に表記する例も多いことを指摘している。

羽田氏の論考に明言されてはいないものの、氏の示した「唐物」の狭義の定義は、筆者の定義の曖昧さを批判したものといえる。だが氏の論考においては、「唐物」ではなく、氏の定義から外れる唐絵を専ら分析の対象としている。史料用語としての「唐物」のみを分析することの限界を示したものといえるだろう。

本書における唐物を改めて定義しておく。右にみた『新猿楽記』のように、東南アジア産の香料も「唐物」（史料用語）と呼ばれた。これは、中国を経由して日本に輸入されたことが反映されていたものと思われる〔本書第二章参照〕。また前述したように、史料用語としての「唐物」は、一五世紀には朝鮮王朝からの輸入品にも使用されるように、中国以外からの輸入品にも使用されるようになる。

右を踏まえて、本書における「唐物」（分析概念）を次のように定義する。

実際の生産地にかかわらず、中国（唐）のものと認識された高級舶来品。またはそれに匹敵する価値があると日本でみなされた、朝鮮王朝などから輸入された高級舶来品。

具体的には、絵画（唐絵）・書籍・経典・絹織物・香料・薬種・工芸品・陶磁器・金属器などがあたる。史料上「唐物」と表記された品目のみならず、「唐絵」「唐墨」など「唐」の語が付されたものも分析対象に加える。

唐物の属性と機能

本書第一章では、唐物の具体例を挙げることを主としたが、さらに唐物を深く考察するためには、唐物の属性や機能などを考慮していく必要がある。唐物の何に注目すべきかについて、諸氏の議論を紹介しておきたい。

河添房江氏は、唐物のモノとしての属性に注目している。以下に氏の文章を引用しておこう（傍線は引用者による）。

ここでいう「唐物」とは、瑠璃壺や秘色青磁など、海彼から到来したことが明らかで、それ自体で完結した舶載品ばかりではなく、薫物のように材料はすべて輸入品の香木でも、加工はこちらでなされたものも視野に収めている。白檀・紫檀といった貴木を使った調度品も同様である。また「唐物」を使ったか明らかではないにしても、日本で「唐様」を意識して、「和様」に対する唐風な品々が製作された場合も、「唐物」と関連させて扱って考えていく。たとえば、玉鬘巻の心配りで明石君のために選ばれた「唐めいたる白の小袿」などでもある。唐物と唐風の品々を厳密に区別するより、「和様」を意識し、それに対峙するものとして、それらを連続的に分析した方がより生産的であると考える。

〔河添房江―二〇〇五、九頁〕

唐物を広くとらえようとしており、舶載品のみではなく、日本で加工されることを前提にしてもたらされた原材料も対象にしている。また「和様」を意識し、それに対峙するものとして「唐様」を位置づけている。

そして、唐物を「メディア」ととらえ、「人と人とを繋留するもの」と位置づける。

唐物は贈与財として、贈与される側とされる側を繋ぐばかりでなく、儀礼の場でも消費され、人々に共有されるものである。唐物を背景や環境として扱うのではなく、むしろ物語表現を生み出し、さらに変容させる重要なメディアとして、本書では論じていきたいのである。

古川元也氏は、「仏日庵公物目録」の原本にあたり、寺院の「公物」には、祖師像のような「什宝」系文物と、五百羅漢図のような「什物」系文物とがあり、後者は「財」として流動可能な余剰品であったことを指摘する〔古川元也―二〇〇七ａ〕。

そして古川氏は、多様な唐物のあり方を次の二類型に整理している。第一に渡来品（唐物）である。堅実ですっきりとしたもの、新しいもの、現行のものという要素を持つ。具体例としては、青磁壺・白磁壺・堆朱・堆黒・請来絵画・明銭を挙げている。第二に、和製模倣品である。完成度の低いものであり、なごみ、やわらかさという要素を持ち、骨董的価値を帯びる。侘び、寂びに連なるのは、この類型である。具体例としては、瀬戸焼・常滑壺・鎌倉彫・本邦水墨画・宋銭を挙げている〔古川元也―二〇〇七ｂ〕。

古川氏の議論を継承した羽田聡氏は、唐物の属性として、『国史大辞典』の「唐物」の項目〔谷信一―一九八三〕を踏まえて、嗜好性・多様性・機能性・移動性・国際性・模倣性を挙げている。羽田氏は、唐物の範疇と格付け、唐物の機能と移動について考察し、さらに和製の唐物の存在に注目する。中国製の唐物については、価値判断の基準として、品質・時代性・希少性を挙げ、品質については名物・上品・尋常・下品、時代性については古渡り・「新渡」の古渡り同等品・「新渡」という区別があることを指摘する。そして唐物と「財」との結びつきにも注目し、贈答・売買・質物や交換の対象になっていることを述べる〔羽田聡―二〇一〇〕。

第一章　唐物の流通と消費

はじめに

本章は、中世における唐物の消費や流通を通じて、都市における消費を考察することを目的とする。あわせて近年の唐物に関する研究の概要を紹介することで、本章の分析を時代の上から位置づけることにしたい。

唐物を所持・使用していた人々は、天皇・院などの王家、摂政・関白などの公家、将軍や大名などの武家、寺社などの都市領主がその多くを占めた。したがって唐物を分析することは、都市における領主層による消費の一端を明らかにするものといえる。特に京都には大量の唐物が流入しており、文献史料から、流通経路や消費のあり方を知ることができる。

従来の対外関係史（貿易史）研究においては、唐物の流通・消費に関する検討は十分とはいえなかった。綿貫友子氏が、陶磁器を中心として、唐物の受容や入手の契機について論じている〔綿貫友子―一九九五〕。特定の物資を扱った研究としては、佐々木銀弥氏による唐糸の輸入と、その価格・利潤についての考察や、村井章介氏による中国陶磁器（龍泉窯青磁）の検討がある〔佐々木銀弥―一九九四、第一編第三章／村井章介―一九九五〕。また、唐物ではないものの、国際的な進上品としての馬に注目した入間田宣夫氏の研究が注目される〔入間田宣夫―二〇〇五〕。

本章では、綿貫氏らの成果に学びながら、特定の品目を取り上げるのではなく、唐物全般を扱う。史料の制約から個別の品目を十分に追究できないという事情もあるが、都市における消費において、さまざまな唐物がどのような位置を占めていたのかを明確にしたいという意図がある。

ところで京都への唐物の流入をみると、貿易船（宋商船や遣明船など）を通じてもたらされたほか、一五～一六世紀には、島津氏・大内氏のような貿易を行っている大名から京都への進上品の中にも唐物は含まれていた。いわば、贈与による唐物の流通といえるだろう。

このような視点から唐物の贈与に焦点をあてた研究は、ほとんどみられない（本書第二章の旧稿〔関周一―一九九二〕において若干言及した）が、日本中世における贈与に関する研究自体はかなりの蓄積がある。

二木謙一氏は、武家儀礼研究の一環として、室町幕府の年中行事における贈答品を検討した〔二木謙一―一九八五〕。羽下徳彦氏は、武家社会における恒例・臨時の贈答について検討し、唐物にも注意を向けている〔羽下徳彦―一九九五〕。今谷明氏は、室町幕府財政の中に、五山献物・献銭を位置づけた〔今谷明―一九八五〕。そして遠藤基郎氏が、人的関係に基づく贈与としての「トブラヒ（訪）」に注目した〔遠藤基郎―一九九二〕のを契機として、贈与研究は著しい進展をとげている。田中浩司氏は、「礼銭」「礼物」の授受から室町幕府と荘園領主の関係を、また年中行事における進上品などから室町幕府の経済を考察した〔田中浩司―一九九四・九八〕。金子拓氏は、中世後期における「礼の秩序」の形成と機能を明らかにする中で、進物折紙や、室町殿の南都下向・東寺御成などを論じた〔金子拓―一九九八〕。桜井英治氏は、贈答品の流用・循環や折紙銭の経済的機能、献物・売物に注目し、贈与のルーティン化（合理化）に一五世紀贈与経済の特質を見出している〔桜井英治―一九九六・九八・二〇一一〕。一方、豊富な事例の収集を通じて贈与と負担を論じている盛本昌広氏は、水産物・鳥・馬・瓜などから、贈答品の種類や特性を抽出している〔盛本昌広―一九九七〕。

本章においても、右の諸研究に学びながら検討を進めるが、唐物の流通・消費に関する具体例を提示することに重点をおきたい。唐物獲得にいたるまでの経過や、唐物がどのような場面で使用され、誰に贈与されているかなどについて、即物的な検討を試みる。対象とする時期は、一一〜一六世紀中頃とするが、特に一五〜一六世紀前半に重点をおきたい。

また序章で述べたように、古代・中世の唐物に関する研究は、近年急速に進展している。諸研究によって明らかにされた事項や論点を紹介することで、本章の分析を位置づけていくことにしたい。

一　古代における唐物

まず古代史研究において、唐物がどのように論じられてきたのかをみておくことにしよう。序章で触れた皆川雅樹氏と河添房江氏の研究を紹介したい。

まず皆川氏の研究をみておこう。

皆川氏は、「唐物」と「貨物」「雑物」「方物」「土物」「遠物」等が明確に区別されていることと、渤海人や新羅人がもたらすモノが「唐物」と称されないことに注意を向ける。そして、九世紀前半の「唐物」の初見記事などを検討し、当該期の遣唐使派遣・帰国を契機として使用され、「(国)信物」と「唐物」という表記は明確に区別されていたと述べる。九世紀前半、渤海使や新羅商人らが「外来品」をもたらす中、「唐物」の語は、当初は遣唐使と密接な関係にあり、列島内〔平安京〕で活用される際に使用され、さらに日本王権が先買・把握すべき外来品であることを意識して使用した語だとする〔皆川雅樹─二〇一四、第一部第一章〕。

また皆川氏は「唐物」としての香料に注目し、次の二点を述べている〔皆川雅樹─二〇一四、第二部第一章〕。

①王権・貴族間での薫物合わせの流行が、香料の需要を拡大させ、対外的な「唐物」交易に影響を及ぼした。

②「唐物」のうち沈香・乳香（薫陸香）が、一〇世紀後半以降、東アジア海域における主要な交易品であり、呉越王権は周辺地域との王権との通交関係を維持する上で、このような良質な海上交易品を巧みに利用していた。

そして「唐物」の孔雀や鸚鵡の贈答などを検討している〔皆川雅樹—二〇一四、第二部第二章〕。このように皆川氏は、東アジア海域における活発な唐物の交易を明らかにしつつ、それを王権が入手する意義に注目しているのである。

また河添房江氏は、古代の対外関係史研究の成果を十分に踏まえながら、『源氏物語』における唐物の個々について分析を加えている〔河添房江—二〇〇五〕。

具体的な分析の事例を挙げておこう。『源氏物語』の「末摘花」では、光源氏が末摘花の邸内の様子を観察して目にした、すすけた着物で寒そうな女房たちが食事をしている姿が次のように描かれている。

（前夜、末摘花・黒貂の皮衣姿）

御台、秘色やうの唐土のものなれど、人わろきに、何のくさはひもなくあはれげなる、まかでて人々食ふ。

お膳の上の、秘色青磁らしい食器は中国渡来のものだが、みっともないほど古ぼけて、お食事もこれといった料理もなく貧弱なのを、退がって来た女房たちが食べている。〔河添房江—二〇〇八、六〇頁〕

この秘色（ひそく）の青磁について、河添氏は、大宰府鴻臚館跡を発掘した池崎譲二氏から、「色合いや釉薬や焼き具合など、越州窯青磁の中でも、きわめて優品」であり、「最高の唐物として都に運ばれるべきものが、破損や火事にあったりして叶わなかった品」との教示を得ている。

関連する史料としては、九世紀半ば、唐商人徐公祐の唐僧義空あての書簡に「越垸」がみえる。また「秘色」（重明親王『吏部王記』天暦五年〈九五一〉六月九日条）や「秘色の坏」（『うつほ物語』）という用例を挙げている。

河添氏の研究の反響は大きく、その成果は、一般読者向けの本として相次いで出版された〔河添房江―二〇〇七・〇八・一四〕。氏は、「唐物は王朝生活の必需品」とし、「近代国民国家のアイデンティティを支える国文学史という発想から生まれた『国風文化』という概念」は相対的にとらえる必要性があると指摘する〔河添房江―二〇〇八、一八頁〕。これは、木村茂光氏ら東京の日本史研究者を中心に進められている、「国風文化」論の見直しという議論と呼応している〔河添房江ほか―二〇〇八〕。

二　中世における唐物の輸入

本節では、京都にどのように唐物が運ばれたかという観点から、一一〜一六世紀前半の貿易システムについて概観しておきたい。以下では行論に必要な限りを述べ、当該期の東アジア諸地域との貿易全体を述べるものではない。

1　宋・元・高麗からの唐物輸入

一〇世紀後半に成立した北宋と朝廷との間に国交は開かれなかったが、宋の商船が明州から日本列島に来航した。貿易の窓口は大宰府であり、その港である博多には、外交使節・商人を応接する鴻臚館が置かれていた。朝廷では大宰府の報告に基づいて品物を購入するために唐物使を派遣していたが、次第に大宰府に委任するようになる。一方、高麗に対しては、日本商船が訪れており、一三世紀には対馬国衙・大宰府から「進奉船」が派遣された（「進奉船」の始期については、諸説がある〔李領―一九九九〕）。森克己氏は、日本・宋・高麗の間には連鎖関係が生じたとされ、日本と高麗、日本と宋、宋と高麗との間に流通した貿易品が共通していることを指摘している〔森克己―二〇〇八・〇九ａｂ〕。

一一世紀半ば以降の日宋貿易について、かつて森克己氏は、荘園内密貿易説を提示されたが〔森克己―二〇〇八〕、山内晋次氏は、一二世紀前半までは大宰府の管理貿易は続いていたとして、森説を批判した〔山内晋次―二〇〇二・〇三〕。亀井明徳氏は、一一世紀後半、博多に「唐房」という中国人街が形成されるのに注目して、東アジア・東南アジア各地にみられるような、宋商人が国外に長期にわたって居住して貿易を行う住蕃貿易が展開していたことを指摘した〔亀井明徳―一九九五〕。博多では、三〇年以上にわたって発掘調査が継続し、墨書陶磁器に代表される「唐房」の実態をはじめ、日宋貿易の諸相が急速に明らかにされてきている〔川添昭二―一九八八／榎本渉―二〇〇七／大庭康時ほか―二〇〇八／大庭康時―二〇〇九／佐伯弘次―二〇一〇ｂ／渡邊誠―二〇一二など〕。

林文理氏は、京都との関係に留意して次のように述べる。一一世紀半ば以降の貿易の内実は、博多における「権門貿易」であり、大宰府の府官層をも巻き込んだ私貿易（民間貿易）の形態をとり、単独ないし複数の権門勢家による貿易が行われた。林氏は、荘園公領制に対応した貿易システムが、一二世紀前半には形成されていたとする〔林文理―一九九八〕。

ただし林氏のいう「私貿易」という概念は、後述する明や朝鮮王朝のように、国家による貿易と民間商人による貿易という二つに截然と区分けできるような場合には有効だが、日本の「権門」のような公的（領主的）性格を強く持つ貿易主体を位置づけにくいのではなかろうか。

この点に関して、近年、渡邊誠氏は、平安期の貿易管理制度のもとでは、大宰府の管理下、官司先買権に基づく朝廷による海商との取引を「公貿易」、それ以外のものを「私貿易（民間貿易）」と呼ぶことを提案した。後者は、いかなる社会的地位の者でもかまわず、その取引も大宰府等の管理下におかれる。そして政府の管理制度の外での活動を違法な貿易＝「密貿易」と規定する〔渡邊誠―二〇一一、三三六～三三七頁、注(31)〕。

ついで山内晋次氏は、渡邊氏の見解を踏まえつつ、博多を拠点とする朝廷による管理交易（国家管理貿易）の全体を「公貿易」とし、その管理交易の枠内に、先買権に基づく朝廷の取引である「官貿易」と、それ以外の諸権門から庶民にいたるまでのさまざまな階層が参加する「私貿易（民間貿易）」が併存するという考え方を提示した。そして朝廷による管理交易体制から意図的にはずれた非合法な貿易を「密貿易」と呼ぶことを提案した〔山内晋次―二〇一三、二七～二八頁〕。

渡邊氏・山内氏とも、「公貿易」「官貿易」という用語の差異はあるものの、基本的な考え方は共通している。特に「密貿易」の語の使い方は共通しており、従うべきである。

それでは、宋からもたらされた唐物は、どのようなものであったのだろうか。

森克己氏は宋からの輸入品を、唐織物・木綿・香薬・竹木類・異鳥珍獣・書籍に分類している〔森克己―二〇〇八〕。序章に挙げた藤原明衡の『新猿楽記』の「唐物」が、包括的に示している。

一〇二九年（長元二）三月二日、「大宋国台州商客」の周文裔が、宗像神社大宮司妙忠（筑前高田牧司）を通じて藤原実資に贈った唐物は、翠紋花錦・小紋緑殊錦・大紋白綾・麝香・丁香・沈香・薫陸香・可梨勒・石金青・光明朱砂・色々銭紙・糸鞋であった（ただし、後日実資は返却している）。同日、これとは別個の実資への進物があり、たとえば、薩摩守巨勢文任は絹・蘇芳・花・革を、妙忠は蘇芳・雄黄・紫金膏・緑青大冊・金漆升を贈っている（『小右記』長元二年三月二日・八月二日条）。

一二世紀後半に成立した平氏政権は、宋商船との貿易に積極的であったものとされる。平清盛の『太平御覧』への執着は、よく知られている〔河添房江―二〇一四、一〇五～一〇八頁〕。

唐物への関心が高かったのは鎌倉幕府も同様であり、一一八五年（文治元）九州から帰陣した源範頼は、後白河法皇には唐錦・唐綾絹羅・南廷・唐墨・茶碗具・唐筵等を、源頼朝・北条政子には唐錦・唐綾・南廷等を献じている（『吾妻鏡』文治元年一〇月二〇日条）（田中健夫―一九七五）。一二二六年（嘉禄二）、武藤資頼が大宰少弐になったことを契機に、幕府は大宰府を掌握し、貿易にも直接関与していった（川添昭二―一九九九）。

一方、日本からも「唐船」が、中国江南地方に派遣された。一二四二年（仁治三）、西園寺公経の経営する唐船が帰国し、銭一〇万貫・「能言鳥」（鸚鵡）・水牛などをもたらしている（『民経記』仁治三年七月四日条）。

最後に、元との貿易をみておこう。元（大元ウルス）による貿易管理は、宋・明に比べて弱いため、日本との政治的な緊張関係にも拘わらず、空前の民間ベースの交流の時代を迎える（村井章介―一九九五／榎本渉―二〇〇七／四日市康博―二〇〇八）。

一四世紀前半は、寺社造営料唐船が中国大陸に向けて派遣された。この時期には、海商や日本・中国の禅僧が、東アジア海域を頻繁に往来したのである（村井章介―二〇一三b）。一九七六年に韓国の新安沖で発見された沈没船は、「至治三年（一三二三）」の銘のある木簡（荷札）に東福寺の名がみえることから、東福寺再建のための造営料唐船であったと思われる（本書第二章参照）。

一四世紀前半における鎌倉の唐物ブーム（後述）に比べると、同時期の京都での唐物受容は消極的であった。しかし後醍醐天皇は、この時期には異例なほど、唐物を愛好していた。宋学の受容、銅銭（乾坤通宝）・紙幣の発行計画、さらに住吉神社造営料唐船の用途に関する処置などともあわせて、後醍醐天皇の中国大陸への関心の高さをうかがうことができる（川添昭二―一九九九／森茂暁―二〇〇〇）。

2　明・朝鮮王朝・琉球からの唐物輸入

一五世紀初期、足利義満は、明皇帝から日本国王に冊封され、通交関係を成立させた。明との間では、進貢貿易・公貿易・私貿易という三つの形態による貿易が行われていた。これについては、田中健夫氏の整理が要を得ているので、それを引用しておこう〔田中健夫―一九八二、一〇一頁〕。

㈠進貢貿易

遣明船は朝貢船であるから日本国王（足利将軍）の進貢物を明の皇帝に捧げるのが建て前である。使節もまた自進物として皇帝に貢物を献上した。これらの進貢に対しては巨額の頒賜（回賜）があり、一種の割りのよい貿易と考えられた。馬・太刀・硫黄・瑪瑙・金屏風・扇・槍などを進貢し、白金や絹織物・銅銭などがあたえられた。

㈡公貿易

遣明船の附搭物について明の政府との間で取り引きされる貿易である。附搭物とは、幕府の貨物、遣明船経営者の貨物、遣明船に搭乗を許された客商・従商の貨物である。これらは北京に送られるのが建て前で、北京で価格がきめられて取引きされた。蘇木・銅・硫黄・刀剣類等の日本品に対して銅銭・絹・布等が支払われた。

㈢私貿易

寧波における牙行との貿易、北京における会同館貿易、北京から寧波への帰路の沿道で行われる貿易の三つがあった。牙行は、明の政府から官許を得た特権商人で、遣明船の貨物の委託販売、遣明船が日本に持帰る貨物の受託購入にあたった。私貿易によって日本にもたらされた貨物は、生糸・絹織物をはじめ、糸錦・布・薬材・砂糖・陶磁器・書籍・書画・紅線および各種の銅器・漆器等の調度品であった。

このうち㈠は、贈答行為といえる。贈与品は、日本国王の国書や明皇帝の勅書に付随する別幅に記載された。一六世紀、明で書かれた日本研究書の中に、日本人が好む中国品を解説した「倭好」という史料がある。この史料は、鄭若曾の『日本図纂』（一五六一年成立）や『籌海図編』（一五六二年成立）に収められている。そこには、次の二二種を挙げている（括弧内の注記は、〔田中健夫―一九九七、第六章〕による）。

糸（生糸）・糸錦（真綿、繭綿、絹と綿）・布（木綿布）・綿紬（絹のつむぎ）・綿繡・紅線《べにひも》・水銀・針・鉄練《くさり》・鉄鍋・磁器・古文銭・古名画・古名字・古書・薬材・氈毯《せんたん》・馬背氈・粉（おしろい）・小食籮・漆器・醋（酢）

時代や史料の性格が異なるので単純に比較はできないが、『新猿楽記』に比べて、唐織物のウエイトが高いことはうかがえよう。

次に朝鮮王朝との関係をみておこう。朝鮮王朝は、日本国王使以外にも、諸大名・領主・商人らの通交を許したため、多元的な通交関係が成立する。その場合の貿易形態も、明の場合と同様であった〔田中健夫―一九五九・七五／長節子―一九七五〕。

①日本国王・朝鮮国王間の贈答、諸使節の朝鮮国王への進上と、それへの回賜の他、使節による私進上とそれへの回賜もあった。

②公貿易は、朝鮮王朝が官物をもって交易する形態である。世宗朝の初年、朝鮮に産しない銅・錫・蘇木・胡椒などを対象として始めたもので、両国物資の交換比率が王朝によって定められている。

③私貿易は、公貿易の対象以外の品を役人監督のもとに朝鮮商人と取り引きするものであった。この形態は、密貿

易を生む温床にもなった。

朝鮮王朝との貿易を考える場合には、これらの総体を考えなければならないが、『朝鮮王朝実録』の記載が、おおむね①に限られており、それも使節のごく一部のみ記しているにすぎない。②については、一五世紀後半の『成宗実録』以降判明するケースが増えてくる。したがって、全体像は容易には明らかにしえない。ちなみに田村洋幸氏による「日朝貿易」の研究は、前項の進上品を輸出品、回賜品を輸入品として扱っており、使節〔上・副官人〕の「私進」を私貿易と混同している〔田村洋幸―一九六七、四二一頁〕。

田村氏の整理によって、朝鮮国王が日本国王あてに贈ったもの〔一四〇二～四八年〕をみておくと、経典類〔大蔵経の場合や、個別の経典の場合がある〕、工芸品〔銀樽・銀瓶・青銅など〕、布〔苧布・麻布〈正布ともいう〉や綿紬〈絹のつむぎ〉など〕、毛皮〔虎皮・豹皮〕、彩花席〔花むしろ〕、人参・松子・精密〔蜂蜜〕などである〔田村洋幸―一九六七〕。このうち麻布は朝鮮王朝において通貨の役割を果たしており、綿布とあわせて、いずれの使節に対しても贈られる代表的な回賜品である。

日本国王使による贈与を含めて、多くの使節が刀剣を進上品とした。朝鮮王朝への通交を求めた「日本使臣」は数多かったが、一本の刀を献じて「使臣」と称する者さえいた〔朝鮮『世宗実録』巻五、元年九月癸亥〈二一日〉条〕〔田中健夫―一九五九、第三章、七〇頁〕。臣従の証として刀剣を献じているのである。後述するように、一五～一六世紀、武家の贈答においては、太刀は最も基本的な贈与品〔特に将軍に対して〕であったが、それは朝鮮王朝に対しても適用されたのである。日本刀が、明の需要が高い進上品・公貿易品であったことはよく知られている〔田中博美―一九九〇／何治濱―一九九〇〕が、朝鮮王朝への贈与という側面からも、日本を代表する国際的な商品であったといえるだろう。

また遣明使・遣朝鮮使の帰還に同行して、明・朝鮮王朝からの使節〔明使・朝鮮使〕が来日し、彼らによって京都に唐物がもたらされるケースもあった。

たとえば、一四三四年（永享六）、龍室道淵を正使とする遣明船が、明使雷春らをともない帰還した。雷春は、足利義教に対し、「唐櫃五十合・鳥屋十籠・鵞眼卅万貫云々」を進上している。櫃に収められた宝物を、正蔵主が取出し、目録（別幅）と校合したが、「金襴曇子・盆・香合・絵・花瓶・香炉・涼轎・日照笠・良薬等其外之物」はいまだ筥を開かず、寝殿に「棚数・脚立」を並置き、「珍物等」は数を知らずであったという（『看聞日記』永享六年六月五日・六日条）。明皇帝宣徳帝からの別幅をみると、日本国王・王妃に対し、「白金」（銀）・「粧花絨錦」（絹織物の一つ）・「紵糸」（緞子）・「羅」「紗」（うすもの。絹織物の一つ）・「彩絹」や「硃紅漆彩粧戧金轎一乗」などが回賜品に挙げられている（『善隣国宝記』下、一・二号、明宣徳帝別幅）。この時には、「定直（島田）新渡唐墨三丁執進、唐人商売流布云々」（『看聞日記』永享六年六月一八日条）という記事もある。「唐人商売流布」の内容は明らかではないが、雷春らによってもたらされた唐墨が売買されていることはうかがえよう。

琉球の使節も、一五世紀前・中期には頻繁に畿内に入り、京都に物資が運ばれた。琉球使節がもたらしたものは、おおむね中国や東南アジアの産品であった（小葉田淳―一九三九）。

たとえば、次のような管領細川持之の返書が作成されている（「足利将軍御内書幷奉書留」九〇・九一号）。

一　金襴一端表・繻子二端黒・香十斤給候、悦入候、御太刀一腰〻〻・馬一匹〻〻進レ之候、事々期二後信一候、恐々、

十一月廿日

琉球代主殿

一　繻子五端給候、喜入候、仍太刀一腰〻〻・小袖一織唐織□糸進レ之候、事々期二後信一候、恐々、

同
　王将軍琉球国執事也、始而御礼被」申也、

右の史料から、「琉球代主」（琉球国王＝中山王）から金襴・繻子（ともに絹織物）・香が、「王将軍」（琉球国執事）から繻子が贈られたことがわかる。金襴・繻子は明から、香は東南アジア諸国との貿易によって、琉球が入手したものであろう。

一四六六年（文正元）、琉球国正使芥隠西堂（芥隠承琥、もと京都の人〔小島瓔禮―一九八六〕）が、「梅月大軸」と南蛮酒の小樽を、蔭凉軒主季瓊真蘂に贈ってきた。この大軸は「大唐国」（明）から琉球国王に贈った画軸であったが、要望に応えて持ってきたのだという（『蔭凉軒日録』文正元年八月一日・五日条）〔村井章介―一九九五〕。

また一五世紀前半、東南アジア船が日本列島に直接来航している〔和田久徳―一九六七・八六〕。一四〇八年（応永一五）、小浜に「南蕃船」が着岸した。「帝王」「亜烈進卿」より「日本の国王」への進物として、「生象一疋黒・山馬一隻・孔雀二対・鸚鵡二対」などが贈られている（『若狭国税所今富名領主次第』応永一五年六月二二日条）。この船は、旧港（パレンバン）からの船であるとされている〔和田久徳―一九六七〕。一四一二年にも「南蕃船二艘」が小浜に着岸し、「御所」（足利将軍、足利義持）への「進物注文」（別幅）をもたらした（同、応永一九年六月二一日条）〔高橋公明―一九九二〕。一四一八年には、「南蛮国」からの進物として「沈・象牙・藤以下々等」が京都に到来している（『満済准后日記』応永二五年八月一八日条）。

三　京都における唐物の消費

ここでは、唐物がどのように消費されたのかを、京都を中心に検討してみよう。

綿貫友子氏は、文献史料にみえる唐物の消費を、次の五点に整理している〔綿貫友子―一九九五〕。

（一）（年中）行事・儀式・法要などの場における室礼（部屋を飾る道具、調度）

（二）贈答・進物としての品

（三）寺院の什物

（四）唐物披露・唐物市

（五）その他

この整理は首肯できるが、（一）（二）については、より仔細にみる必要があろう。京都の事例を中心に、（一）室礼、（二）法会の捧物、そして贈答・進物に関しては（三）天皇・院・将軍からの下賜と、（四）天皇・院・将軍に対する進上（と、それに対する下賜）のケースに分けて、管見に入った事例を挙げておこう。

1　宴や儀式・法要の室礼などの利用

まず室礼の事例についてみておこう。

一二二九年（寛喜元）三月、九条知家家の和歌会に、唐墨二挺、一杯盛の唐菓子などが備えられた（『明月記』寛喜元年三月一七日条）。一二三〇年六月一三日、西園寺実氏邸への行幸に際して、銀瓶・小瓶の薫物・沈・麝が薫かれた（『明月記』寛喜二年六月二一日条）。また藤原定家は、藤原為家邸の宴について、「錦・唐物、村濃・沈・麝・丁子之類」や「金・銀・珠玉」を用いたことや、九条道家に竜蹄（駿馬）七疋を贈ることなどを聞いたことを記している（『明月記』寛喜二年六月一四日条）。

部屋を飾る調度品として、特に「唐絵」は、よく利用された〔横井清―一九七九〕。

一一八〇年（治承四）七月、上野守頼高が福原より上洛して、九条兼実のもとに唐絵屏風一帖を持参している（『玉葉』治承四年七月一一日条）。また一二三一年（寛喜三）、伊勢公卿勅使の発遣にあたって拝礼があり、清涼殿に「大宋屏風」を立て廻らした（『民経記』寛喜三年一〇月九日条）。「大宋屏風」は、本来は「太宗屏風」のことで、九四六年（天慶元）、村上天皇即位にあたって、建礼門から伊勢神宮に奉幣使を派遣する際に、天皇の御在所に立て並べられたのを初見とする。唐人が打毬（ポロ）する図を描いており、唐の太宗がポロを好んだことによるものと思われる〔大津透―二〇〇一、三二三頁〕（服部一隆氏のご教示による）。

法会でも唐絵は利用された。一一八一年（養和元）一一月一六日、月蝕のため、内教坊で『仁王経』の読誦を行った際に、壁代に大宋屏風を立て廻らしている（『吉記』養和元年一一月一六日条）。一二五三年（建長五）の法勝寺阿弥陀堂供養に、御座の南西北等に「大宋屏風」が立て廻らされた（『経俊卿記』建長五年一二月二二日条）。

一五世紀には、唐絵は室礼に一層利用された。綿貫氏が検討した、伏見宮貞成親王『看聞日記』（本書における引用は、『図書寮叢刊』による）の事例をみておこう〔綿貫友子―一九九五〕。

貞成の常御所で行われた七夕には、「胡銅」「金銅」「染付」などの花瓶を出席者が持ち寄って部屋を飾ったが、唐絵も重要なアイテムであった。一四三五年（永享七）七月七日には、座敷に屏風二双を飾り、「唐絵廿三幅、棚二脚、卓等花五十三瓶」を用意した。その唐絵は、「禁裏唐絵三幅文殊人形、竜眠筆」の他は、若宮（貞常王）や大光明寺（香林）などが進上した（永享七年七月七日条）。

また一四二一年（応永二八）八月一一日、大光明寺での見宝塔品談義の導場では、草花を立てた三十余の花瓶と「盆・香箱以下種々唐物」が置かれ、さらに玉阿筆の「唐絵」が懸けられている（応永二八年八月一一日条）。そして

「唐絵」は、しばしば貸借された（永享一〇年四月二日条）。

ところで綿貫氏も注意しているように、貞成親王主催の七夕において、さまざまな唐物を持参した人物に、宝泉という土倉がいる。一四一六年（応永二三）の七夕法楽の折には、「餝具足・唐物等宝泉悉進レ之」とある（応永二三年七月七日条）。土倉の中には、相当な量の唐物を有していた者がいたのである。

2　法会の捧物

寺院の法会や神社の祭礼においても、唐物は使用された。

一二〇七年（建永二）六月二一日付の栄西書状（東大寺所蔵因明論議抄裏文書、『鎌倉遺文』第三巻一六八八号）には、造東大寺大勧進の栄西は、華厳会の捧物として「唐墨八十五廷、唐筆七十五支」を献上している。一二〇九年（承元三）の仏名雑事注文（「仁和寺文書」『鎌倉遺文』第三巻一八二四号）には、「御捧物」の中に、「赤地錦一段、紅唐綾一段、紫唐綾一段、白唐綾二段」や「款冬唐綾一段」「唐綾一懸（子脱カ）十段」などがみえる。

一四五三年（享徳二）八月一八日の御霊祭ならびに止雨奉幣が、丹生川上社・貴布禰社（貴船社）の両社において行われた。その時の神祇官勘申状には、「五色絹各一疋、生絹一疋、糸弍勾、綿弍屯、木綿弍斤」などが勘申されている（『康富記』享徳二年八月一八日条）。

3　天皇・院・将軍の下賜物

天皇・院・将軍に納められた唐物が、臣下らに下賜されるケースがある。

一一世紀、大宰府から送られてきた唐物を天皇がみる唐物御覧が、しばしば行われた〔山内晋次—二〇〇三／皆川雅樹

—二〇一四〕。一〇一三年（長和二）の例を挙げておこう。

参二皇太后宮（彰子）一、参二太内一、奏二唐物解文一、召即召（行カ）二御前一覧レ之、皇太后宮・中宮・皇后宮（娀子）・東宮（敦成親王）等被二少々事一、又皇后宮宮々少々給レ之、余給二錦八疋・綾廿三疋・丁子百両・麝香五齎（臍）・紺青百両・甘松三斤許一、皇太后宮・中宮・東宮御使各賜レ禄、入レ夜退出、参二中宮一

（『御堂関白記』長和二年二月四日条）

右は、藤原道長が、大宰府から送られてきた「唐物解文」を奏し、三条天皇が唐物御覧を行ったという記事である。皇太后彰子・中宮妍子・皇后娀子・東宮敦成親王に唐物が分けられたほか、道長に対しても、錦・綾や丁子・麝香・甘松香が下賜されている（関連記事は、『小右記』長和二年二月四日条にある）。

儀式における下賜物の中にも、唐物がみえる。一二三一年（寛喜三）伊勢公卿勅使の発遣の時、内裏より下された物をみると、唐錦（三段三丈五尺）・唐綾（三段二丈）や沈・丁子（各六両）が含まれている（『民経記』寛喜三年一〇月九日条）。

一四三〇年（永享二）六月一三日より始まった、室町殿の五壇法に際して、仙洞（後小松院）より室町殿（足利義教）へ「御剣久国・盆了山・御絵・盆・香合・玉簾以下」の「種々重宝」が（『満済准后日記』永享二年六月一二日条）、また満済に対して「盆堆紅・香呂古・段子一端・花瓶染付・引合十帖」という「種々重宝」を下賜している。満済は、使者の四辻宰相（季保）に対して「一重太刀」を献上した（『満済准后日記』同年六月一三日条）。この例からみると新規に得たものばかりではなく、「重宝」、すなわち伝世品が下賜されていることがわかる。

琉球国から到来した沈香を下賜した事例もある。

自二　仙洞一勅書被レ下、自二瑠玖国一到来沈香一・二俵御用可二申沙汰一云々、

（『満済准后日記』永享三年八月一二日条）

自瑠玖国沈俵一十八斤代千八百疋、自室町殿召給了、

（『満済准后日記』永享三年一〇月二七日条）

前者は仙洞（後小松上皇）から申沙汰を命じられ、後者は室町殿（足利義教）から満済に対して沈香を下賜している。この二つの記事を一連のものと考えれば、満済が後小松上皇の依頼で、義教から沈俵を一八〇〇疋で買ったものとみることができる。後者には沈俵に代銭の記載があるが、次のような事例もある。

自瑠玖国着岸物共内、就所用、可申入旨、直蒙仰間、内々申入処、如申談拝領了、段子四端・繻子四端以上八端、代四千疋計歟・沈俵二一俵上三十斤、代三千疋・一俵二十斤下、代千疋、以上此分悉遣代、於糀井方召渡了、

（『満済准后日記』永享五年八月二九日条）

足利義教が満済に対し、琉球国からの「着岸物」のうち所用の物を申請するよう命じた。満済は内々に申請したところ、申請通り段子・繻子・沈俵を拝領した。その代銭は、段子・緞子四端につき四〇〇〇疋ばかりで、沈俵についてはあわせて四〇〇〇疋であった。満済は、代銭全額を公方御倉の糀井方に渡している。このように室町殿（将軍）から購入するケースがあったことがわかる。また代銭の記載は、これらの唐物の価格を推測させる。

4　天皇・院・将軍への進上と返礼

最後に、天皇・院・将軍への唐物進上の事例をみておこう。

一二一五年（建保三）、後鳥羽上皇は、三七箇日の逆修を行った。その際の逆修進物注文をみると、多くの唐物がみえる（『伏見宮記録』利五八、『鎌倉遺文』第四巻二一六二号）。たとえば、脩明門院（藤原重子）分に「赤地唐錦被物八重」、亀菊殿分に「種々唐薬八枝付銀松枝、茶碗壺入薬、其上以薄様裹之、入透袋」、播磨守忠綱（出羽国の知行国主）分に「色々唐綾八十段唐物也」、刑部大輔入道仲国（薩摩国の知行国主）分に「染付八十段以小文唐物一段各裹之、以村濃組結之」「唐絹八十疋以紅唐綾一反各裹之」などがみえる。

一方、室町殿（足利将軍）から内裏への進上品をみると、一四一六年（応永二三）二月、足利義持は、「一献料万疋・唐物五種」を持参している（『看聞日記』応永二三年二月九日条）。一四三八年（永享一〇）の足利義教による内裏への「当座御引出物」をみると、「唐糸紅」「御硯唐」「香炉胡銅ろく」「御鏡唐」などがみえる（『看聞日記』永享一〇年四月二六日条）。

次に、室町幕府の公式年中行事である八朔の事例を取り上げよう。

八朔については、二木謙一氏の研究に詳しい〔二木謙一——一九八五、第一編第四章〕。幕府の公式行事として定着した足利義満期から足利義教期までは、八月朔日・二日・三日の三日間にわたって、同じ対象同士両三度、三回もの贈答が行われた。それ以前と、嘉吉以降は朔日だけ一回の贈答であった。鎌倉期～南北朝初期までは、下位者の上位者に対する進上のみであったが、しだいに返礼もなされるようになった。

二木氏は、この八朔行事の起源は、「田実」（憑）すなわち初穂の稲を贈るという村落の習慣にあったとしている。氏は、その根拠の一つを義堂周信『空華日用工夫略集』応安三年（一三七〇）八月一日条に求めているが、その記事において、周信は、泉倉より沈香一塊・砂糖一壺という唐物や蠟燭一〇条を賜っているのである。京都において八朔が年中行事になる中で、唐物を贈るケースがあったことがわかる。

具体例として満済による八朔贈答についてみておこう。彼は進上先を「内裏・仙洞・室町殿」すなわち天皇・上皇・将軍の三ヵ所と決めていた（『満済准后日記』永享三年〈一四三一〉八月一日条）。二木氏は、毎年一日に屏風一隻と扇一裹、二日は牛一頭、三日には盆・香合・水指等を進上するのを例としていた、と指摘している〔二木謙一——一九八五、一一五頁〕。ここでは、八月三日分の満済から室町殿への「御憑」について、もう少し仔細にみておきたい。具体的な品目のわかる場合を『満済准后日記』から掲出しておく。

満済から室町殿への進上品は、次の通りである。

盆一枚堆紅・香合削紅・水指茶一（正長元年〈一四二八〉八月三日条）

盆一枚・金香合一・茶碗・花瓶ユリキ耳（正長二年八月三日条）

盆堆紅・茶鋺・水瓶在レ台（永享二年八月三日条）

盆桂漿、文孔雀・段子一端浅黄、文水・北絹一端浅黄・唐綾一端萌黄・香炉茶・高檀紙一束（永享三年八月三日条）

盆一枚桂漿・水瓶茶椀、在レ蓋・食籠削（剔）紅一（永享四年八月三日条）

ほとんどが唐物であり、盆は必ず進上され、また香合・水差・茶碗・花瓶・香炉などの陶磁器も毎年贈られている。一四三一年（永享三）の場合は、かなり気張っており、段子・北絹・唐綾という中国産の絹織物を贈っている。ちなみに、前述したように、沈香を将軍から拝領したのは、八朔より後の、同年一〇月二七日のことである。

一方、室町殿からの「御返」をみると、次のようになる。

御盆堆紅・御香籠（応永二五年八月三日条）

食籠削紅・段子三端・盆桂漿、地紅（正長元年八月三日条）

盆堆紅、輪花一枚・金襴一端黄・練貫五重（永享三年八月三日条）

盆堆紅一枚・金襴一端・（練貫）五重（永享四年八月三日条）

一四三四年には、室町殿（足利義教）より三条中納言（実雅）を通じて、「練貫十貫・盆・香合・引合」という「御引物」を拝領した。「盆・香合」は「重宝」である。また「若公御方」（足利義勝）より伊勢守を通じて、「五重・盆・香合」を拝領した（永享六年八月三日条）。このように、満済への下賜品においても、盆を必ず贈っており、それは伝世品であった。また段子・金襴のような絹織物や香合も贈っている。

以上みてきたように、応永〜永享期における八朔の贈答品は多様であったが、足利義政期頃からは、幕府の朝廷への進物は太刀・馬に固定され、諸大名・公家衆との贈答品も太刀や馬が多くなったという〔二木謙一—一九八五、第一編第四章〕。

『殿中申次記』（一六世紀初期頃の成立とされる武家故実書）についての田中浩司氏の検討結果をみても、陳外郎が薫衣香を将軍に進上したのを除き、贈答品の中にはほとんど唐物はみられない〔田中浩司—一九九八〕。

5　陶磁器に関する文献史料

唐物（広義）の中には、貿易陶磁が数多く含まれて、文献史料の記事も多い。近年、貿易陶磁研究の側からの、貿易陶磁の記事の研究が進展している。そのことは唐物に関する史料を掘り起こしていることにもなるので、研究の概要を紹介しておこう。

大橋康二氏は、八朔の進物の中にみえる貿易陶磁について検討し、『祇園執行日記』の康永二年（一三四三）、関白鷹司師平が「茶碗呉器」を受け取ったという記事や、一五世紀中期の中原康富『康富記』における青磁や染付の事例などを紹介している〔大橋康二—二〇〇四〕。

注目されるのは、貿易陶磁に関する史料を丹念に集めた亀井明徳氏の近業である〔亀井明徳—二〇〇九〕。亀井氏は、鎌倉末から室町中期にいたる一四世紀から一五世紀の皇族・貴族・僧都などの日記類・寺社什器目録・その他の文書について、中国陶瓷の名称がみえる事例約二八〇件を収集し、A5判一二頁にわたる表を作成している。

この表に基づき、亀井氏は、陶瓷名称全般の特色として、次の四点を挙げている。

①陶瓷を表す用語として「茶碗（椀・垸）」「ちゃわん」を、「茶椀香炉」「花瓶茶碗」のように茶器種の前または後ろにつける。

②九世紀以来みえる、唐物を「唐瓶子」「唐垸」と表現する例が少数ながら続いている。

③九世紀は青瓷と白瓷を識別していた段階に留まっているのに対して、室町期では「青磁鉢」・「花瓶白磁」のように用語が固定するのみならず、一部ではあるが「処州」・「饒州」・「建盞」のように産地を表記し、さらに「茶垸染付立龍瓶」や「二重かふら」「花形砂羅」のようにいっそう具体的な表現がみえる。

④鎌倉時代末期から「磁」が用いられ、「瓷」の使用例は少ない。

さらに亀井氏は、種類別に考察を進める。そのうち染付について紹介しておこう。史料中に茶碗＋「そめかけ」「染付」「ソメ付」とあるものなどは、青花瓷である。初見は、東坊城秀長『迎陽記』の康暦二年（一三八〇）六月九日条、花御会に出された「ちやはんそめかけ」である。それ以降一五〇〇年までの史料中に、花瓶・茶碗など三六点の記載が見出されるという。それらは、一四〇六・二五・三〇・三二年というように一四三〇年代の間に集中し、これらは遣明船による将来品とみられ、景徳鎮窯―寧波他―兵庫という入手ルートを想定する。亀井氏は、一三八〇年から一四三二年までのものは、元様式民窯の青花瓷の可能性が高いとする。元青花瓷が京都にもたらされたルートとして、亀井氏は、入元僧および遣明船により、慶元（寧波）などから博多を経て兵庫から京都にもたらされる経路と、福州から古琉球を経て島津氏が幕府要人へ贈答する経路を想定している。

四　島津氏・大内氏による唐物贈与

第二節でみたような貿易船による流入とは別に、京都以外を拠点に持つ諸領主（地域権力）が入手した唐物が、贈与の形で京都に持ち込まれることもあった。いわば、領主間の贈答による唐物の流通である。その具体像を、一五〜

一六世紀前半における、島津氏と大内氏による贈答から検証してみよう。

1　島津氏による唐物贈与

唐物の入手

島津氏が拠点としていた南九州は、早くから列島外の世界との交流があった。

一九九〇年代に注目を浴びた遺跡に、万之瀬川下流域の持躰松遺跡（鹿児島県南さつま市金峰町宮崎字持躰松、中世には阿多南方）がある。同遺跡からは、一定量の輸入陶磁器が出土し、一二世紀中葉～一三世紀前半が流入のピークだとみられている。その成果をもとに、柳原敏昭氏は、中世前期、万之瀬川河口には外洋船も入る湊があり、領主居館・寺社・商人の集住地・市場といった消費地・流通拠点が存在し、それぞれが万之瀬川や道路で結ばれていたとする。そして加世田別府唐坊は、宋人居留地であったことを推測している〔柳原敏昭―二〇一〇・一一〕。

一四世紀末期～一五世紀になると、島津氏・伊集院氏らによる朝鮮王朝への通交や、琉球王国との交渉が行われるようになる〔鹿児島県―一九三九〕。

朝鮮王朝との通交については、すでに秋山謙蔵氏や田村洋幸氏が整理している〔秋山謙蔵―一九三九／田村洋幸―一九六七〕。一三九五年（太祖四）、島津伊久が朝鮮人被虜人を送還し、伊集院頼久が臣と称して書を奉じた（朝鮮『太祖実録』巻七、四年四月戊子〈二五日〉条）のを初見として、島津・伊集院・市来氏らの通交記事を『朝鮮王朝実録』や『海東諸国紀』に多数みることができる。ただし進上・回賜品の記載がないケースの方が圧倒的に多いため、通交貿易の全体像は明確ではない。

比較的記載に恵まれた朝鮮『世宗実録』に基づく田村洋幸氏の整理によれば、進上品は領内の特産品である硫黄や、太刀がまず目に付く。その他、東南アジア方面で産したとみられる蘇木・沈香・胡椒・肉桂や砂糖、あるいは金襴（中国産）などがみえ、これらはおそらく琉球を通じて入手したものとみられる。

一方、回賜品は正布（麻布）や綿布が主である。一四二三年（世宗五）、田平省の使送金元珍（もと朝鮮人）の言により、朝鮮側から、島津久豊に対して「虎皮・花席・綿紬・苧麻布・人参・松子等物」を贈って、日向・大隅・薩摩三州の被虜人の送還を要請した（朝鮮『世宗実録』巻一九、五年三月乙酉〈四日〉条）。また一四五一年（文宗元）、島津忠国（貴久）は、朝鮮王朝に対して「白銀・綿紬・虎豹皮・虎肉・虎胆・鋳鉄灌子及紋席・火炉鍮盆・苧布・人参等物」を求め、銀・銅鉄・人参以外の物が回賜された（朝鮮『文宗実録』巻五、元年正月甲辰〈四日〉条）。なお、この記事を、島津貴久が「虎皮など南海産品を朝鮮に献上」したとする福島金治氏の解釈（福島金治—一九八八、二五頁）は、誤りである。

また琉球王国との関係についてみると、一四八一年（文明一三）以後は、「綾船」（文船）が琉球から薩摩に派遣された（『島津国史』文明一三年八月六日条）（喜舎場一隆—一九九三）。後述する島津氏の幕府への献上品をみると、一四世紀末期には琉球との間に貿易が行われていたことを推測させる。

一五世紀後半以降の事例になるが、島津氏と琉球国王との贈答をみておこう（『大日本古文書　島津家文書』からの引用は、同書の巻数・号数を、『旧記雑録』からの引用は、『鹿児島県史料』の巻数と号数を掲げる）。

島津立久が琉球国王尚徳の国王即位を祝って「太平書」を送ったのに対し、天順五年（明年号、一四六一）六月三日、「琉球国王」（尚徳）は「三州太主」（島津立久）あてに、「段子八匹」などを贈っている（琉球国王尚徳書状案、「島津家文書」『旧記雑録前編』二—一三七〇号）。文明年中（六年ヵ）の「金丸世主」（第二尚氏の尚円）から島津御屋形御奉行所にあてに、島津忠昌の家督相続を祝っている（年未詳六月二〇日付　琉球国金丸世主書状、「島津家文書」『旧記雑録前編』二—一四八九号）。

一五二七年（大永七）、「琉球国世主」（尚清）が、「武具之両種」を贈られた御礼として、「北絹十端・素糸十斤」を島津忠良に対して贈っている（〈大永七年〉八月朔日付　琉球国世主書状、「島津家文書」三―一四〇二号。年次比定は、『対外関係史総合年表』による）。また万暦五年（明年号、一五七七）には、琉球国王尚永は、島津義久の薩摩・大隅・日向三ヵ国平定を祝い（万暦五年閏八月二一日付　中山王尚永書状写、「島津家文書」『旧記雑録後編』一―九二六号）、次のような注文が作成されている。

天界寺使僧之時目録（『旧記雑録後編』一―九二七号では、「朱カキ」とある）

注文

黄金　三枚
紅線　六斤
蘇木　千斤
絹子　廿端
織物　卅端
唐紙　弐帖
蚕錦　五拾把
太平布　百端
唐焼酒　壱甕
老酒　壱甕
焼酒　壱甕

已上

万暦五年丁丑閏八月廿有一日

琉球国

進上　島津修理大夫殿

（「島津家文書」）

島津領内における唐物の管理については、すでに福島金治氏が指摘している〔福島金治―一九八八〕。「鹿児島城蔵」において「料足」・「銀」・「其外唐物」・「武具之具足」を置いており、北原氏純・福崎久重が管理している（応永九年九月一一日付　島津元久書状写、『旧記雑録前編』二―六九二号）。また島津元久（「くハう（公方）」）不慮の時は、志布志（日向国。太平洋岸の要港）に置いた料足・唐物などを、福昌寺（島津元久創建の菩提寺）に預けることになっていた（応永九年一二月六日付　島津氏被官なへくら久頼・長の玄林連署状写、『旧記雑録前編』二―六九四号）〔福島金治―一九八八〕。なお、福昌寺から宗祇に対して「段子二端・繻子一端」を贈った例がある（年未詳八月一八日付　宗祇書状写、『旧記雑録前編』二―一七五四号）。

島津氏から室町幕府への唐物贈与

次に、島津氏の幕府（室町殿や重臣ら）への唐物の贈与をみておきたい。島津氏の贈答については、福島金治氏が、室町・戦国期の家督継承と守護職補任を検討する中で論じている〔福島金治―一九八八〕。以下では、福島氏の研究に基づきながら、唐物贈与に関する特徴を明らかにしていきたい。

そもそも島津氏は、幕府に対して、遣明船に搭載される硫黄を献上していた〔小葉田淳―一九四一／伊藤幸司―二〇一〇〕。たとえば、年未詳三月六日付　足利義満御内書（「島津家文書」一―六七号）によれば、硫黄二万五〇〇〇斤を献上し、鎧一両・太刀一腰が下賜されている。

その一方、島津氏は、朝鮮王朝・琉球王国との交渉を通じて入手した唐物を献じている。一三九三年（明徳四）、島津元久は幕府からの参洛の要請に答えた上で、「虎皮五枚（虎皮三枚、豹皮二枚）・梅絵四幅・料足一万疋」を献上している（明徳四年六月一一日付　島津元久書状写、『旧記雑録前編』二―四九九号）。一三九七年（応永四）、島津元久は「京都国のために、金・れうそく《料足》・から物《唐物》」などを用意している（応永四年四月九日付　島津元久判物写、『旧記雑録前編』二―五七九号）。

最も大規模に贈答が行われたのは、一四一〇年（応永一七）の島津元久上洛の際である。元久は一四〇四年に日向・大隅両国守護職を足利義満から、一四〇九年に薩摩国守護職を足利義持から安堵され、三ヵ国守護職が公的に認められることになった。この時の上洛は、その御礼の意味と、一四〇八年に死去した義満への「御訪」のためのものであった（福島金治―一九八八）（以下、上洛関係の史料は、『大日本史料』第七編之十三を参照）。

島津元久一行が堺津に到着すると、先に上洛していた伊集院頼久が堺へ下り、赤松義則よりも使者が下った。そして「京都ノ仁義礼法」を確認して、上洛する。管領畠山満家・赤松義則の取りなしによって、将軍足利義持の御所に出仕した（『山田聖栄日記』）。

この時、将軍足利義持や諸大名との間の贈答（島津殿上洛記、「島津家文書」）を整理したものが、表1・2である。

まず六月一一日参会分の進上物をみると、足利義持・義嗣や、管領畠山満家以下の諸大名いずれにも太刀と鳥目（銭）を贈っている。義持に二〇〇〇貫、義嗣に三〇〇貫、管領に一〇〇貫贈った以外は、いずれも五〇貫を贈っている。ただし上洛の取りなしをしてくれた赤松義則に対しては、三〇〇貫と「色々之唐物」を贈っている。

六月二九日、島津元久の屋形に、足利義持の御成があった。この時元久は、義持・義嗣に対して、さまざまな唐物を贈っている。「白糸」（中国産の高級絹糸、すなわち唐糸）を使った鎧（佐々木銀弥―一九九四）や、中国産と思われる段子・毛氈や染付鉢がみえる。これらは、麝香・沈香・南蛮酒・砂糖とあわせて、琉球から入手した物資と推測される。虎皮は、朝鮮王朝から入手したものだろう。また相国寺には絹を、南禅寺都聞には壺や胡銅花瓶、四条道場・一条正

表1　応永一七年　島津元久上洛時の進上物（「島津殿上洛記」による）

（a）六月一一日　参会分　進上物	
御所様（足利義持）	御太刀一腰・鳥目二〇〇〇貫
舎弟新御所様（足利義嗣）	御太刀一腰・鳥目三〇〇貫
管領（畠山満家）	太刀一・一〇〇貫
裏松殿（日野重光）	太刀一・五〇貫
武州玉堂殿（斯波義将）	太刀一・五〇貫
山名金吾（時熙）	太刀一・五〇貫
一色殿（義範）	太刀一・五〇貫
土岐殿（頼益）	太刀一・五〇貫
京極殿（高光）	太刀一・五〇貫
畠山太夫殿（満慶）	太刀一・五〇貫
赤松殿（義則）	太刀一・三〇〇貫・色々之唐物
畠山少輔殿（満熙カ）	太刀一・五〇貫
伊勢殿（貞行）	太刀一・五〇貫
飯尾殿（浄称）	太刀一・五〇貫
（b）六月二九日（島津元久の）御屋形へ、（御所様）御成候時の引物	
御所様へ進上物の分	御鎧一両〈白糸〉・御太刀〈金作〉〈白作〉〈黒作〉・御弓征矢・御馬二疋〈一疋は鞍置〉・小袖一〇重・段子二〇端・盆三（金紫堆紅・麝香）・毛氈一〇枚・虎皮一〇枚・海梅花三〇枚 面革二〇枚・壺一〇（南蛮酒・沙糖）・絹一〇〇疋
（御所様に御目を懸けられし人数）	

御一家：北野中務少輔・樺山安芸守 国方：加治木能登守・野辺左衛門大夫・北原左馬助・蒲生 美濃入道・飫肥伊豆入道・肝付河内守 御内方：阿多加賀入道・平田右馬助	（各々）御太刀一・鳥目一〇〇貫（合計一〇〇〇貫）
新御所様への御引物	御鎧〈白糸〉・御長刀・御弓征矢・鞍置御馬・御太刀 小袖一〇重・盆二（金紫堆紅・麝香）・染付鉢一対（沈香） 絵一〇幅・毛氈五枚・虎皮五枚・面革二〇枚
管領	太刀一・小袖三重・壺五・面革五枚・弓一〇張・征矢一〇〇・麝香臍一〇
細川殿（満元）	太刀一・小袖三重・壺五・面革五枚・弓一〇張・征矢一〇〇・麝香臍一〇
赤松殿	太刀一・小袖三重・壺三・面革五枚・弓一〇張・征矢一〇〇・麝香臍一〇
伊勢殿	太刀一・小袖三重・壺三・面革三枚・弓征矢・麝香臍五
畠山相模守殿	太刀一・小袖三重・壺三・面革三枚・弓征矢・麝香臍五
畠山中務少輔	太刀一・小袖三重・壺三・面革三枚・弓征矢・麝香臍五
侍人大名騎馬衆	太刀一・小袖三重
南禅寺	壺三・鳥目一〇貫
相国寺	絹一〇〇疋
東福寺	鳥目一〇貫
即宗庵	点心料鳥目一〇貫
南禅寺都聞	鳥目三〇貫・壺三・胡銅花瓶三・具足一・　馬一疋
（金蓮寺）四条道場	壺三・茶碗皿三〇〇・密瓶一・人参一〇斤・香炉一〇・花瓶一対
（迎称寺）一条正規道場	壺五・茶碗皿六〇〇・人参一〇斤
赤松老名敷人	鳥目三〇貫・虎皮五枚
依藤殿	壺三・弓一〇張・征矢一〇〇

赤松左馬助殿	弓二〇張・征矢一〇〇・面革三枚
清河	鳥目五〇貫・壺三・虎皮
直阿	鳥目五〇貫・壺三・絵一〇幅
侍、雑仕、小舎人、力者、御厩七間五間堂子、松法師、輿舁、諸職人	鳥目五〇〇貫

規道場には壺・茶碗皿や人参を贈っている。人参も朝鮮王朝から入手したものだろう。

幕府の重臣たちには、麝香臍を贈っている。この時、畠山詮春が、将軍近習の若衆等に対して、島津殿が今日進上した麝香が未だ櫃底にあろうから探り取るようにいった。そこで元久が随従の家臣所持の麝香を出させ、盆に盛って座敷に出したところ、近習の者たちは将軍御前をも憚らずに競い取ったという（『山田聖栄日記』〈鹿児島県―一九三九／本書第二章参照〉）。

表2　応永一七年島津元久上洛時の下賜品（「島津殿上洛記」による）

六月一一日　参会分　下賜品	
御所様より	御太刀一振〈金作〉
（新）御所様より	御太刀一振
六月二九日　御屋形へ御成	
御所様より	御太刀二振・御鎧・御馬
諸大名より	馬・物具・酒肴数々

その後の将軍への贈答をみると、島津忠国から足利義持に対し、「太刀一腰・金襴五端・鵞眼五万疋」を献上し、「太刀一振・鎧一領」を遣わされた（年未詳九月二日付　足利義持御内書、「島津家文書」一―七三号、『旧記雑録前編』二―一〇五〇号は、応永三二年頃に推定）。一四三三年（永享五）には、島津忠国が足利義教に対し、「金襴五端・沈二本・酒器一流・付鉢一対・鵞眼二万疋」を贈り、「太刀・鎧白糸」を遣わされている（〈永享五年〉閏七月一一日付　足利義教御内書、「島津家文書」一―七五号）。年未詳六月二六日付の足利義稙御内書には、次のように記してある（「島津家文書」一―七一号）。

太刀一腰盛重・万疋・唐櫃一荷沈・棒蘇方・銚子提沈・同楣一・盆一枚堆朱到来、神妙候、仍太刀一振久国・刀一腰安則、遣レ之候也、

六月廿六日　（足利義稙）（花押）

島津修理大夫（勝久）とのへ

島津勝久から足利義稙に贈った物の中には、沈香を入れた唐櫃や、蘇芳（蘇方、蘇木）、堆朱の盆が含まれていた。このように将軍への進上品は、太刀・銭を基本としつつも、金襴や沈香などの唐物を含むケースが多かったことがわかる。将軍からの下賜品は、太刀・鎧が主であるが、白糸を使用した鎧の場合もあった。

公家への贈与の事例も一つ挙げておこう。一五二一年（永正一八）、日向永源寺の承儀が、大恵仏光禅師の勅号を賜った。勅号懇望のため参洛した永源寺僧侶二人への入魂（口添え）に対し、島津忠朝が甘露寺殿あてに「北絹一端」を進献している（〈永正一八年〉五月一九日付　島津忠朝書状写、『旧記雑録前編』二―一九五一号）。

一五二七年（大永七）以降の島津氏の幕府・公家・国人の贈物については、福島氏の整理に委ねる〔福島金治―一九八八〕。その中で福島氏は、島津相州家の幕府・公家・統一政権への贈り物は、沈香・白糸・黄金がその中心を占め、他国領主への太刀や馬の贈答とは異なっていたことを指摘している。福島氏の掲出した事例をみると、近衛家などの公家や寺院に対して、沈香・段子・白糸・香炉などの唐物を贈るケースが目につく。幕府・公家への唐物贈与の傾向は、この時期一層強まったといえるだろう。

2　大内氏の贈答

次に朝鮮王朝や明との貿易に参画していた大内氏の事例を取り上げよう。

大内氏の高麗・朝鮮王朝との交渉については、須田牧子氏の丹念な研究に詳しい（須田牧子―二〇一一）。また伊藤幸司氏は、中国・朝鮮など東アジアとの交流の中で、大内氏をとらえる試みを続けている（伊藤幸司―二〇〇九a・一二・一三／山口県―二〇一二）。以下では、行論に必要な諸点のみを確認しておくに留める。

大内義弘は、高麗時代末の一三七九年（辛禑王五）に通交し（『高麗史』巻一三四、辛禑王伝）、朝鮮王朝の成立後も早くから通交関係を成立させた（田中健夫―一九七五／須田牧子―二〇一一）。一三九五年（太祖四）一二月が、通交の初見である（朝鮮『太祖実録』巻八、四年一二月乙巳〈一六日〉条）。一三九九年（定宗元）七月には、義弘は、自分の先祖が、百済の始祖温祚高氏の後裔であるという所伝に基づき、朝鮮王朝に土田を要求した（朝鮮『定宗実録』巻二、元年七月戊寅〈一〇日〉条）。以後、朝鮮側は大内氏の使節は「日本国王使」に準じる「巨酋使」として扱い、日本国王に対して派遣された朝鮮使節は大内氏の居所（山口）も訪れた。

松岡久人氏の整理によれば、大内氏は、硫黄・銅・太刀・鎧・屛風・練貫や段子・蘇木などを進上し、大蔵経・正布・苧布・綿紬・虎皮・豹皮・青斜皮・人参・松子などを回賜されている（松岡久人―一九七八）。また対馬の宗氏から、朝鮮王朝からの回賜品である虎皮・花席・木綿が贈られている（『大永享禄之比御状并書状之跡付』）。

一方、明との貿易も行われた。大内船が遣明船に加わった最初は、一四五一年（宝徳三）出発の船団である（七号船）。これ以後、一四六八年（寛正六）・一五〇六年（永正三）出発の遣明船に加わっている（前者は三号船、後者は一・三号船）。その間、細川氏との間に遣明船の主導権をめぐる争い（勘合をめぐる争い）があったことはよく知られており、一五二三年（嘉靖二）には寧波の乱を引き起こした（この時、大内船は三船あり。正徳勘合を所持）。一五三八年（天文七）・四七年には大内氏単独の派遣となった（小葉田淳―一九四一／田中健夫―一九七五）。天文年間の行程・貿易については、策彦周良の『策彦和尚初渡集』『策彦和尚再渡集』に詳しい〔牧田諦亮―一九五五・五九〕。大内氏の貿易拠点は博多であったが、遅くとも文明期以降、大内氏は堺商人と結びつき、遣明船を経営していた〔伊藤幸司―二〇〇二〕。

幕府への唐物贈与

次に、大内氏による幕府への唐物の贈与についてみてておこう（以下、史料の検索や人物比定にあたっては、〔山口県―一九九六〕によった）。

『太平記』巻三九、大内介降参事をみると、一三六四年（貞治三）に上洛中の大内弘世に関して、次のような記述がある〔田中健夫―一九五九／堀本一繁―一九九九〕。

在京ノ間、数万貫ノ銭貨・新渡ノ唐物等、美ヲ尽クシテ、奉行・頭人・評定衆・傾城・田楽・猿楽・遁世者マデ是ヲ引与ヘケル間、此人ニ増ル御用人有マジト、未見ヘタル事モナキ先ニ、誉ヌ人コソ無リケレ、

しかし一五世紀以降の日記をみた限りでは、大内氏が幕府に対して唐物を贈るケースは、むしろ少ない。将軍に対しては、他の諸大名と同様に、太刀・銭を献上していたのである。

たとえば『蜷川親元日記』をみると、一四六五年（寛正六）、大内教弘は、足利義視への御礼として「御太刀金・五千疋」を進上し、「御剣・御馬一疋栗毛」を贈られている（寛正六年五月一五日条）。また、大内武治は、弾正少弼に任じる（「任弾正少弼」）「口宣御判」を出してもらった礼として「太刀金・二千疋」を進上している（寛正六年五月二六日条）。

ただし橋本雄氏が的確に指摘しているように、幕府との関係上、重要な節目には、大内氏は将軍家に対して派手な唐物贈与を敢行していた。橋本氏が挙げた事例は、①一四八一年（文明一三）、唐絵の進献（『蜷川親元日記』文明一三年七月一〇日条）、②一四八八年（長享二）、大蔵経・唐鐘の進献を提案したもの（実行にいたらず）（『蔭凉軒日録』長享二年二月二四日条）、③一四七七年（文明九）、水牛の進献（『兼顕卿記』文明九年一一月一一日条）である〔橋本雄―二〇一一、Ⅳ章〕。

満済や伊勢氏に対しては、唐物を贈与した事例をみることができる。一四二九年（永享元）、上洛していた大内盛見は、帰国の際に、満済に対して「太刀一腰」のほかに「盆一枚堆紅・段子一端花・繻子二端」を贈った（『満済准后日記』永享元年一二月九日条）。一四八一年（文明一三）には、次のような記事がある。

一　大内殿（政弘）より度々之御礼、興文蔵主来臨、礼物先以御私分請二取之一、貴殿（伊勢貞宗）へまいる分、太刀金・万疋・蜜壺一大・虎豹皮各一枚入レ箱・斜皮青五枚入レ箱以上京兆（大内政弘）より各有レ状、

（『蜷川親元日記』文明一三年正月三〇日条）

大内政弘が、伊勢貞宗に対して、箱入りの虎皮・豹皮・青斜皮という朝鮮王朝からの回賜品を贈っている。

一六世紀の事例をみると、一五一七年（永正一四）には、大内義興は、足利義稙が開いた猿楽の申沙汰をし、「御馬・御太刀・盃金襴・盃沈香・盃唐錦・腰刀太刀・御太刀折紙」を進物とし、「御太刀」を拝領している（『後法成寺関白記』永正一四年八月三〇日条）。また一五三八年（天文七）、大内義隆の使者として、田楽璉阿が上洛して、「朝鮮松実」を伊勢貞孝に贈った（『親俊日記』天文七年二月八日条）。

天皇・公家への唐物贈与

前項でみた幕府への贈与に比べて、天皇や公家に対しては、唐物贈与の事例は数多い。まず、天皇に対する唐物贈与の事例を、『御湯殿上日記』からみておこう。

大内義隆は、一級勅許の御礼として、一五二九年（享禄二）に緞子・大高檀紙を、一五三一年に馬・太刀・盆・香箱・金襴を進上している（享禄二年一二月二四日、同四年四月二八日条）。一五三二年には、松崎天満宮再興の勅裁を得た御礼として、盆・緞子を進上している（享禄五年六月二八日条）。一五三六年（天文五）には、緞子一反・唐糸五斤を進上している（天文五年九月一日条）。

これらの進上品は、御礼の内容によって使い分けられている。たとえば、一五三九年、大内義隆は、今年の御礼分

は太刀・馬代四〇〇〇疋なのに対し、「れううん《（凌雲カ）》寺・くわんおん《（観音）》寺ちよくかく《（勅額）》の御れい《（礼）》」として緞子を朝廷に対して贈っている（天文八年八月六日条）。今年の御礼分としては、翌年も白太刀・馬代一〇〇〇疋を贈っている（天文九年八月二六日条）ので、恒例の進上品は太刀・馬代であったことがわかる。それに対して、唐物は、何らかの特別な便宜に対して進上する傾向があったといえる。

次に、公家に対する贈答例をみよう。

①近衛尚通『後法成寺関白記』

一五二九年（享禄二）、大内義隆は阿川淡路入道（真牧、勝康）を使者として、近衛尚通に対し紅線一斤、近衛稙家に対して丁子一〇斤・文紗一端を贈っている（享禄二年一二月二一日条）。一五三一年（享禄四）、尚通に対して、大内義隆から唐硯筥一二合、阿川から丁子二斤が（享禄四年四月二八日条）、また阿川から北絹一端・太刀が贈られている（享禄四年閏五月二九日条）。

②三条西実隆『実隆公記』

大内氏側と三条西実隆の間では、多彩な贈答品のやりとりがみられた。

たとえば、大内政弘が昇進の件につき、太刀・用脚を贈った例（延徳元年〈一四八九〉九月一八日条）や陶興就が「折紙弐百疋」を持参した例がある（永正五年〈一五〇八〉一一月二二日条）。また大内被官人の杉興宣が「色紙形三十六人歌」を所望したり（永正五年一〇月二四日条）、陶興就が「源氏絵色紙」を携来するなど（永正六年八月三日）、和学に通じた実隆ならではのケースもある。

大内氏側と実隆との間で、唐物を贈答する事例もある。

大内政弘が氷上山勅額の礼として実隆に書状を送ったのに対し、実隆は緞子三段・盆一枚を政弘に贈った。一四八七年（文明一九）、政弘から返事が到来し、「唐紗二段浅黄文雲一無文白一・盆堆紅」を実隆に贈ってきた（文明一九年正月二七日条）。一四八七年（長享元）には、政弘は北絹五端を贈っている（長享元年七月二三日条）。

大内氏の被官人が、実隆に贈与した例もある。大内被官人竜崎宮内丞は、太刀一腰・緞子一端を実隆に贈っている（永正五年九月一五日条）。竜崎は、茶碗皿一〇（永正六年二月二〇日条）、硯二面・墨一廷（永正七年七月一〇日条）を実隆に贈っている。一五一〇年（永正七）、竜崎中務丞道輔は、「紙十帖・茶碗鉢青一・砂糖一桶」を贈っている（永正七年一二月二〇日条）。

また長門・周防国の寺院が、実隆に唐物を贈っている。一四九六年（明応五）、西山参鈷寺住持が衆僧として招き寄せた件に関して、実隆が口入した礼として、長門国阿弥陀寺長老の寿尚和尚が、実隆に対して唐紙一〇枚・茶釜一口・葛布一端を贈っている（明応五年五月二一日条）。一五〇七年（永正四）、灌頂開壇の礼として、周防浄光寺の専空上人宗運が唐紙一〇枚・香炉を贈っている（永正四年九月二〇日条）。

実隆に贈られた唐物が、別の人物に贈与されることもあった。一五二九年（享禄二）、大内義興は「沈香木一、九両」を箱に納めて実隆に贈ってきた（享禄二年正月八日条）。その後、実隆が越前に返事を遣わした記事に、

朝倉右衛門大夫（孝景）　書状　沈香木一、九両云々、入ㇾ莒、大内所ㇾ送也、

とあり、大内義興の贈った沈香は、さらに朝倉孝景に贈られていることがわかる。なお、同時に、河合九郎右衛門に丁子一斤、一栢軒に唐紙一〇片が贈られている（享禄二年二月一五日条）。

このように贈答品が循環する類例として、博多練貫の事例を挙げておく。竜崎道輔が「博多練貫二桶・雁等」を三条西実隆に贈ったところ（永正六年八月一〇日条）、翌日実隆は「練貫一桶」を松隠庵に遣わしている（八月一一日条）。

一方、実隆から大内氏側に対して唐物を贈与した事例もみえる。大内政弘に緞子などを贈った事例（前述）のほか、

大内義興の母に丁香一函（永正五年一〇月一五日条）、陶興就に沈香二切（永正七年五月一六日条）、竜崎に唐墨一廷を贈っている（永正八年一一月一三日条）。

③山科言継『言継卿記』

大内氏と山科言継の間においても、贈答は再三行われている。

たとえば、言継は、大内義尊誕生を祝って大内義隆あてに書状を送り、太刀一腰を進上している（天文一四年〈一五四五〉一一月二八日条）。しかし、唐物の贈答の事例としては、防州祇園大宮司松田時重が「唐物一端」を持参した例がみえる程度である（天文一四年六月六日条）。

以上みてきたように、公家の地位やその特性に応じて、唐物を贈与する割合は異なっている。特に三条西実隆に対する唐物の贈与は際立っている。

また実隆側から大内氏・陶氏、あるいは朝倉氏など大名側に唐物を贈るケースがあったことも注目しておきたい。すなわち京都から地方への唐物の流通ということになる。関連していえば、足利将軍から伊達氏や朝倉氏に下賜された事例（一五世紀後半～一六世紀）もある〔羽下徳彦―一九九五〕。

以上、島津氏・大内氏による京都（幕府・天皇・院・公家）への唐物贈与を検討してきた。島津氏については「島津家文書」、大内氏については京都の公家たちが記した複数の日記によっているため、単純には比較できないが、おおよその傾向は明らかになったであろう。

島津氏の場合は、将軍・公家に対して、琉球王国・朝鮮王朝から入手した唐物を積極的に贈っていた。それに対して、大内氏は、天皇・公家・将軍に対して、しかも特別な便宜を受けた場合にほぼ限定して唐物を贈与し、通常は将軍に対しては、武家儀礼一般の太刀・銭を進上していた。島津氏に比べて幕府との深い結びつきがある大内氏にとって、改めて唐物を贈る必要性は薄かったといえるのかもしれない。

五　「御物」の成立とその意義

1　「御物」（東山御物）の形成過程

中世において、貿易陶磁をはじめとする唐物を収集していた代表者といえるのが、京都の室町殿（将軍、足利氏）であり、「御物」（東山御物）というコレクションを形成した。第二～四節において、室町殿に唐物が集まる過程について言及したが、本節では、近年の諸研究に学びながら、「御物」の形成過程と、室町殿が唐物、とりわけ「御物」を所有する意義についてみていくことにしたい。

「御物」の形成過程については、竹本千鶴氏が詳細に検討している。竹本氏は、本章で紹介した以外の唐物の事例を集めた上で、議論を展開している。その概要を紹介しておこう〔竹本千鶴―二〇〇六〕。

中世初頭に、舶来の奢侈品と認識されていた唐物の諸道具は、足利義満、足利義持、足利義教段階を中心に、明や朝鮮からの輸入品として到来したものや、禁中、公家衆、幕臣などからの献上品として将軍家にもたらされたものである。献上品の中には、八朔や将軍御成などの武家儀礼の遂行にともなって、諸大名から将軍へ進上されたものが少なくない（この点は、本章第三節でも言及した）。

将軍家にもたらされた唐物は、将軍同朋衆の目利き〔家塚智子―二〇一〇〕によって、「御物」として召されるものとそうでないものに厳選される。将軍家の「御物」となった唐物が、室町殿中の座敷飾りに使用されるためである。

「御物」は、種類別に分類され、代価やその外観によって、希少性のある「重宝」、名を有する「名物」などに等級付けられる。将軍が家臣の大名の京都屋敷を訪れる将軍御成の際には、将軍を迎える側（家臣）は、座敷飾りの規式に基づいて、室町殿中の装飾空間を再現した。このような将軍家における「御物」の選別・飾り方の規式を定めたものが、『君台観左右帳記』である。

このように将軍家に集められた「御物」は、足利義政期以降、幕府の経済を支えるために「売物」に転用されてしまった。転用が可能になったのは、『君台観左右帳記』が、「御物」に将軍権威を反映させる要素を与えたからである。一方、将軍家から離れて、散逸した「御物」は、単体で義政ゆかりの価値があるものと評価されるようになり、豪商の仲介を経ることによって、高額な価格が設定されるようになる。その過程で、「東山御物」という名称が一人歩きし、「御物」が足利義政に集約されて理解されるようになった。

2　「御物」の持つ意味

桜井英治氏は、室町幕府の財政構造の一端を、「御物」の経済と評している。室町殿（将軍）が、五山寺院へ御成をした際に将軍に献上される引物を、そのまま修理の必要な寺社に寄付することにより、事実上公庫にまったく手をつけることなく寺社修理を実現できる献物システムを考案する。引物の寄付を受けた寺社はそれらを売却・換金するためにオークションを開いたが、このオークションはいったん役割を終えた贈答品を新たな贈与の環に還流させる贈答品市場としての機能を果たしていた。そして、将軍家の「御物」は、美術品コレクションとして洗練され、しばしば窮乏した貴族に貸与していたが、足利義政は、財政難から、「御物」を大量に売却してしまった。そのことは、将軍家の経済的求心性を大幅に喪失させることになったと述べている〔桜井英治―二〇〇二〕。

桜井氏の議論を踏まえて、美術史研究者の島尾新氏は、会所と唐物を対象とし、唐物の贈与と経済論を展開している。会所の飾による価値の提示から贈与に至るシステムの存在を指摘し、所蔵の唐物について、その交換財としての価値を高めていき、「文化領域」「経済領域」「政治領域」をネットワーク状に接合するものだと評価する。このような複雑なシステムは、ただの「金儲け」「合理主義」や「権力志向」という単なる合目的な思考からは生まれないものだと断じている〔島尾新—二〇〇六〕。島尾氏の議論においては、「文化領域」というものが設定されている点が注目され、それが「経済領域」「政治領域」と接合される上で、唐物の果たした役割は大きいといえる。

室町・戦国期の室町殿や寺社のコレクションに関しては、田中浩司氏が、戦国期の大徳寺やその塔頭の真珠庵などについて、諸方面から祠堂料や入牌料などの形でさまざまな献金や寄贈品が集まっている様子を明らかにし、寄付された物品は、絵画、天目茶碗、盆など、きわめて経済的な価値の高いモノが多くみられるという。その価格には、室町殿周辺の目利きによる評価・価値観が影響していた。そして一四三二年（永享四）、足利義教が九条家に御成した事例を取り上げ、義教は、御成という儀礼を通じて、独自の嗜好、価値観・行動様式などを発信・強制していたとする。その独自のモノとは、義教流に洗練された室礼、茶道・華道・香道などの文化であり、そのために必要な、稀少性の高い銘品、お気に入りを収集し、それに「御物」という付加価値が付くという流れを見出している〔田中浩司—二〇一二〕。

3　和の中の漢

第1・2項とも深く関わる重要な論点の一つに、中世日本にもたらされた唐物の評価基準は、中国の価値観に基づくものなのか、日本で読み直されたものなのかという点がある。

この論点を明確に指摘したのは、島尾新氏である。島尾氏は、将軍邸の会所とそこに飾られた唐物について「入れ子の空間論」を提起し、飾については和物と唐物という「和と漢」を対比させている。室町時代、武家や禅僧はともに唐物を好み、中国文化を摂取しようとしているが、「武家の趣味」が、唐物を自分たちの文脈に取り込むという「和の中の漢」をめざすものであるのに対し、「禅僧の趣味」は「和」の外にある「漢」そのものをめざすという相違があるという〔島尾新―二〇〇六〕。同じように「漢」を求めても、このように受容層によって相違がみられ、「武家の趣味」では「和の中の漢」が生み出されていることに注目される。

「和の中の漢」をいっそう徹底させた議論を、美術史研究者の泉万里氏が展開している〔泉万里―二〇〇五〕。泉氏は、中世の唐物荘厳を取り上げ、一四世紀の『太平記』『喫茶往来』から一五世紀の貞成親王『看聞日記』にみえる、「大量の唐絵唐物を並べて人々が集う、いかにも雑然とした印象の室空間の状況」に注目する（本章第三節でも言及した）。それは、「賭物となる重宝を参会者一同にみせるという行為の延長線上に位置付けられるもの」とし、この唐物荘厳は、「室内の飾りであると同時に、贈与する重宝のすべてを一同の目にさらす行為であった」と評価する〔泉万里―二〇〇五、二五〇〜二五五頁〕。そして一五世紀における唐物愛好について、次のように述べている。

ところで、このような唐物愛好に、異国における、それらの物本来の扱われ方への関心はほとんど感じられない。唐物は、金銀や、和製の漆工品などとまったく同列に重宝の中の一品目として組み込まれている。唐物愛好とは、異国に背をむけて、ひたすら目の前の、重宝となった物を凝視するもののようである。島尾新氏はそのような唐物愛好を「取り込み型」と名づけるが、まさしく唐物は、唐船から日本の港町に荷揚げされた瞬間に、和の物の価値体系に組み込まれて、新しい重宝としての生を受けるかのようである。唐物を愛でる視線は、外へは向かわず、膝の前の、目の前の物の上に留まる。「和漢の境をまぎらかす」という言葉が中世後期に発せられるが、そ

の境は想像以上に低いものであったのかもしれない。〔泉万里―二〇〇五、二五六頁〕

こうした美術史研究の成果を積極的に取り入れて、日本史研究者の中で、近年精力的に研究を進めているのが、橋本雄氏である。橋本氏は、室町幕府や守護大名にとっての唐物を検証し、室町文化論へ新たな展望を示している〔橋本雄―二〇一一〕。

室町殿足利義持の唐物趣味は広く知られているが、橋本氏は、それは日本独自の解釈や価値が付与されたものであるとし、和物も多数含まれ、唐物一辺倒ではないことを指摘する。そしてこのような唐物趣味は、足利義持が対明断交に踏み切ったような現実の国際関係＝冊封関係とは、短絡できないとする。前述した島尾氏の「和漢の構造」を踏まえて、室町文化は、単純な唐風文化と規定するのは誤りで、「第二の国風文化」（いわゆる和風文化）といえる天文期文化への過渡期としてとらえるべきだと述べる。

また、美術史研究者の畑靖紀氏の《皇帝の絵画》に関する研究に注目する。一四三七年（永享九）、後花園天皇が室町殿（足利義教）邸に行幸した折、会所の各所には、梁楷筆「出山釈迦図」「山水図」（東京国立博物館蔵）、伝夏珪筆「山水図」（畠山記念館蔵）、「梁楷筆耕織図巻模本」（東京国立博物館蔵）などが陳列された。これらの中国絵画を通じて、畑氏は、室町殿（足利義教）は、中国皇帝による権威づけを意図したものだと理解した〔畑靖紀―二〇〇四〕。橋本氏によれば、この畑氏の評価は、島尾氏の指摘する「和漢」の入れ子構造〔島尾新―二〇〇六〕とは齟齬がみられるものである。そこで橋本氏は、こうした《皇帝の絵画》は、室町殿の《皇帝性》に翻訳されたものだと評価し、それによって室町殿の新たな権威を創出しようとしたのだとした。

また一五世紀後半の大内氏から足利義政に対して、唐物を贈与した事例を取り上げる。橋本氏は、その契機は、遣明船の権利の贈与をめぐる政治的駆け引きであったと述べている。

六　博多・鎌倉における唐物

最後に、京都以外の都市における唐物の消費〔贈答〕についてみておこう。博多と鎌倉の事例について、管見に入ったものを紹介しておきたい。

1　博　多

博多は、早くから中国大陸・朝鮮半島との貿易の拠点であった。また一五〜一六世紀には、申叔舟の『海東諸国紀』〔一四七一年成立〕に「琉球・南蛮の商船所集の地なり」と記載されているように、琉球船なども来航した。瀬戸内海・日本海・九州西岸の海道などを通じて、列島各地と結びつき、西日本最大級の物資の集散地であった。

近年の考古学の成果によれば、中世〔一二〜一六世紀〕の博多は、海側の息浜〔興浜〕と、内陸側の博多浜〔古代以来の「旧博多部」〕とに分かれ、両地域を結ぶ部分が細くくびれた二こぶ状の形をとっていた〔大庭康時ほか―二〇〇八／大庭康時―二〇〇九〕。一五世紀、息浜は一貫して大友氏が領有したのに対し、旧博多部は大内氏と少弐氏の係争地であり、一四七八年〔文明一〇〕以降は大内氏が領有した〔佐伯弘次―一九九六など〕。

一五世紀における博多の都市生活については、佐伯弘次氏が、博多町人と大内氏との関係や、鍛冶・鋳物師などの手工業者について指摘している〔佐伯弘次―一九八四／大庭康時ほか―二〇〇八〕。また博多における唐物については、堀本一繁氏が、博多における茶の湯の受容を論じる中で、発掘成果にも言及しながら論じている〔堀本一繁―一九九九〕。

ここでは、二つの史料から、博多における唐物の贈答についてみておくことにしたい。

①相良正任『正任記』

『正任記』は、大内氏の右筆・奉行の相良正任が、博多の聖福寺継光庵で記した陣中日記で、文明一〇年（一四七八）の一〇月分のみ現存する。正任は、大内政弘の筑前国出陣に随行していた（山口県―一九九六）。

大内政弘の博多滞在中、長門・石見・筑前・肥前国などの国人や寺社などが進物を贈ってきた。各地の国人らは、おおむね太刀や銭を進上している。たとえば、野田弘資は長門国阿武郡弥富城より「御入国御礼」として「御太刀・三百疋」を、香月経孝・仲間盛秀は各々「御太刀・二百疋」を進上している（一〇月二日・三日条）。石見国の福屋小太郎や周布和兼は、太刀と馬を進上している（ともに一〇月一日条）。寺社も同様のケースが多く、豊前国分寺住持は参謁して三〇〇疋を進上し（一〇月二日条）、周防国氷上山別当使真如房は、「巻数幷御太刀・三百疋・酒肴等」を進上している（一〇月三日条）。

それに対して、博多興浜の妙楽寺は唐物を進上している（佐伯弘次―一九八四）。

一　興浜妙楽寺惟明東堂、政尚息師匠也、依二路口入一身体無事之由也、為二御礼一参謁候、唐筵二枚・香炉一胡銅進レ之、

（一〇月三日条）

妙楽寺は、一三四六年（貞和二）に月堂宗規を開山として建立された臨済宗大応派の寺院である。一四一九年（応永二六）、応永の外寇（己亥東征）直後、事件の真相を探るために、日本国王使が朝鮮王朝に派遣された。その正使が、妙楽寺の僧（一二世）無涯亮倪であった。また博多商人の宗金・平方良久は、妙楽寺を拠点としていた（上田純一―一九九二）。妙楽寺の唯月東堂が唐筵・香炉を進上しえた背景には、このように同寺が対外交渉の拠点の一つであったことが挙げられよう。

②策彦周良『策彦和尚初渡集』

大内義隆が一五三八年（天文七）に派遣した遣明船は、博多新篁院の湖心碩鼎を正使、義隆に招かれて京都から山口に下っていた策彦周良を副使としていた。一行は、一度は出航したものの順風に恵まれず、五島の奈留浦より、同年七月一日、博多に帰還した。七月二日、策彦は竜華院に移り、以後ここに滞在した。翌年三月五日までの滞在期間中、『策彦和尚初渡集』には贈答に関する記述が頻出する。

贈答品として茶や茶器が多用されていたことは、すでに堀本氏が指摘している〔堀本一繁―一九九九〕が、それ以外にも多彩な贈答品がみえる。たとえば、節分の日の記事をみよう。

今夕節分、為二常桓大禅定門一設レ齋、与二三英一半齋諷経、齋后、携二三英一廻礼、黄麗一、船頭主計、黄麗、河上杢左衛門、黄麗、利勝、黄麗、柏辰、扇子一柄、神屋二郎太郎、同、彦八郎、同、河上孫七郎、同、谷源四郎、同、松林房、筆一対、真乗院、小刀子一箇、浦雲、一指・扇子、山鹿治部丞、胡椒三両、五井三郎次郎、

（天文八年正月八日条）

黄麗（高麗鶯）・扇子・筆などの品目がみえる。その中に、東南アジア産の胡椒が贈られていることには注目される。琉球を通じて入手したものであろう〔関周一―一九九二〕。

その他、唐物の贈答に関しては、次のような事例がある。

船頭神屋主計恵以二水瓶一対・昆布・椎茸一、正使新篁和上使僧来臨、見レ頒以二香茗一（天文七年七月晦日条）

正使和上来臨、見レ携二胡椒一斤一、侑以二酒三行一（天文八年正月三日条）

謁二天徳和上一講礼、携以二蘇香円一貝一（天文八年正月四日条）

松林房来臨、携以二胡椒一（天文八年正月五日条）

柏辰来、携以二高麗木綿一（天文八年正月一五日条）

胡椒の事例が二例あるほか、水瓶・蘇香円がみえ、また朝鮮王朝からもたらされた「高麗木綿」がみえる。胡椒・木綿などが贈与されていた点に、貿易都市としての博多の性格が反映されている。なお、船頭の神屋主計は、博多の豪商である。

2　鎌倉（東国）

鎌倉幕府の九州支配が深化していく中で、鎌倉後期には、博多—瀬戸内海から鎌倉に直結する海上交通ルートを、北条氏が掌握・支配するようになった。また禅宗や西大寺流律宗の寺院も、唐物受容の拠点になった。このような事情から、貿易商人や禅律僧の手によって、大量の唐物が鎌倉に流入した〔川添昭二—一九九九〕。

一四世紀前半には、称名寺（帰国は一三〇六年〈徳治元〉）・建長寺（出発は一三二五年〈正中二〉、帰国は一三二六年〈嘉暦元〉）・関東大仏（出発は一三三〇年〈元徳二〉）などの造営費を得るために寺社造営料唐船が派遣され、鎌倉にも唐物ブームが訪れた。

金沢貞顕は、唐船が帰朝したので、薫物が入手しやすくなったこと（〈元徳元年〉九月二一日付　崇顕〈金沢貞顕〉書状、『鎌倉遺文』第三九巻三〇七三三号）や、唐物・茶が盛んになっている様子について言及している（〈元徳二年ヵ〉六月一一日付　崇顕〈金沢貞顕〉書状、『鎌倉遺文』第四〇巻三一〇六三号）。

また寺院の什物として、天目・青磁の花瓶・湯盞台・香炉などが、称名寺や円覚寺に所蔵された〔綿貫友子—一九九五〕。

元亨三年（一三二三）の「北条貞時十三年供養記」には、「青磁鉢六対大小鐃州碗六」の記載がある（「円覚寺文書」）。また貞治二年（一三六三）四月の「仏日庵公物目録」には、堆朱四層の印籠や桂漿薬合・犀皮円盆などの工芸品や山水画のほか、青磁花瓶香炉・青磁湯盞台・建盞などの多種多様な陶磁器が記載されている〔「円覚寺文書」〕〔古川元也―二〇〇七a・一一・一三〕。

また金沢貞顕は釼（劔）阿に対して、「明日評定以後可レ参之由思給候、唐物等被レ開候へかし、拝見仕候ハむと存候、明日若御指合候者、明後日夕方までは候ハんずれハ、明後日までもひらかれ候者、本意候」や「又極楽寺物者、何様御沙汰候哉、可レ被二市立一之由聞候しハ、一定候乎」〔正月二四日付　金沢貞顕書状、金沢文庫文書、『鎌倉遺文』第三八巻二九三二一号〕と述べており、称名寺〔前半の引用中の唐物を開く場所〕や極楽寺において、寺家・武家を対象に、唐物披露と売買を目的としたオークション的な市が開かれていた〔綿貫友子―一九九五〕。

鎌倉幕府滅亡後は、列島内の流通網により、引き続いて唐物がもたらされたものと推測される。

そのルートの一つとして、京都からの贈与品に唐物が含まれていたことが考えられる。たとえば、関東に下向する大御堂僧正に対して、満済が「盆一枚・香合一・扇百本」を遣わした事例〔『満済准后日記』永享二年〈一四三〇〉五月一〇日条〕は、そのことを推測させる。

東国の領主間で唐物が贈与された事例もある。その所在が改めて確認された鹿島大禰宜家文書〔茨城県麻生町の羽生誠氏蔵〕〔飛田英世―一九九七／新田英治―一九九八〕には、次の文書が残されている〔応永年間のものカ〕。

御神事無為、目出候、仍祈禱事、無二御油断一、被レ懸二御意一之由承候、悦喜候、兼又鳥目廿結・撥蚫百給候、雖下不二思懸一御沙汰候上、給置候、随而盆一枚堆紅文《牡丹／唐鳥》・唐筵一枚・皮一枚豹進レ之候、左道之至候、連々可レ申候間、省略候了、恐々謹言、

七月廿八日　　沙弥（上杉）禅秀（花押）

謹上　鹿島宮大禰宜殿

〔『茨城県史料』中世編Ⅰ、「鹿島神宮文書」三五九号を一部補訂〕

鹿島宮大禰宜が上杉禅秀（氏憲）に「鳥目廿結・撥蚫百」を贈ったのに対し、禅秀は、堆紅の盆一枚と唐筵一枚・豹皮一枚を返礼として贈った。禅秀からの贈与品は、いずれも唐物であり、豹皮は朝鮮王朝からの輸入品であろう。このように上杉禅秀も唐物を所持しており、さらに鹿島社にまで流通していたのである。

おわりに

以上、本章で検討してきたことを、要約しておく。

①一一～一六世紀前半、来航した宋商船や、寺社造営料唐船や遣明船（日本国王使）などを通じて、中国大陸から京都に唐物が流入していた。一五世紀には、朝鮮王朝へ日本国王使が派遣されたほか、明・朝鮮王朝・琉球王国の使節が京都を訪れて唐物をもたらした。

②京都における唐物消費の事例として、宴や儀式・法要の室礼や、法会の捧物を検討した。特に前者については唐絵に注目した。贈答・進物に関しては、天皇による唐物御覧などにおける上位者からの下賜や、年中行事（八朔）の際の足利将軍との贈答などの事例を提示した。新規に獲得した唐物ばかりではなく、院・将軍の「重宝」が下賜されるケースもあった。

③島津氏は、将軍・公家に対して、琉球王国・朝鮮王朝から入手した唐物を積極的に進上した。それに対して、大内氏の唐物進上は、天皇・公家・将軍に対して、しかも特別な便宜を受けた場合に限定していた。将軍に対しては、通常は太刀・銭を贈った。『実隆公記』には、大内氏が三条西実隆に贈った沈香や博多練貫が、さらに他者に贈与されるという、桜井英治氏のいう贈与品の流用・循環〔桜井英治―一九九八〕がみられる。また実隆から大内氏・陶氏ら

に唐物を贈与する場合もあり、京都から地方への唐物の流通もあったことがわかる。

④博多における贈答品の中には、貿易の拠点にふさわしく、唐筵・高麗木綿・胡椒などがみられる。また鎌倉は、特に一四世紀前半、唐物ブームを迎えていたが、一五世紀以後も贈答などによって唐物がもたらされたと推測される。

右の結果を踏まえて、特に一五世紀以降の京都における唐物消費の見通しを述べれば、次のようになろう。

一五世紀前半（応永～永享期）の京都は、唐物流入のピークを迎えていた。そのことは、明・朝鮮王朝・琉球の使節が頻繁に京都を訪れていたことにも支えられていた。そのため、満済による八月三日の室町殿への「御憑」にみられたように、唐物を贈与する事例は多かったように思われる。将軍からの下賜品に代銭を支払うこともあった。

明使・朝鮮使（通信使）の京都への派遣が終わる一五世紀後半（前者は一四三四年、後者は一四四三年が最後）には、島津氏からの贈与を含めても、唐物流入は減少した。武家の贈答品は太刀・銭などにほぼ固定する傾向にみられ、唐物の比重は小さくなった（このことは、大内氏の幕府への贈与からもうかがえる）。そのことは、唐物の評価を定着させ、座敷飾りや唐物目利きに関する知識への需要がかえって高まることになる。そして『君台観左右帳記』のような手引き書（「御飾書」）の成立に至るのである。

中世後期の「御物」は、近世初期には「名物」に転換する。この過程を正面から考察したのが、竹本千鶴氏である〔竹本千鶴―二〇〇六・一一・一三〕。最後に、竹本氏の研究に基づいて織田信長による「名物」蒐集についてみておこう〔竹本千鶴―二〇〇六〕。「名物」とは、本来、天皇や将軍などしかるべき人物によって名を付けられた唐物のことであり、「御物」として将軍家に召された唐物の中の一部から選ばれたものである。

織田信長は、織田政権の樹立から形成期にあたる一五七三年（天正元）から七五年にかけて、集中的に名物茶器の披露を目的とした茶会を開催した。織田政権の安定期にあたる一五七六年からは、入手した名物茶器を臣下の者に下賜している。こうして信長は、名物茶器に政治的な価値を付加する基礎作業を行ったのである。

織田信長の「名物狩り」について、次の諸点が指摘されている。統一政権形成の過程において、信長は茶会の場を政治の場に利用するための室礼を必要としていた。そのため、信長は自らのものさしで名器茶器を厳選した。評価の基準は、①名物として、そのものの価値が認識されているもの、②たとえば「異相」というような信長の好み、③信長の手元に入るまでの由来を調査することが挙げられる。

第二章　香料の道と日本・朝鮮・琉球

はじめに

ヨーロッパ世界とアジア世界との交流、すなわち東西の交流を進めたものの一つに香料があったことは広く知られている。その香木の産地は、東南アジアなどにきわめて限定されるものであった。たとえば、沈香は、中国西南部・海南島・ベトナム・カンボジア等に、胡椒は、ジャワ島・マレー半島・スマトラ西北部・インドにおいて栽培された〔山田憲太郎―一九七九c、二八二〜二八六頁〕。原産地の限られた香木を求めて、ヨーロッパの人々は、アジアに進出して熱心に貿易を行い、これが東西の交流を進める契機になったのである。同様に、この香料は、中国・朝鮮・日本といった東アジアにおいても需要の高いものであった。したがって、アジア規模の（東南アジア・東アジアを通じての）交流を検討するにあたって、香料は格好の素材ということになる。本章は、香料を素材として、アジアにおける広範な交流の一端を垣間見ようとするものである。

ただし香料（香木）を歴史学の立場から取り扱う場合、その概念の曖昧さに注意しておく必要がある。香料は、中国南部や東南アジア（主に島嶼部）・インドなどに産地が限定される香木と、それを加工したものを指すが、山田憲太郎氏の整理によれば、香料には焚香料・調味料・化粧といった用途があり〔山田憲太郎―一九五六、三一四頁〕、このような多様な用途のあるものを一括して香料と呼んでいることになる。胡椒のように香辛料だけではなく薬用として使用される例や、香木を建築材とする例もある。したがって、個々の香料（香木）の用途（複数の用途があり得る）を十分吟味して検証していかなければならない。そのため本章では、右のような広範な使用例を含めて、香料という用語を包括的に使用する。また新安沈没船の箇所では、論旨の都合上、植物遺体全体（香辛料・漢方薬・建材など）を扱う。

以上の点に鑑みて、本章では次のように対象を限定して叙述を進めていくことにしたい。香料は当該期の特徴を最もよく示すと思われるものを扱い、日本の場合は沈香・麝香を、朝鮮の場合は胡椒を中心に取り扱う。

まず①日本・朝鮮の香料輸入ルートの変遷を概観した上で、日本において最も香料の需要が高まり、その流入ルートもアジア規模で大きく変化する一四〜一六世紀を中心に、②琉球・薩摩・博多・対馬の人々の活動、③日本・朝鮮における香料の消費について、日本と朝鮮を対比しつつ述べていく。②については、新安沈没船に搭載された香料などの植物遺体の分析から、その入手ルートを想定し、あわせて同船の性格を考察する。そして胡椒の貿易を通じて、琉球の香料貿易の構造を考察する。また一四二三年（世宗五・応永三〇）の朝鮮通交者の香料貿易を手がかりに、特に物資の集散地であり、消費地でもある博多という場をとらえなおしてみたい。

香料に関する最も基礎的な研究は、山田憲太郎氏の一連の業績である〔山田憲太郎―一九四二・四八・五六・七九ａｂｃ〕。朝鮮王朝時代の香料輸入については、黒田省三・金柄夏両氏の研究がある〔黒田省三―一九五五／金柄夏―一九六五・六七〕。

旧稿〔関周一―一九九二〕発表後、平木實氏は、医学史・食文化史などの研究も踏まえつつ、朝鮮王朝前期における胡椒交易について考察し、朝鮮における胡椒の用途や貯蔵などを明らかにしている〔平木實―一九九四〕。また後述するように、皆川雅樹氏が古代における唐物交易分析の一環として香料を取り上げ、東アジア海域を広く展望し、九〜一〇世紀における画期性を指摘している〔皆川雅樹―二〇一四、第二部第一章／本書第一章参照〕。

一　日本の香料輸入ルートの変遷

日本における香料の文献上の初見は、『日本書紀』巻二二、推古天皇三年（五九五）四月条である。

沈水漂二著於淡路嶋一、其大一囲、嶋人不レ知二沈水一、以交レ薪焼二於竈一、其烟気遠薫、則異以献レ之、

この「沈水」は沈香木を指すが、六世紀には、日本に香料が伝わっていたことをうかがわせる記事である。

香料は、どのようなルートで日本に運ばれてきたのだろうか。時期によるルートの変遷を整理すると、表3のようになる。

第一期（八〜一四世紀前半）

まず第一期（八〜一四世紀前半）は、中国からの輸入が主であった。唐や宋・元の時代は、東南アジア諸国との貿易を通じて（特にアラビア商人の活動により）、中国に大量に香料が集められた。その一部を、中国人海商の手により日本に輸出したのである〔森克己―二〇〇八など〕。

八世紀には、東大寺などの寺院が香料を購入している。天平勝宝四年（七五二）六月一六・二一・二四日「買物申請帳」（『大日本古文書』正倉院編年文書、巻三、五七九〜五八一頁）には、丁香・麝香・薫香などがみえる。正倉院には、沈香木として黄熟香（蘭奢待）・全桟香が保管されてきた。

九〜一〇世紀については、皆川雅樹氏が、古代における唐物交易分析の一環として、香料を取り上げ、当該期の画期性を指摘している。具体的には、日本の王権・貴族間の薫物合わせの流行が香料の需要を拡大させたことや、薫物合わせが唐物の贈答行為を行う場であったことを指摘している。また一〇世紀後半以降、沈香・乳香が東アジア海域

における主要な交易品として多大な影響力を持ち、それにより、たとえば呉越政権が周辺地域の王権との通交関係を持っていたことなどを論じている〔皆川雅樹―二〇一四、第二部第一章〕。

本書序章でみたように、『新猿楽記』（一一世紀成立）には、「唐物」として、沈香・麝香・丁子・竜脳などの香料がみえ、日宋貿易による香料輸入の一端を示している。

また一四世紀前半の新安沈没船にも、香料（胡椒・肉桂など）が搭載されている〔岡内三真―一九八六など〕。この点は、次節において考察する。

第二期（一四世紀後半～一六世紀中期）

第二期になると、琉球が中継貿易に活躍するようになり、琉球が東南アジアとの貿易を通じて香料を入手し、それを日本や朝鮮に輸出したり、あるいは、日本から朝鮮・中国へ輸出されるようになる。

第三期（一六世紀後期～一七世紀前期）

この時期は、南蛮貿易と朱印船貿易の時期にあたり、日本船が東南アジア諸国と直接交易をするものである。香料に対する需要が、とりわけ朱印船貿易を支える要因の一つになっていた。

表3　香料輸入ルートの変遷

第一期　八～一四世紀前半	東南アジア→中国→日本
第二期　一四世紀後半～一六世紀中期	東南アジア→琉球→高麗・朝鮮（→明） 琉球↘明 琉球↙日本→朝鮮、明
第三期　一六世紀後期～一七世紀前期	東南アジア→日本
第四期　一七世紀中期～一九世紀中期	東南アジア→オランダ船・中国船→長崎→対馬→朝鮮

以上のような変遷をたどるが、特に第一期から第二期へのルートの変化は、中国の占める位置が相対的に低下し、アジア規模で貿易ルートが変化したことを反映している。そこで、第二期について、第三節で検証してみよう。

二　搭載植物からみた新安沈没船

第一期最後の時期を代表する事例として、新安沈没船がある。

一九七五年、大韓民国全羅南道新安郡智島面（現在は曽島面）防築里の道徳島沖の、水深約二〇メートルの海底で発見され、一九七六年一〇月から八四年夏まで一〇度にわたる調査と船体の引き上げが実施された。搭載されていた「慶元路」銘分銅や、「至治三年（一三二三）東福寺」とある木簡（至治三年は元の年号で、一三二三年にあたる）などから、一三二三年（元亨三）、日本京都の東福寺（一三一九年に火災に遭う）再建のための費用を得る目的で派遣された寺社造営料唐船であり、元の慶元（現中国浙江省寧波）から日本に帰還する途中、沈没したとみられている。

村井章介氏は寺社造営料唐船の見直しを行い、看板としての寺社造営料唐船という見解を示している。村井氏は、寺社造営料唐船を「東シナ海を往来する商船が、幕府のお墨つきを得て掲げた看板」であると定義する。鎌倉幕府や朝廷などが、新たに仕立てた船（「日本船籍」の船）というよりも、中国人海商らにより経営されていた東シナ海を往来する「商船」「商船」をチャーターしたものとする。海商側からいえば、日本の朝廷・幕府のお墨付きを得ることで貿易規模を拡大できるメリットがあった〔村井章介―二〇一三b、Ⅱ部3章〕。

村井氏の見解は文献史料の再検討から導き出されているが、その前提になっているのが、新安沈没船である。同船は東福寺造営料獲得という看板を掲げてはいる。だが東福寺は、最大かつ「公的」な荷主ではあったが、あくまで多数の荷主の一人にすぎない。新安沈没船は、多数の荷主の荷を混載した「寄合船」であるというのが村井氏の理解〔村井章介―二〇一三b、Ⅱ部3章、二五五〜二五六頁〕であり、首肯すべき見解であろう。

したがって新安沈没船は、ある目的のために新たに編成されたものではなく、中国人または日本人の海商を経営主体とし、東シナ海域を往来する商船の一例として、考察すべきである。そして下駄や、日本で使われる将棋などが出土していることから、船員はおおむね日本人であったものであり、仮に中国人海商が経営主体だったとすれば、乗組員は民族の垣根をこえた船であったことになる。

この船の性格をさらに考察するために、新安沈没船に積載されていた植物遺体に注目したい。産地などを手がかりに、同船がどのように、これらの植物（交易品）を入手したのかを考えてみたい。

新安沈没船の報告書〔文化公報部文化財管理局―一九八八〕には、植物遺体を香辛料・漢方薬・建材などの三つに分類し、各々四種・一三種・六種、計二三種が掲出されている（表4参照。篠原徹氏のご教示を得た）〔関周一―二〇〇六、三一～三三頁〕。

このうち銀杏（イチョウ、Ginkgo biloba 裸子植物、イチョウ科）は、中国名を銀杏・公孫樹・鴨脚樹。中国原産で、現在、浙江省にわずかに自生するだけといわれる。日本において、銀杏に関する年次の明確な史料の初見は、近衛道嗣『愚管記（後深心院関白記）』の永徳元年（一三八一）一〇月七日条に、「庭前銀杏・槙等堀渡武家上亭、内々依有厳命也」である（瀬田勝哉氏のご教示）。また一三七〇年頃に成立した『異訓庭訓往来』にも銀杏の記事がみえる。新安沈没船の銀杏は、到着こそしなかったものの日本向けに運ばれた銀杏の初見になる〔西岡芳文―一九九八／堀輝三―二〇〇一〕。

篠原氏のご教示に依拠しながら、新安沈没船にみえる植物遺体の全体的な特徴を指摘しておきたい。

第一に、植物の多くが、人間に漢方・香辛料などに利用されてきた栽培植物が多いことである。

第二に、現在の中国に分布する植物が多いことである。確実に熱帯、すなわち東南アジア産といえる栽培植物は、紫檀と檳榔であり、胡椒も同様であろう。栽培植物は、原産地や自然分布をこえて栽培されるものなので、一四世紀

表4　新安沈没船出土の香辛料などの植物遺体（篠原徹氏作成）

種類	出土量など	備考
香辛料		
胡椒	黒胡椒大量 白胡椒少し	
桂皮	四つの切れ端	
ビンロウジュ	種子三つ	
草果	種子二つ	
計四種		
漢方薬		
銀杏	種子一つ	咳・喘息、頻尿や淋病など泌尿器
マンシュウグルミ	割れた実のかけら二つ	肝臓栄養剤、咳止め、食用
ハシバミ	種子二つ	肝臓栄養剤
板栗	種子一つ	食用、健胃剤
梅	核一つ	吐瀉、回虫駆除剤、解熱、鎮咳、去痰
桃	種核二つ	食用、咳止め
巴豆	比較的多量	排膿、瀉下薬、止痛
レイシ	種子三つ	食用、滋養強壮剤、鎮痛（胃、歯）
使君子	種核三つ	回虫駆除
クスドイゲ属	炭として出土	黄疸、潰瘍
サンシュユ	種核識別量は十分	強壮、健胃、腰痛
リョウキョウ	三切れの根茎	芳香性健胃剤、鎮痛
ガジュツ	四切れの根茎	健胃剤、風邪薬、止痛
計一三種		
建材など		
コウヨウザン	材の出土らしい	船体と木製品のため
馬尾松	材の出土らしい	船体

前半の時点で、栽培植物として広い分布拡大をしている可能性がある。

第三に、山茱萸・桃などの北方のものや、茘枝や巴豆など南方的なものの双方がみられることである。

第二・第三点から、漢方薬や香辛料などの市場が慶元にあり、そこでは中国または東南アジア各地から広く香料が集められていたということではないだろうか。黒胡椒や紫檀・檳榔などは、東南アジアから海商が持ち込んだものが、慶元の市場で売られていたのではないだろうか。すなわち、新安沈没船に搭載されていた植物は、慶元で購入されて搭載された可能性が高いと思われる。

第四点として注意したいのは、沈香（ジンチョウゲ科の灌木など）や丁子、あるいはナツメグなどが存在していないことである。後述するように、日本の京都など畿内で最も需要が高いの

カシワ	炭として一つ	炊事用か
シラカシ	炭として一つ	炊事用か
クスノキ属	船体の一部	属のレベルしかわからない
紫檀	丸太、量不明	家具材として輸出品か マメ科ツルサイカテ属のもの
計六種		

は、沈香である。新安沈没船で量的に多いのは黒胡椒であるが、京都周辺では胡椒の需要は高いとはいえない。沈香や丁子などが、沈没の際に散逸したのではなく、もともと搭載されていなかったとするならば、胡椒などは東福寺向けの商品ではなく、たとえば到着予定地である博多向けの商品なのではないだろうか。

この点に関して注目したいのは、新安沈没船が舶載していた陶磁器に関する小野正敏氏の指摘である。同船は、約二万点の陶磁器を搭載していたが、そのうち中世日本で唐物として珍重された青磁の花生、酒海壺、花瓶、香炉、大型盤などは、全体の数%で特別な商品であるという〔国立歴史民俗博物館―二〇〇五、二六頁〕。この指摘は、東福寺など同船の看板向けの高級商品は限定されたものであり、より幅広い階層向けの商品を数多く積んでいたということになる。胡椒などの香辛料や漢方薬などは、博多など各地の市場向けの商品であったのかもしれない。このように高級品に偏らず、多様な階層の需要に応える商品を搭載していたのが、寺社造営料唐船であったと考えることができる。

三　第二期の香料輸入ルートと琉球

次に第二期のルートを検討してみたい。このルートを端的に表現しているのは、『蔭涼軒日録』の延徳二年（一四九〇）の次の記事である。

珍禽・麝香・沈香之事、以㆓九峯㆒相㆓尋等樹蔵主㆒、則云、於㆓高麗㆒不㆑見㆓珍禽㆒（中略）麝香者非㆓高麗之産㆒、雖レ然相ヿ尋之一、則臍三尋ヿ出之一、持以帰朝、孰ヿ視之一、則皆偽物而不レ立レ用、于レ今所持也、沈香事者自二百済国一出者也、自二百済一来二于琉球国一、自二琉球一而大唐・高麗・日本江渡レ之者也、日本ヨリ渡二高麗一者沈香・胡椒・丁子、以二此三物一、持以沽レ之者也、然則於二高麗一沈香大切物也、雖レ如レ此就二御所望一者相尋可レ進乎、

（『蔭涼軒日録』延徳二年一〇月五日条）

将軍（室町殿）足利義材が、朝鮮王朝へ大蔵経を求請する際に、珍禽・麝香・沈香を求めようとしたが、麝香・沈香は朝鮮産のものではなく、結局珍禽のみを求めた。そのことを示す記事の一節である。ここには、沈香が「百済」産（東南アジアのいずれかを指すのであろうか）であり、琉球を中継して、「大唐」（明）・「高麗」（朝鮮）・日本に運び込まれるというルートが示されている。そして沈香・胡椒・丁子の三物は、日本から朝鮮に輸出されているという。このうち日本―朝鮮ルートについては、第五・六節で検討することにし、琉球ルートについてもう少しみていこう。

日本に香料を運ぶ最大の担い手は、右の記事の如く、琉球であった。それは次のような事情が背景にある。

一四世紀後期以降、明は海禁政策を行ったため、従来活躍していた中国人海商の貿易活動を制約することになった（田中健夫―一九七五、八五～八九頁）。そのため東南アジア在住の華人を中心に、アジアの各地に貿易船を派遣した。それは、シャム（暹羅）・パレンバン（旧港）・ジャワ（爪哇）・マラッカなどからの船で、朝鮮・日本側史料には「南蛮」と記されている。一五世紀初期には、東アジア海域まで航行し、日本にも渡来した（高柳光壽―一九七〇（初出一九三二）／和田久徳―一九六七）。しかしその後、彼らの活動は鎮静化し、代わって一五世紀中期までに三山を統一した琉球王国が、東南アジアと東アジアを中継する役割を担うようになる。琉球は、シャム・スマトラ・ジャワ・マラッカなどに貿易船を派遣し、香料を入手した。琉球は、その香料を明・朝鮮・日本にもたらしたのである(1)。

その香料輸入ルートは、琉球使が京都に運ぶ（あるいは兵庫、のち堺商人が介して京都に運ぶ）ルートと、琉球貿易をし

ていた博多・薩摩（坊津）の商人を介して畿内に運ばれるルートが、主要であったと考えられる。博多については、本章第六節で述べる朝鮮への輸出状況から、香料が集積されている様子がうかがえる。

また右以外のルートも存在した。田中健夫「麝香の臍」の指摘するように、南北朝期に少弐頼尚が対馬に対して麝香の臍を求め（本章第四節参照）、また一四七四年には大内氏が琉球より入手した麝香一匹を朝鮮に献上している（田中健夫一九八二）（年未詳一〇月一一日　少弐本通〈頼尚〉書状、島尾成一所蔵文書、『南北朝遺文』九州編第六巻六六八六号／『成宗実録』巻四五、五年七月庚辰〈二七日〉条）。琉球―対馬、琉球―大内氏のルートもあったことがわかる。

琉球から京都に沈香が送られている様子を、『満済准后日記』からみておこう。永享三年（一四三一）八月一二日条に「自二仙洞一勅書被レ下、自二瑠玖国一到来沈香一二俵御用可二申沙汰一云々」、同年一〇月二七日条に「自二瑠玖国一沈俵一十八斤〈代千八百疋〉自二室町殿一召給了」とある。このように琉球から沈香が、院や室町殿のもとに献上されており、それが京都の人々に沈香が受容される契機になったと思われる。

次に、薩摩から京都へのルートをみたい。一四一〇年（応永一七）、島津元久は京都に上洛したが、京都の私宅において将軍家に麝香を献上している。その時、畠山詮春が、将軍近習の若衆等に対して、島津殿が今日進上した麝香が未だ櫃底にあろうから探り取るようにいったので、元久は随従の家臣所持の麝香を出させ、盆に盛って座上に置いて取らせたところ、老若群参の輩が公座を憚らず競い取ったという(2)。このように麝香が、薩摩の島津氏を通じて京都にもたらされているが、このことは薩摩と琉球の活発な交易が背景にあろう。そして麝香に対する室町幕府の人々の欲求の高さもうかがうことができる。

そして京都からさらに東日本へも香料は伝わったであろう。一四二三年（応永三〇）、幕府が、陸奥の安藤氏に対して、「香合」という容器（中国産青磁か）を下賜していることから推測できる（『後鑑』応永三〇年四月七日条）。

四　琉球の香料貿易

第一期から第二期への転換において、大きな役割を果たしたのが琉球である。ここでは、琉球側の視点に立って、香料の道における琉球の役割を確認しておきたい。

1　暹羅からの胡椒輸入

琉球王国が編纂した外交文書集『歴代宝案』第一集に収められている東南アジア関係文書（巻一二―二五、巻一七―一三、巻三九―〇一～一七、巻四〇―〇一～三〇、巻四一―〇一～一六・一八～一九、巻四二―〇一～三八、巻四三―〇四・〇八～一一・一五～一七・二二・二三）が、基本史料となる（文書番号は『沖縄県史』による）。『歴代宝案』によれば、琉球は、主に暹羅（シャム）から胡椒や蘇木を輸入している。

暹羅も、国王が明皇帝への進貢品として、胡椒・蘇木などを進上している。たとえば、明『太祖実録』巻七一、洪武五年（一三七二）正月壬戌（一四日）条には、「黒熊・白猴・蘇木・胡椒・丁香」等を進上し、同、巻一八三、洪武二〇年七月乙巳（二八日）条には「胡椒一万斤・蘇木十万斤」を進上したことがみえる。

琉球から暹羅あての文書の初見は、洪熙元年（一四二五）の暹羅国あての琉球国中山王（尚巴志）咨（一―四〇―〇一）である。だが後述するように、一四世紀末の時点で、中山王察度は、明・高麗に対して蘇木・胡椒などの南海産品を進上しているので、暹羅を初めとする東南アジアとの交渉は、少なくとも一四世紀末にはさかのぼる。

この中山王咨について、村井章介氏が詳細に分析している。村井氏は、この咨には、明初の洪武年間の察度王

（「曾祖」）の代から、武寧（「祖王」）・思紹（「父王」）を経て、現在の尚巴志まで、毎年琉球船が暹羅に赴き、「官買の事」はなく、貿易してきたことを述べている〔村井章介―二〇一三a、第Ⅳ部第一章〕。

『歴代宝案』中の暹羅あての咨は、中国から琉球の「海船」が「装載」してきた「磁器」を持った上で、「前往貴国出産地面、収買胡椒・蘇木等貨回国、以備進貢大明御前」（貴国出産の地面に前み往き、胡椒・蘇木等の貨を収買して国に回り、以て大明御前に進貢するに備う）という言葉が、決まり文句として登場する。琉球は、中国産の磁器を暹羅に輸出し、胡椒・蘇木などを輸入していた（琉球の陶磁貿易については、〔国吉菜津子―一九九一〕）。ここでは、明への進貢品として胡椒・蘇木を必要とするという論理だが、実際には後述するように明のみに限定されてはおらず、高麗・朝鮮王朝・日本にも運ばれている。

暹羅との貿易は、民間主導の市場での取引であった。ところが、その取引を役人の管理下におく官買を暹羅側がとるようになった。そのことは、琉球側の貿易利潤の減少につながるため、官買停止を暹羅に要求したのが、前述の中山王咨である。村井氏は、宣徳六年（一四三一）九月三日付の暹羅国あての琉球国中山王咨（一―四〇―一一）に基づき、琉球使節は陶磁器などの代価を銭で受け取り、その銭で胡椒・蘇木などを買う形態であったが、官買では両方の取引とも役人の管理下におく形であったとする。この咨は、暹羅の「管事頭目」が琉球船の運んできた「磁器」を一つ一つ選別して買い取るため、時間がかかってしまうことなどを指摘し、官買の停止を求めている。結局、翌年には官買は停止される〔村井章介―二〇一三a、第Ⅳ部第一章、三二七頁〕。

ただし暹羅が胡椒の主産地というわけではない。ジャワ島・マレー半島・スマトラ西北部などからアユタヤなどに集積されたものであろう。また後述する明や朝鮮王朝あての胡椒の量からみても、『歴代宝案』所収の文書以外に、暹羅（おそらく民間の商人ら）との交渉が、かなりの規模で行われていたのではないかと推測される。

なお、沈香については、宣徳六年（一四三一）二月三日付の三仏斉国宝林邦の本頭娘より王相懐機あての返礼書簡（一―四三―一〇）に「沈香壱拾斤」がみえる。

2　明への胡椒輸出

明皇帝に朝貢する諸国は、さまざまな産品を進上している。明側の胡椒への需要は高く、たとえば、笑雲瑞訢《しょううんずいきん》の『笑雲入明記』の景泰五年（享徳三・一四五四）三月一六日条には、「南京進貢船千余艘、皆載二胡椒一」という記事がある。

琉球の進貢船について、『大明会典』巻一〇五、礼部六三、朝貢一、琉球国の箇所をみると、貢物として、「馬・刀・金銀酒海・金銀粉匣・瑪瑙・象牙・螺殻・海巴・擢子扇・泥金扇・生紅銅・錫・生熟夏布・牛皮・降香・木香・速香・丁香・檀香・黄熟香・蘇木・烏木・胡椒・硫黄・磨刀石」を挙げている。また硫黄・蘇木・胡椒は、南京の該庫に運送するとある。

馬と硫黄が一貫して進貢品として登場しているほかは、個々の進貢船に関する『明実録』の記事は簡潔なものが多く、貿易の実態を知ることは容易ではない。『明実録』の中で、進上品に胡椒がみえる初見は、『太祖実録』巻一九九、洪武二三年（一三九〇）正月庚寅（二六日）条である。

琉球国中山王察度、遣二使亜蘭匏等一、上表賀二正旦一、進二馬二十六匹・硫黄四千斤・胡椒五百斤・蘇木三百斤一、王子武寧貢二馬五匹・硫黄二千斤・胡椒二百斤・蘇木三百斤一、山北王帕尼芝、遣二使李仲等一、貢二馬一十匹・硫黄二十斤一、而中山王所レ遣通事屋之結者、附二致胡椒三百余斤・乳香十斤一、守門者験得レ之、以聞、当レ没二入其貨一、詔皆還レ之、仍賜二屋之結等六十人鈔各十錠一、

正月を賀す儀式において、中山王察度の使者亜蘭匏らが、察度の名義で洪武帝に献上したものの中に胡椒五〇〇斤・蘇木三〇〇斤、王子武寧の名義で進上したものの中に胡椒二〇〇斤・蘇木三〇〇斤が含まれ、中山王派遣の通事である屋之結がもたらした附搭品が胡椒三百余斤・乳香一〇斤である。

小葉田淳氏は、『歴代宝案』第一集をもとに、明皇帝への進上とそれへの回賜を行う進貢貿易、附搭物を明政府が買い上げる公貿易などについて詳細に検討している〔小葉田淳—一九三九〕。以下では、小葉田氏の研究成果によりながら説明しておこう。

進貢品や附搭貨物は、『歴代宝案』所収の文書のうち、琉球国王（中山王）から皇帝あての表や、礼部あての咨には、記載例は少ない。符文（第一集巻二三〜二七）・執照（第一集巻二八〜三三）から知ることができる（小葉田氏の分析も、おおむねこれらによる）。符文・執照とは、琉球国王が中国へ進貢する使節団の身分証明書として発行した文書で、使船ごとに各一通付与される。符文は、明の首都に到るまでを、執照は福建に到るまでを対象とする。執照は、使船以外の接貢船・迎接船・護送船等にも付与される。

馬・硫黄は琉球土産のもので、進貢品としてのみ明に送り、附搭貨として搭載することはない。進貢は、明皇帝あての常例においては、一四八一年（成化一七）の進貢において、象牙二〇〇〇斤・東香二〇〇〇斤・胡椒二〇〇〇斤・丁香二〇〇〇斤・乳香二〇〇〇斤がある以外は、南海産品が含まれるケースはほとんどみられない〔小葉田淳—一九三九、二六八〜二七四頁〕。常例以外の進貢があり、小葉田氏は、これらを特殊進貢としている。それは、①封王諭祭王の謝恩進貢、②明帝登極の慶賀進貢、③立太子の慶賀進貢、④その他の謝恩・慶賀進貢の四つである。特殊進貢物は、（イ）日本本土よりの輸入貨、（ロ）琉球国土産、（ハ）南海よりの舶貨の三種があり、（ハ）は、象牙・蘇木・檀香・束香・犀角・番錫・胡椒などである〔小葉田淳—一九三九、二七八〜二七九頁間綴じ込みの「特殊進貢物表」〕。胡椒は、④のケースに搭載例が比較的多いが、①のケースではみられない。

胡椒や蘇木は、附搭貨として扱われる方が多い。符文・執照からみると、附搭貨物はほぼ蘇木・胡椒・番錫に限定されている。小葉田氏は、国王尚徳の一四六九年（成化五）から尚寧の一六一三年（万暦四一）までの附搭貨の変遷を整理しているが、その量は尚円代で頂点に達し、尚真代以降に減少している。番錫は、尚清の一五二九年（嘉靖八）を下限として、以降は搭載されていない。胡椒は、尚清の前半には搭載されず、一五四五年に一〇〇〇斤が搭載されて以降、しばらく搭載されるが、一五五五年の五〇〇斤を最後に搭載されていない。蘇木は、尚元の一五七七年（万暦五）の二〇〇〇斤が下限で、尚永以後は搭載されていない〔小葉田淳―一九三九、二九八〜三一七頁〕。

3　高麗・朝鮮王朝への輸出

ここでは、香料を手がかりにしながら、一四世紀後半から一五世紀初頭にかけて、朝鮮や北九州における琉球船・「南蛮船」（東南アジアの船）の活動について考察したい。

琉球国中山王察度は、一三八九年八月、初めて高麗に使節を派遣した。『高麗史』巻一三七、辛昌伝、辛昌元年（一三八九）八月条には、次のような記載がある。

> 琉球国中山王察度、遣二玉之一、奉レ表称レ臣、帰下我被二倭賊虜掠一人口上、献二方物硫黄三百斤・蘇木六百斤・胡椒三百斤・甲二十部一。初、全羅道観察使報、琉球国王聞、我国伐二対馬島一、遣使到二順天府一。（後略）

この記事について、次の五点に注目したい。察度は、①明皇帝あての外交文書である表を奉じて臣を称し、②高麗が対馬島を伐ったことを聞いて、使節玉之を遣わした。（②の事情のためか）③被虜高麗人を送還し、④硫黄・蘇木・胡椒を方物（進貢品）としていた。玉之は、⑤対馬―慶尚道ルートではなく（同ルートを避けたものか）、全羅道順天府に到来している。

①②については、小葉田淳氏が疑問を呈している（小葉田淳―一九三九、三頁）。だが①は、察度は明皇帝から冊封されたことを必ずしも前提とせずに、初めて交渉をする高麗に受け入れられやすいように、表という文書様式を選んだものと考えられる。④は明あての進上品にもみられるものが多いことから、明との通交関係を踏襲した形で、高麗との交渉に臨んだものと思われる。

②の高麗による対馬攻撃は、現実に同年二月に行われたことである（『高麗史』巻一三七、辛昌元年二月条／『高麗史節要』巻三四、恭譲王元年二月条）。そのことを察度が知っているということは、対馬に関する情報を知りえるような、九州北部～琉球間の交流（商船の往来など）があったことを意味している。その情報に基づき、玉之は⑤のようなルートを選択したのである。対馬襲撃情報の入手先は、博多商人が有力な候補になろう。一三八〇年代末までの間に九州北部（博多など）～琉球との間に交易ルートが成立していた可能性が高いのではなかろうか。

さらに前述した少弐本通書状（島尾成一所蔵文書）に注目したい（『南北朝遺文』九州編第六巻六六八六号）（田中健夫―一九八二、三四三頁）。

合薬のためニ入候事候、しやかうのへそ一被㆓尋進㆒候者目出候、謹言、

十月一日　本通（少弐頼尚）（花押）

須母藤次殿

少弐頼尚（本通）が須母藤次にあてて合薬のために入用だから、「しやかうのへそ」（麝香の臍）を都合してほしいというものである。本通は、少弐頼尚（一二九四～一三七一）の法名である。頼尚は、一三三四年（建武元）から一三六一年（康安元）まで対馬国守護であった。少弐氏発給文書を収集した『太宰府市史』中世資料編によれば、本通の名で

発給した文書は康安元年〜二年に限られ、花押も他の文書と同型（B5）である〔太宰府市史編集委員会―二〇〇二、一〇一二〜一三頁〕。対馬には当時「須毛」を苗字とする者がおり、須母藤次は対馬の住人とみられる〔田中健夫―一九八二、三四二頁〕。

麝香の輸入ルートを考えてみよう。最も可能性が高いのは、琉球を通して入手したという想定だろう〔田中健夫―一九八二、三四四頁〕。琉球船もしくは対馬の商船が、琉球―対馬間を往来していたことを推測させる。もしそれが妥当だとすれば、一三六〇年代に琉球―対馬間の交流があったことを意味する。琉球〜北九州（対馬・博多）間の交流は、ここまでさかのぼる可能性がある。

また一四世紀末には、暹羅国王の使節が高麗に到来している。小葉田淳氏・村井章介氏が指摘しているように、一三九一年（恭譲王三）、暹羅斛国の使者奈工ら八人が高麗国王に「出産土物」を献じて、「戊辰年（一三八八）に命を受けて日本に至り、一年滞在したのち、今日貴国に来ました」と語っている（『高麗史』巻四六、恭譲王三年七月戊子〈三日〉条）〔小葉田淳―一九三九／村井章介―二〇一三a、第Ⅳ部第一章、三二五〜三二六頁〕。この「日本」の候補地の一つに、博多が挙げられるだろう。

一五世紀初頭にも、南蛮船が九州北部から朝鮮海域を航行している。一四〇六年（太宗六）八月、南蛮爪哇（ジャワ）国使の船が全羅道群山島にて倭寇に襲われ、孔雀・沈香・龍脳・胡椒・蘇木などが奪われた（朝鮮『太宗実録』巻一二、六年八月丁酉〈一一日〉条）。同年九月に対馬島守護宗貞茂が、蘇木・胡椒・孔雀を献じているが、その使者は、南蛮船から掠奪したものだと明言している（朝鮮『太宗実録』巻一二、六年九月壬午〈二六日〉条）。旧稿では「このころ博多や対馬などの人々は、特に倭寇を通じて南蛮船と接触して、香料を朝鮮に運ぶメリットに気づいたのではないだろうか」と評価した〔関周一―一九九二、二七五頁〕。しかし、これまでの考察から考えて、この指摘では不十分である。一四世紀末期〔特に一三八〇年代後半以降〕、琉球船や南蛮船が博多に入港していた可能性、あるいは博多商人や対馬商人が琉球との間を往来していた可能性は高い。その際に香料を購入し、さらに朝鮮に運ぶメリットに気づいたとすべきであろう。もとより前期倭寇が、琉球や南蛮などの商船を襲った可能性はある。

五　香料消費の変遷

次に、こうして輸入された香料が、どのように使用されたのかについて検討しよう。

1　第一期

第一期の香料の用途は、①仏教の法会において使用される場合と、②匂自体を趣味として楽しむ場合があった。そもそも香料は、仏教儀式の中で焼香供養〔仏前にて焚く香〕や塗香〔壇および身体に塗る香〕として使用するのが、本来の用途であり、欠くことのできないものであった。香と仏教の関わりについては、有賀要延『香と仏教』〔有賀要延一九九〇〕が、該当の経典・史料を抄出している〔山田憲太郎一九七九cも参照〕。

熱地であるインドでは、体垢などの臭が激しいため、それを消すために香木から香料をとって、身に塗り〔塗香〕、衣服や部屋に焚くこと〔焼香〕が、一般の風習として行われていた。それが仏教供養に取り入れられたのであり、十種供養の中にも塗香や焼香が含まれている。そうした事情から、香料に対する寺院の需要は、高かった。

密教では、仏部に沈香、金剛部に丁子香、蓮華部に白檀香、宝部に龍脳香、羯磨部に薫陸香を区分して用いていた。作壇の時には、五宝・五薬とともに、「五香」が地中に埋められる。中世の御修法の事例から「五香」の事例をみると、たとえば一二六二年（弘長二）、真言院後七日御修法では、「五香」として「沈・白檀・薫陸・鬱金・龍脳」が挙げられている（弘長二年一二月二九日　後七日御修法支度注進状案、『大日本古文書　醍醐寺文書之二』三二二号、『鎌倉遺文』第一二巻八九一〇号）。また一二世紀から一五世紀初期にかけての天台宗青蓮院の御修法を記した尊円親王編『門葉記』をみると、「五香」として「沈香・白檀・丁子・鬱金・龍脳」が、また「名香」として沈香・白檀・丁香・鬱金・薫陸などが挙げられている。

こうした仏教行事とは別に、香そのものを楽しむ、趣味の匂が求められるようになった。一〇世紀には貴族の間で香を楽しむことが流行している（以下の記述は、山田憲太郎―一九七九c／三條西公正―一九七一／林屋辰三郎―一九八八）。最も盛んだったのが、薫物《たきもの》（煉香）である。諸種の香料を配剤したもので、沈香を主成分とし、これに丁香・甲香・薫陸・白檀・麝香を加味し、細末として梅肉・蜜・甘葛で練り固め、さらに甘松・藿香・零陵・乳香などを加えて、梅花・荷葉・落葉・侍従・菊花・黒方の六種とした。ただし、余香を加味する方（配分率）には、人によって多少の差異があり、一二世紀頃には、諸人による配合方を列記した『薫集類抄』が成立した。同書についての山田氏の整理によれば、調合においては沈香が約半分を占めており（山田憲太郎―一九七九c、六二頁）、その比重の高さが目につく。こうした薫物をお互いに作って焚き、香気の優劣を競って勝負を決めるという薫物合が貴族に流行していった。

2　第　二　期

第二期になると、第一期②の用途に次第に比重が移り、その内容も変化する。香木の種類が、沈香木一種、ないしは沈香・麝香に収斂されるようになる。

それを端的に示しているのは、『太平記』巻三九にみえる、佐々木導誉の大原野の茶会の記事である。「螭頭ノ香爐ニ鶏舌ノ沈水ヲ薫ジタレバ、春風香暖ニシテ不覚栴檀林ニ入カト怪シマル」とあり、本堂の庭の巨大な四本の花木の下に、巨大な花瓶を鋳懸け、一双の華に見たて、「其交ニ両囲ノ香爐ヲ両机ニ並ベテ、一斤ノ名香ヲ一度ニ炷上タレバ、香風四方ニ散ジテ、人皆浮香世界ノ中ニ在ガ如シ」と記されている。香を楽しむ様子を象徴的に描いているが、特に「沈水」すなわち沈香一種を焚いていることに注目される。『薫集類集』の段階でも沈香の比重が高かったが、それが沈香一種になるのである。そして一四～一六世紀にかけて、沈香一種の深浅を鑑賞する「十炷香」や「香合」(名香合)が、当時の史料に頻出するようになる。

「十炷香」は、十種(沈香十木)の香をかぎ分ける遊戯である。一四世紀の「二条河原落書」(『建武記』)に「茶香十炷ノ寄合モ」とあり、また三条西実隆の日記『実隆公記』文明一八年(一四八六)二月二日条によれば、実隆は禁裏で張行する十炷香に召されている。この時、実隆は懸物一種を持参するよういわれており、十炷香が闘香として流行していた様子がうかがえる。

一方、「香合」は、一四七九年(文明一一)五月に行われた香合を記した『五月雨日記』によると、左右に分かれ香盆に香を置き、古歌の詞から採って香の銘を定め、香味と和歌の情趣から勝負をつける遊戯であった。その香は、三条西実隆の『名香合』によると、薫物合とは異なり、「沈水の一くさ」の香の深浅を鑑賞するものであった。この段階になると、匂を楽しむ遊戯(聞香)から香道が成立したとされている。こうして香道が成立していく中で、沈香への需要が急激に高まっていった。

また麝香についてもその需要は高かった。特に室町幕府の需要は高く、前述した二つの事例(島津元久が献上した麝香に対する態度や、朝鮮に麝香を求めて偽物をつかまされたという『蔭涼軒日録』の記事)からその点をうかがうことができる。

こうして沈香・麝香への需要が高まり、一四五八年(長禄二)には、「比丘尼寺禁法条々」の中に、沈麝香艶色を嗜むことが禁じられるほどであった（『蔭凉軒日録』長禄二年三月一日条）。一四九二年（延徳四）には、遣明船の派遣にあたり、将軍足利義稙は、正使桂子に対して、「上品之沈香・麝香」を明滞在中に探し求めて帰るよう命じたが、正使・副使は、沈香は明にはなく、高麗・南蛮・琉球より明に入っていることを明言している（『蔭凉軒日録』延徳四年七月二八日条）。産出しない明にまで沈香・麝香を求めようとした点に、それらに対する需要の高さをうかがうことができる。まさに、こうした需要に支えられて第二期の輸入ルートが維持されていたのである。

その一方、一五世紀には焼香をする階層もかなり広がっており、その面からの需要も高かったとみられる。

一五世紀には天皇の即位式において、焼香が行われていた。一四七八年（文明一〇）に成立したとされる一条兼良『代始和抄』に、「御即位事」として、即位の日に「主殿図書寮のつかさ火爐のもとにつきて香を焼、この香は天子位につかせ給ふよしを天に告る焼香也」との記載がある。この事例や往生伝を引用しつつ、千々和到氏は、日本中世における「誓約の場」、すなわち一揆をおこすにあたって一味神水をして、起請文を書く場における香について論じている。千々和氏によれば、誓約の場は、煙がたちのぼり、香ばしいかおりが充満し、次々に神水をのみかわすというように、人間の五官・すべてが働きかけを受け、神の意志と人の意志を結ぶ場であった〔千々和到―一九八三、六～九頁〕。したがって「誓約の場」において香は欠かせないものになるわけだが、その香木は東南アジア産のものであり、前述のルートにより日本に入ってきたものである。一揆の広まりに応じて、香料を使用する（焼香をする）階層が広がり、それが香料への需要をさらに高めていったと思われる。

また薬用として使用される香木もある。一条兼良『尺素往来』に「秘蔵之薬種」として、胡椒が挙げられている。日本において、広範に胡椒が使用されたとは思えないが、後述する朝鮮の状況を理解する上での手がかりになろう。

さて、沈香や麝香の需要が高まるにつれ、特に沈香の中でも上質な「伽羅」への需要が一六世紀末までに高まってくる〔山田憲太郎―一九七九c、七九～八四頁〕。そのため特に伽羅を求めて、東南アジアとの直接貿易を求めるようになった。こうして第三期のルートに移行することになる。それは、ちょうど香道の大成とされる時期にあたる。

以上、第二期の香料ルートと需要について述べてきた。このルートの担い手については、朝鮮への輸出ルートを検討することで、より明らかになってくると思われる。また朝鮮の需要も、日本とは異なる特徴を有している。次節では、そうした点を検証していくことにしよう。

六　朝鮮の香料輸入とその消費

1　朝鮮の香料輸入状況

まず一四～一六世紀の朝鮮の香料輸入の状況をみていきたい。

朝鮮に香料を運んできた主体は、琉球・薩摩・博多、さらに壱岐・対馬の者たちであり、彼らの活動は朝鮮貿易の中で浮き彫りにすることができる。

琉球については第三節で述べたので、ここでは、日本の香料輸出者についてみていこう。

一四二三年の使節たち

朝鮮王朝との貿易を知る上では、『朝鮮王朝実録』が基本史料である〔関周一―二〇〇九〕。実録は、各国王の時代ごとに編纂される（『太祖実録』『定宗実録』など）が、日本・琉球関係の記事は、個々の実録ごとにかなり精度に差がある。比較的詳しいのは、『世宗実録』『成宗実録』であるが、それも時期によって内容が異なっている。進上・回賜品の品目の記載がない場合も多く、貿易品（進上・回賜品）の数量を追うことは困難であり、貿易量総体を知ることはできない。

『世宗実録』のうち、世宗朝初期は進上品や回賜品についての記事が詳しい。金柄夏氏の胡椒貿易の数量分析も、この時期を対象としている〔金柄夏─一九六七〕。

特に一四二三年（世宗五）は、突出して使節が多く、進上量がきわめて多い。胡椒に限ってみても、金氏の集計では、進上回数一九回・進上量は六九二斤にのぼる〔金柄夏─一九六七、四七九頁〕。前年の一四二二年は、胡椒を進上した使節はない。一四二二年の記事は、進上品を「土物」「土宜」としてあるものが大半であるのに対し、一四二三年の記事は進上品を細かく挙げているという史料上の差異もあるのだが、後者は使節の数自体も増えている。一四二三年に、胡椒・蘇木（丹木）・象牙などの南海産品を朝鮮に運んだ使節の名義人は、次の通りである（結果的に、同年の使節のほとんどを網羅している）〔田村洋幸─一九六七〕。

京都

日本国王（足利義持）（一二月壬申・一二月甲戌条）

周防

大内徳雄（盛見）（一〇月壬戌条）

筑前（主に博多）〔川添昭二─一九九六〕

九州探題渋川義俊（正月癸未・五月甲辰・七月己丑・一〇月乙丑・一〇月壬申・一一月甲午条）、前九州探題渋川道鎮（満頼）（正月庚戌・二月丙辰・五月甲辰・六月庚午・九月丙申・一一月辛丑・一二月乙亥条）、板倉満景（正月甲午・五月甲辰・六月庚午・七月己丑・九月丙申・一〇月壬戌・一〇月壬申・一一月甲午・一一月辛丑条）、小早川常嘉（則平）（二月丙辰・五月

甲辰・六月庚午・一〇月乙丑条）、石城式部小輔源俊臣（五月戊戌条）、源俊信（六月庚午条）、少弐満貞（九月壬寅条）、
大蔵氏種（九月壬寅条）、源朝臣（一一月甲午条）

肥前・壱岐

田平省（正月庚戌条）、吉見昌清（正月庚戌・一〇月乙丑条）、志佐重（二月丁丑条）

対馬

早田左衛門大郎（二月丙辰・六月甲子・九月壬寅・一〇月壬申・一二月壬申条）、宗貞盛（一〇月辛亥条）、三味三甫羅（六月壬子条）、藤次郎（一二月壬申条）

南九州

島津久豊（正月甲午・一〇月甲戌条）、島津貴久（一〇月甲戌条）

進上品の事例をいくつか掲出しておこう。

日本国王（足利義持）別幅に書かれた世宗への贈答品「経史類題二十巻、白練緯五十段、沈香三十斤、白檀五十斤、丹木一千斤、胡椒三十斤、甘草五十斤、藿香二十斤、銅二百五十斤」（巻二二、一二月壬申〈二五日〉条）

日本国王使圭籌の私進「麒麟血一斤、香五斤、沈束白檀各十三斤、犀角二頭、革皮箱一、練緯一段、玳瑁盆一、銅二百斤、丹木一百斤、胡椒十斤、甘草十斤、藿香五斤」（巻二二、一二月甲戌〈二七日〉条）

日本国王使梵齢の私進「五色綵花琉璃盃一、沈束香五斤、環刀二十柄、犀角一頭、白檀三十斤、銅一百斤、甘草十斤、藿香五斤、胡椒十斤」（巻二二、一二月甲戌〈二七日〉条）

九州探題渋川義俊（礼曹あて書契）「蘇木一千觔、犀角三箇、藿香四十觔、丁香皮二十觔、硫黄五千觔、明礬四百觔、折敷二十枚、蘇香油二觔、金襴一段、甘草二十觔、朱盆二箇、唐朱一斤」、（祭供小礼）「素麵三十觔、葛粉十

五觔、沈香二斤、蠟炬五十、温州橘一千箇」、（礼曹あての書契）「硫黄二千五百斤、蘇木二千觔、藿香一十斤、犀角二本、白檀三十觔、香八斤、銅二百斤、川芎三十觔、巴豆三十觔、肉豆寇二十觔」（巻一九、正月癸未〈一日〉条）

板倉満景「竜脳五十銭目、蘇香油二觔、唐朱二觔、黄練緯二匹、硫黄二千觔、藿香十觔、麒麟血二觔、甘草二十觔、扇子二十把」（巻一九、正月甲午〈一二日〉条）

田平省「硫黄六千觔、犀角八本、丹木五百觔、恭僎白檀四觔三兩、胡椒二觔、丹木一百觔」（巻一九、正月庚戌〈二八日〉条）

吉見昌清「藿香一十觔、丁香皮一十觔、大黄一十觔、黄耆五觔、胆礬一觔、犀角一本、澤瀉一十觔、銅二百觔、蘇木五百觔、磁白磁羅三百介、磁白小鉢一十介、大刀二把、硫黄二千觔」（巻一九、正月庚戌〈二八日〉条）

志佐重「蘇木八百觔、硫黄二千三百觔、蘇香油二觔五両」（巻一九、二月丁丑〈二六日〉条）

早田左衛門大郎「丹木一千觔、硫黄九千觔」（巻一九、二月丙辰〈五日〉条）「丹木一千六百斤、胡椒七十斤、硫黄一千斤」（巻二二、一二月壬申〈二五日〉条）

島津久豊「琉（硫）黄三千觔、大刀十箇、金襴一段、犀角二本、白檀香十觔、沈香十觔、白鋭十觔、甘草十觔、蘇木一千觔、扇子二十本」（巻一九、正月甲午〈一二日〉条）

全般的にみると、博多を基盤にしている通交者が、多種類の香木を進上しているのに対し、他地域の通交者は胡椒を中心にごく限られた種類の香木を進上している。このことは、博多が物資の集散地であり、そのため多彩な品目を用意できることを示しており、博多から物資を入手する対馬などは、朝鮮側に需要の高い特定の品目に集中して獲得にあたっていることがわかる。

博多の通交者のうち、特に九州探題渋川氏の進上品は種類や量において際立っている。だが博多の板倉満景や、肥前の田平省・吉見昌清、薩摩の島津久豊について、南海産品を比べてみると、その種類や量にそれほど大きな差異はみられない。ちなみに田平省の硫黄の量は、島津久豊のそれを上回っており、吉見昌清は白磁を進上している。一方、壱岐の志佐重、対馬の早田左衛門大郎は、硫黄・蘇木を中心に品目は限定されている。そして一四二三年全体をみわたせば、香料などの南海産品が大量に朝鮮にもたらされていることになる。

これだけ大量の物資が一四二三年に進上された背景として、まず日朝関係の安定化が挙げられる。一四一九年（応永二六・世宗元年）の応永の外寇（朝鮮では、己亥東征と呼ぶ）以後、日本国王（足利将軍）・九州探題・早田左衛門大郎らの使節は通交を許可されたが、宗貞盛の通交は許されなかった。九州探題渋川義俊らにより、朝鮮軍の捕虜になった対馬島民らの送還交渉が継続していた。一四二二年になると、朝鮮王朝では、五月に、対日強硬論を唱えて己亥東征の中心であった上王太宗が世を去っている（『世宗実録』巻一六、四年五月丙寅〈一〇日〉条）。これを機に、世宗の完全な親政が始まり、従来の対外政策の見直しが行われた。同年九月には、宗貞盛の通交が復活している（『世宗実録』巻一七、四年九月丙寅〈一二日〉条）〔長節子―一九八七、一五八頁／関周一―二〇〇二b、第三章〕。一四二三年は、応永の外寇後の緊張関係が緩み、通交しやすい条件が整えられていたということができる。

第二に、比較的短期間に、大量の南海産品が、博多や南九州の諸港（志布志や坊津など）などにもたらされた可能性が高いということである。琉球の商船、もしくは琉球を往来していた博多・薩摩の商人らがもたらしたものであろう。そのことを直接示す史料ではないものの、一四二一年（世宗三）、渋川道鎮が朝鮮議政府あてに送った書契中において、「琉球国商船」が対馬の賊に襲われたことを告げ、「夫対馬之賊、人面獣心、難㆘以㆓教化法令㆒制㆖之」と述べている（『世宗実録』巻一四、三年一一月乙丑〈六日〉条）。一四二一〜二三年頃に、このような琉球国商船が九州の諸港に入港していたのではなかろうか。

肥前や壱岐・対馬の使節は、博多においてさまざまな物資を入手した可能性が高いと考えられるが、使送船自体も博多で仕立てられた可能性もある。書契も博多の禅僧によって書かれたのかもしれない。博多商人による請負によって経営されたのではなかろうか〔関周一—二〇一二b、三九～四一頁〕。

また日本国王使も多様な南海産品をもたらし、使節の私進にも藿香・胡椒などの香料が目につく。日本国王使としては、珍しい事例である。一四世紀末～一五世紀前半の日本国王使の輸出品・輸入品については、田村洋幸氏が整理しているが、輸出品のわかる全一一例のうち、「南海貿易品」を含んでいるのは四例にすぎない〔田村洋幸—一九六七、四二一～四二三頁〕。南海産品は、博多で搭載されたものが多いのではなかろうか。

興味深いのは、一四二三年に偽琉球使節が登場していることである。

有レ称二琉球国使送人一、将二土物一来進、其書契・図書皆非二琉球国一、命レ議二于政府一、左議政李原曰、書契・図書・客人皆非二琉球一、所レ進礼物、宜二却而勿一レ受、従レ之、

（『世宗実録』巻一九、五年正月丙戌〈四日〉条）

朝鮮側が問題視しているのは、書契・図書・客人（使節）であり、皆琉球国の者ではないとしている。それに対して礼物は受け取らなかったものの、品目は問題にしていない。香料などの南海産品を持ち込んだのだろうか。

この使節の派遣主体を断定することはできないが、これまでの考察から、博多や薩摩の商人を想定することはできるであろう。もしその仮説が成り立つとすれば、一五世紀後半以降活発になる、博多商人や対馬の人々らによる偽使〔橋本雄—二〇〇五〕の先駆になる。

一五世紀中期～一六世紀

次に、一五世紀中期以後の状況についてみていこう。

朝鮮側に最も需要の高い品目は、胡椒であった。一五世紀中期以後、日本からの胡椒の進上量が急激に増えてくる。

金柄夏氏の整理によれば、一四一八（世宗即位）～二七年（世宗九）の一〇年間に九六八・九斤で、一年平均で一〇〇斤弱という程度であった（金柄夏—一九六七、四七九～四八〇頁）。それが、一四八五年（成宗一五）には、少弐政尚が胡椒一〇〇〇斤を進上し（『成宗実録』巻一七六、一六年三月丁未〈二六日〉条）、さらには一五二五年（中宗二〇）には、日本国王使が「胡椒九千九百八十斤」「沈香二千一百八十八斤」などの大量の品物を持ち込んだ（『中宗実録』巻五五、二〇年八月丙午〈一九日〉条）。後者の場合、実際に公貿易として買い取ったのは三分の一であるが、その量は相当な規模で増大している。

輸出の担い手について、もう少し言及しておこう。

博多は、琉球との交易を行い、物資が集散する場所である。琉球貿易では、多数の博多商人が琉球に渡り活躍するが、田中健夫氏の指摘するように、琉球使自体を博多商人が担うことがあり、成宗朝の頃（一四七〇～九四年）には、偽琉球使として朝鮮にわたる人々（たとえば一四七一年に琉球国王尚徳の使として朝鮮に渡った佐藤信重）さえいた（田中健夫—一九五九、第二章／同—一九七五、第二部補論第二／橋本雄—二〇〇五、第二章）。

次に、薩摩であるが、前節でも触れた琉球との貿易が背景にあることはいうまでもないが、一五世紀後半に登場して、朝鮮に大蔵経を請求した「久辺国主」に留意しておきたい（『成宗実録』巻九八、九年〈一四七八〉一一月庚申〈三日〉条／巻一四五、一三年閏八月庚辰〈一四日〉条）。村井章介氏によると、「久辺国」は薩摩商人が大蔵経を手に入れるために創作した国である（村井章介—一九八八、三四三～三四六頁）。

また後述するような朝鮮王朝からの胡椒種請求に対して、薩摩の島津立久の家にかつて胡椒数叢があった（栽培していた?）が、枯れてしまったという、大内氏の使の発言がある（『成宗実録』巻一八三、一六年九月壬申〈二四日〉条）。朝鮮側の需要を見越して、胡椒の栽培を意図したのであろうか。

対馬についてみると、一五〜一六世紀にかけて一貫して胡椒を進上品としている。一六世紀後半の対馬島主の歳遣船派遣を記録した対馬側の史料である『朝鮮送使国次之書契覚』〔田中健夫―一九八二〕にも、進上品として丹木（蘇木）と並んで胡椒（五〜一〇斤）の記載がある（天正八〈一五八〇〉〜一四年の一国次印鑑之跡付」の部分）。

長節子氏が紹介した一五九一年（天正一九）の田平源兼の、朝鮮あての書契には進上品は「胡椒五斤」のみで、白苧布を所望している。この時期は対馬に通交権が集中しており、実はこの書契は対馬で作り出されたものである〔長節子―一九八七、第二部第二章〕が、このように島主派遣船以外の使節も胡椒を進上していたことがわかる。

さらに興味深いことは、朝鮮側の胡椒への欲求に応えて、宗氏自らが南蛮との貿易をしようとしたことである。後述する朝鮮の胡椒種請求に対して、一四八三年（成宗一四）、宗貞国は、南蛮船派遣のため銅銭一万緡の拠出を要請した（『成宗実録』巻一五一、一四年二月辛巳〈一八日〉・甲申〈二一日〉条／巻一五二、同年三月丙申〈四日〉条／巻一九四、同一七年八月辛卯〈一九日〉条）〔本書第三章参照〕。結局、この派遣は対馬側の事情から実現しなかったが、朝鮮側の需要に応えるためには、東南アジアとの直接貿易も考えていたことがわかる。

2　朝鮮での香料の普及

次に朝鮮における香料の用途についてみていこう。

黒田省三氏によれば、文廟・家廟の祭奠に多く用いられ、祭祀の焚香には沈香・白檀が中心であった〔黒田省三―一九五五、一五七〜一五八頁〕。この点は、日本の場合と大差ないが、香合などはみられず、また朝鮮王朝時代は仏教を抑圧していたので、このような用途はあまり広がらなかったであろう。

日本との比較で目につくのは、薬用としての需要である。沈香も薬種として扱われていることに注目される。一四三二年（世宗一四）、薬材の和売をめぐって、唐薬の不足が問題になった。その折、世宗は礼曹に対して、朱砂・龍脳は貴薬であっても明に求めれば得られるだろうが、沈香は中国でも容易に得られず、日本から求めなければならない（この時期、朝鮮側が沈香につける値の低さから、日本からの輸入はなかったようである）と述べている。沈香は日本で産しないので、倍価で交換してもよいとまで世宗は述べている（『世宗実録』巻五八、一四年一〇月乙巳〈二〇日〉条）。ここでは、沈香が薬の一種として扱われているのである。

次に胡椒についてみていこう。黒田省三・金柄夏・平木實各氏がすでに詳しく検討している〔黒田省三―一九五五／金柄夏―一九六七／平木實―一九九四〕ので、概要について触れておく。

肉類料理を嗜好していた朝鮮の貴族では、食物に和せられ、上流の嗜好を満たす調味料は欠かすことのできないものであり、そこに胡椒の需要が高まる要因があった。「薬餌」と呼ばれているように、単なる香辛料ではなく、薬効のある食物として珍重されていた。そして調味料以外に、鎮痛剤として嘔吐や胃の痛みを和らげ、肥満防止、解熱、咳止めの効果が期待されていた。一五四五年（仁宗元）、王妃が吐き気を催した時、薬房に胡椒を求めている（『仁宗実録』巻二、元年七月乙丑〈五日〉条）。一五五六年（明宗一一）には、上下将卒の治暑用として胡椒一〇斗が下送されている（『明宗実録』巻二〇、一一年六月壬寅〈一五日〉条）。

このような「薬餌」としての胡椒は、特に貴族層に流行し、一四八一年（成宗一二）から八六年にかけて、日本に対して胡椒種の請求をするほどであった。請求の状況は、黒田・金・平木各氏の研究に詳しく〔黒田省三―一九五五／金柄夏―一九六七／平木實―一九九四〕、また最近、村井章介氏が詳細な考察をしている〔村井章介―二〇一三c〕ので、そちらを参照されたい。

朝鮮側は、足利将軍・大内氏・宗氏などに請求している。結局、日本に産しないこと（容易に入手しえないこと）が判明して、この請求は取り止めになるが、以後も胡椒に対する需要は高まっていった。それは前述した胡椒輸入量（日本からの輸出量）の増加から端的にうかがえる。

こうして輸入された胡椒は、朝鮮で消費されるのみならず、明にも輸出されていた。朝鮮の遣明使は、必ず胡椒を持参していた（『燕山君日記』巻一九、二年〈一四九六〉一一月癸酉〈三〇日〉条）。かつて日本に香料を輸出していた中国は、日本・朝鮮を通じて胡椒を輸入することになったのである。日本からの遣明船も、胡椒を明に輸出していたことが、『大乗院寺社雑事記』文明一五年（一四八三）正月二四日条にみえる。

おわりに

本章で述べたことを要約しておく。

まず香料の輸入ルートから四つの時期にわけた。そのうち第一期（八～一四世紀前半）は、中国からの輸入が主であった。唐や宋・元は、東南アジア諸国との貿易を通じて、中国に大量に香料が集められていた。

一四世紀前半の資料である新安沈没船は、高級品よりもむしろ多様な階層の需要に応える商品を多数搭載していた。香料（香辛料・薬材など）は、慶元の市場で入手したのではないかと推測される。沈香・丁子が搭載されないことを踏まえれば、搭載されていた胡椒などは、到着地の博多周辺の需要を反映していた可能性がある。

第二期（一四世紀中期～一六世紀中期）になると、琉球が中継貿易に活躍するようになり、東南アジアとの貿易を通じて香料を入手し、それを日本や朝鮮に輸出したり、あるいは、日本から朝鮮・中国へ輸出されるようになる。

一四世紀後半以降、琉球は、暹羅の民間主導の市場で、中国産陶磁器の代価として得た銭で、胡椒・蘇木などを購入していたが、一時期、暹羅側は官買に切り替えていた。また一三六〇年代には、九州北部～琉球間で商船が往来していたことが推測でき、一三八〇年代末には暹羅船も九州方面まで航行していたものと考えられる。一四世紀後半～一五世紀には、『明実録』や『歴代宝案』などの文献史料に十分には現れてこない人々、すなわち琉球や暹羅、博多などの商人が主導する交易（民間主導の交流）が存在していた可能性がいっそう高まった。

また朝鮮王朝に対する香料の輸出について検討し、薩摩・博多・対馬などの人々が多かったことを確認した。そして一四二三年（世宗五）に、香料などが大量に朝鮮王朝に進上されたことに注目し、その背景に琉球商船の存在を想定し、また物資が集積する場である博多の役割の大きさを論じた。

第三期（一六世紀後期～一七世紀前期）は、南蛮船や朱印船による貿易の時期にあたり、日本船が東南アジア諸国と直接交易をするものである。

第一期は、①仏教の法会において使用される場合と、②匂自体を趣味として楽しむ場合があった。香料は、仏教儀式の中で焼香供養（仏前にて焚く香）や塗香（壇および身体に塗る香）として使用するのが、本来の用途であった。②については薫物（煉香）があり、諸種の香料を配剤したもので、沈香を主成分とし、これに丁香・甲香・薫陸・白檀・麝香を加味した。

第二期になると、②の用途の比重が高くなり、香木の種類が、沈香木一種、ないしは沈香・麝香に収斂されるようになる。一四～一六世紀にかけて、沈香一種の深浅を鑑賞する「香合」（名香合）が、頻繁に行われるようになる。

一方、朝鮮における香料の用途は、文廟・家廟の祭奠に多く用いられ、祭祀の焚香には沈香・白檀が中心であった。日本との比較で目につくのは、薬用としての需要である。沈香も薬種として扱われていた。

特に胡椒は、単なる香辛料ではなく、薬効のある食物として珍重されていた。調味料以外に、鎮痛剤として嘔吐や胃の痛みを和らげ、肥満防止、解熱、咳止めの効果が期待されていた。そのため、日本に対して胡椒種の請求をするほどの需要があった。

最後に、表3に示した第四期のルート（一七世紀中期〜一九世紀中期）について、言及しておきたい。

一七世紀に入り、日本も海禁（いわゆる「鎖国」）を実施し、日本船が東南アジアに乗り出すことはなくなった。代わってオランダ船や唐船（明・清船）が、沈香などを長崎に運んでくるようになる。ちょうど第二期において琉球船が果たした役割をオランダ船や唐船が果たしていることになる。そして、朝鮮の胡椒に対する需要は依然高く、対馬藩は長崎で胡椒を買い付けて、朝鮮に輸出した（申維翰『海游録』姜在彦訳注〔東洋文庫二五二〕、三五〜三六頁）。長崎は、かつての博多が負っていた役割を果たすことになる。

このようにみると、第二期に形成されたルートは、形を変えつつも、その基本的な性格は一七世紀以後も残存していたのである。

注

（1）　琉球の貿易については、〔小葉田淳―一九三九／安里延―一九四一／東恩納寛惇―一九四一／田中健夫―一九七五／高良倉吉―一九八〇・九三・九八／入間田宣夫・豊見山和行―二〇〇二／上里隆史―二〇一〇・一二／河宇鳳・孫承喆ほか―二〇一一など〕を参照されたい。

（2）　『薩藩旧記雑録』前編三二、元久公譜中。その他「山田聖栄日記」「島津家文書」などの関連史料が、『大日本史料』第七編之十三、応永一七年六月一一日条に収められている。

第三章　大蔵経・貨幣と日本国王使

はじめに

本章は、一五世紀、室町幕府が朝鮮王朝に対して派遣した日本国王使について考察し、特に大蔵経と貨幣の輸入について取り上げることにしたい。

この日本国王使は、明や朝鮮から「日本国王」の使節、もしくはそれと同等に扱われた使節のことで、基本的に派遣主体を室町殿（足利氏。将軍または前将軍）と想定している。ただし、朝鮮王朝に対しては、朝鮮国王あての国書において、国王号を自称しないケースがほとんどである。また後述するように、派遣主体が室町殿以外の勢力の事例、すなわち偽使も含めている。

本論に入る前に、日本国王使をどのように考えるかについて触れておこう。

従来、室町幕府論の観点からの関心は、日本国王号、特に足利義満の日本国王冊封に向けられてきた〔佐藤進一一九六三〕。しかし田中健夫氏や村井章介氏が、強調したように、日本国王号は国外に向けての称号であり、国王号の使用は国内諸勢力の非難を浴びた〔田中健夫一九九六、第二章（初出は一九八七）／村井章介二〇〇五、Ⅶ章（初出は一九九五）〕。むしろ明や朝鮮王朝への通交名義であることが重要であり、日本国王使が明・朝鮮王朝に継続して派遣されたことの意義に、改めて注目する必要があろう。

朝鮮王朝に派遣された日本国王使については、足利義詮・義満期を対象にして武家外交の成立という観点からの研究〔中村栄孝―一九六五／田中健夫―一九七五、第三章／関周一―二〇〇三・一〇bなど〕や、寺院による大蔵経の請求を対象とする研究〔川口卯橘―一九三一／竹内理三―一九三八／丸亀金作―一九六六／堀池春峰―一九八二〕が早くから進められた。一九八〇年代以降、外交儀礼の研究が進み、高橋公明氏が室町幕府の外交文書を考察し〔高橋公明―一九八二・八五・九二〕、閔徳基氏は、朝日間の「敵礼」関係の再検討から日本国王使の性格を論じた〔閔徳基―一九九四〕。外交交渉の場で作成される漢詩に注目した村井章介氏は、国王使の事例を詳しく提示している〔村井章介―一九九五〕。

一方、朝鮮使節に関しては、三宅英利氏が室町期の通信使を丁寧に跡づけ〔三宅英利―一九八六、第二章〕、仲尾宏氏は、日本側の日記類を軸に、幕府の通信使への対応や、日本国王使派遣の事務などを叙述した〔仲尾宏―一九八九・二〇〇〇・一一〕。さらに、長年の外交文書研究の集大成として刊行された田中健夫編『訳注日本史料　善隣国宝記・新訂続善隣国宝記』〔田中健夫―一九九五〕からは、外交文書の形式・内容や作成の背景など、きわめて有益な示唆を得ることができる[1]。

こうした従来の研究をふりかえってみると、足利義満期までは詳細な研究があるものの〔中村栄孝―一九六五／田中健夫―一九七五／高橋公明―一九八五など〕、足利義持期以降の国王使については、いくつかのケース〔応永の外寇直後の使節など〕を除いて個別的には十分検討されていない。そのため、ともすれば日本国王使を一律のものとみなして、幕府の朝鮮外交を論じるきらいがあった。時期による国王使の性格の相違や、幕府の外交政策の変化を明確にする基礎作業が、必要不可欠であろう。

さらに留意しておきたいのは、一六世紀、対馬島主宗氏により偽の日本国王使が派遣されていることである〔村井章介―一九九三〕。長節子氏、橋本雄氏、伊藤幸司氏らの研究によって、一五世紀前半から、博多商人や宗氏ら対馬の勢力（橋本雄氏は、「偽使派遣勢力」と呼ぶ）によって偽使が派遣されていたことが明らかにされている〔長節子―二〇〇二ab／橋本雄―二〇〇五・一二／伊藤幸司―二〇〇五など〕。本章でみるように、一五世紀前半において日本国王使の偽使が登場している。偽使を可能にする要素が、日本国王使自体のあり方に含まれているのではなかろうか。

本章の第一の課題は、一五世紀前期・中期（足利義持・義教・義勝・義政期）の日本国王使の性格を検討することである。足利義持・義教・義勝（日本国王と自称ないしは他称された者）の各時期ごとに、使節派遣の経緯・外交文書（作成者・様式）・朝鮮側との交渉・（使節の行動）などを具体的に踏まえながら、国王使の性格を検討する。その際、朝鮮使節に答書を委ねて使節を派遣しないケースも検討を加え、また朝鮮使節に対する答礼の使者が多いことから、朝鮮使節への幕府の対応も視野に入れる。朝鮮使節の処遇は、それ自体別個の検討が必要だが、本章ではそのうち将軍・国王が使節と接見する場所に特に注目したい。

以上の作業により、各時期の朝鮮外交の性格をできるだけ総体的にとらえることをめざしたい。なお、足利義政期については、橋本雄氏が個々の事例を詳細に考察している〔橋本雄―一九九七・九八a・二〇一〇a・一二など〕ので、本章では全体的な特徴を論じることにしたい。また朝鮮使節の宿泊先や、使節に対する室町幕府の外交儀礼についても、橋本雄氏が検討している〔橋本雄―二〇一一、Ⅶ章〕。

室町幕府が日本国王使を派遣した主たる目的は、朝鮮国王から日本国王あての贈答品を含む多彩な輸入品を得ることだが、その中でも最も求められたものは経典類であり、頻繁に経典のすべてである大蔵経（一切経）が求められた。朝鮮王朝からの大蔵経の輸入については、須田牧子氏が事例を網羅して検討を加えており〔須田牧子―二〇一一、第三章〕、橋本雄氏も大蔵経輸入の特徴について言及している〔橋本雄―二〇一〇b・一二〕。第二の課題として、日本国王使が大蔵経を求めた事例を紹介し、そこにみえる室町殿の意図について考察したい。

そして多くはないものの、日本国王が朝鮮王朝に対し、貨幣を求めた事例もある。第三の課題として、朝鮮王朝から貨幣が輸入された事例を紹介し、朝鮮貨幣の持つ意味についても展望したい。

なお、本章で典拠とした史料のうち『実録』とあるものは、すべて『朝鮮王朝実録』である。

一　足利義持期の日本国王使――大蔵経・大蔵経板への執着――

一四〇四年（応永一一・太宗四）以降、足利義満は朝鮮に日本国王使（一四〇二年に義満は、明の建文帝より日本国王に冊封された）を連年派遣していたが、一四〇八年五月に没した。[2] 名実ともに幕府の頂点に立った義持は、義満の政策をくつがえして対明断交をしたことはよく知られているが、朝鮮関係でも異なった対応をしている。『太宗実録』『世宗実録』から日本国王使・朝鮮使節（報聘使・回礼使）の派遣を年表にしてみよう（表5の年月は、漢城を出発、または到着した年月）。[3]

表5をみると、①〜④と⑥〜⑧の二つのピークの時期があることに気づく。

①〜④は、朝鮮では太宗朝の時期であるが、①②は朝鮮の報聘使に対する答礼の使節、③④は大蔵経を請求する使節である。

幕府は、義満の死を正式には朝鮮に報じておらず、一四〇九年一月、志佐氏の使節が報じている（『太宗実録』巻一七、九年正月甲寅〈一一日〉条）。同年三月、前年の義満の使節に対する回礼使が来日した（『歴代鎮西志』）が、それに対する答礼の使者が①で、答書は、永楽七年（一四〇九）六月一八日付の源道将（斯波義将）書（『善隣国宝記』巻中）である。義持自らではなく、管領斯波義将から議政府左右政丞両相あてに送る形式をとっている。年号は、明の永楽年号を使用している。斯波義将は冊封受諾に積極的であり、その反映ではなかろうか。義将の没（一四一〇年五月）後、幕府は対明断絶交に姿勢を転換している〔高橋公明―一九八五〕。その一方で、義持は「新主」と表記され、国王号は使用していない。義持が国王号の使用を嫌い、差出人にならなかったのであろうか。先君（義満）の死を伝える（幕府からの正式の伝達にあたる）ほか、倭寇の禁止と漂流人・被虜人の送還を約し、「小利」の創建のために大蔵経を求めている。文書作成者は、春屋妙葩・義堂周信に師事した厳中周噩《げんちゅうしゅうがく》（臨済宗夢窓派）で、また朝鮮使節に随伴して周護書記・徳林蔵主が派遣された。

表5　日本国王使・朝鮮通信使の派遣

①	一四〇九年一二月	日本国王使、先王薨去を報じ、大蔵経請求
②	一四一〇年　二月	報聘使梁需。（来日の途中、海賊に襲撃される）
	一四一一年　正月	報聘使梁需、復命
	一四一一年　二月	日本国王源義持の遣使、象を献じる
③	一四一一年一〇月	日本国王使、大蔵経請求
④	一四一四年　六月	日本国王使僧圭籌、大蔵経請求
⑤	一四一九年一二月	日本国源義持の使臣無涯亮倪、大蔵経請求
	一四二〇年　正月	日本回礼使宋希璟・通事尹仁甫
	一四二〇年一〇月	宋希璟、復命
⑥	一四二二年一一月	日本国王使僧圭籌・母后の使人（渋川義俊の使人）、大蔵経請求
	一四二二年一二月	日本回礼使朴熙中・李芸、出発
⑦	一四二三年一二月	日本回礼使朴熙中・李芸、復命。日本国王使臣圭籌・梵齢、大蔵経板請求
	一四二四年　二月	圭籌・梵齢、辞す。日本回礼使朴安臣・李芸、出発
⑧	一四二四年一二月	日本回礼使朴安臣・李芸、復命。足利義持（道詮）の答書持参
	一四二五年　四月	日本国王使臣虎巌（中兌）・梵齢、大蔵経板請求
	一四二五年　五月	日本国王使虎巌（中兌）・梵齢、辞す

②は梁需に託して、足利義持からの初めての答書を朝鮮に伝えた。答書は、「日本国源義持謹啓」とあり、国王号は使用せず、私信の形式である（『太宗実録』巻二一、一一年正月丁亥〈二六日〉条）〔田中健夫―一九九五、五五九頁〕。義持が対明断交の姿勢に転換した時期にあたるが、朝鮮に対して独自の「日本国源某」という自称をあみだしたことは注目される。以後この称号は、将軍在職中の朝鮮向けの外交称号として定着する〔高橋

公明―一九八五・九二）。なお、『太宗実録』『世宗実録』は、義持の使節に対しても「日本国王使」と表記するが、朝鮮側が義持＝「日本国王」と判断したためで、朝鮮への文書には国王号は使用されなかったものと推測される。梁需に遅れて到着した義持の使節（答礼の使節）が、南蛮船から贈られた象（『若狭国税所今富名領主代々次第』）を献じている。

③は、大内徳雄の使節とともに大蔵経を要求し、大蔵経一部が賜与された。④の大蔵経請求について、太宗は、一時は大蔵経板を贈ることを考えたが、結局驪興神勒寺所蔵の大蔵経全部を送った。使者の僧圭籌は、私請して大般若経（寧山任内豊歳県広徳寺所蔵）を与えられている（『太宗実録』巻二八、一四年七月壬午〈一一日〉条）。

次の⑤は、応永の外寇（己亥東征）直後のもので、派遣の経緯が異例であった（中村栄孝―一九六五／村井章介―一九八八／関周一―二〇一三など）。

東征直前に朝鮮在留の対馬島民は拘留されたのに対し、九州の人々は厚遇されて帰国を許された。朝鮮側の意図を測りかねた九州探題渋川満頼は、義持の意向を調べるため、宗金（博多商人・僧侶）を京都に赴かせた。上田純一氏は、宗金は建仁寺天潤庵系大応派の禅僧で、博多の妙楽寺を本拠にしていたと指摘する（上田純一―一九九二）。宗金は、将軍側近の陳外郎につぶさに事情を告げ、陳外郎はこのことを義持に言上した。義持は、少弐氏の誣告と異なっていたため惑ったが、使節派遣を決定し、博多妙楽寺居僧の無涯亮倪を正使、陳外郎の子平方吉久（博多商人）を副使とした（『老松堂日本行録』跋語）。このように九州探題や宗金・陳外郎らが主導して派遣が決定し、使節も宗金・陳外郎と関係の深い博多の僧侶・商人であった。幕府の関与は、使節派遣の決定と朝鮮あての書を作成した程度とみられる。

一四一九年一一月、亮倪らは九州探題の使節や、応永の外寇時に捕虜にした朝鮮兵士とともに富山浦に到着し、一二月、漢城に至り、義持の書契を進めた。この書契に関して『世宗実録』には「義持父道義、帝嘗封㆑為㆑王、義持不㆑用㆑命、自称㆓征夷大将軍㆒、而国人則謂㆓之御所㆒、故其書只曰㆓日本国源義持㆒、無㆓王字㆒」とあり、書には「日本国源義持」と称して国王号を使用しなかったことがわかり、また「釈典七千軸」（大蔵経）を求めている（『世宗実録』巻六、元年一二月丁亥〈一七日〉条）。亮倪らの本当の目的は、朝鮮の意図の探索にあったが、大蔵経の請求のみを主張した（『世宗実録』巻七、二年正月乙巳〈六日〉条）。

翌年、宋希璟が日本回礼使として派遣され、世宗の書契（国書）を持参し、亮倪は京都まで同行した。当初宋希璟らは冷遇された。義持が、応永の外寇を、明と朝鮮が連合して日本に派兵したものとみなして朝鮮を恨んだためである。また世宗の国書に永楽年号を使用し、応永年号を使用しないため（陳外郎は「竜集」に変えることを提案したが、希璟は拒否した）、義持はそれを悪《にく》み、「京都」では接見しなかった。希璟らは、当初等持寺（洛中。幕府の隣接地に足利直義が開創し、足利氏の菩提所）で通事魏天の歓迎を受け、魏天の家に宿した。しかし義持の命令で洛外の深修庵に館することになり、大蔵経・礼物は等持寺に預けられた。義持は、宝幢寺（嵯峨。開山は春屋妙葩）で希璟らに接見した。その間の希璟との折衝は、元璞恵珙《げんはくえきょう》（絶海中津の法嗣）・元容周頌《げんようしゅうじゅ》（春屋妙葩の法嗣）が務めた。斯波義淳が被官甲斐氏を通じて接待全体を管轄し、甲斐氏の被官狩野氏が「軍伴二十人」を連れて希璟らを警固した（『老松堂日本行録』／『世宗実録』巻一〇、二年一〇月癸卯〈八日〉条）（関周一―二〇一三）。希璟は、義持の答書を持ち帰国した（『世宗実録』巻一〇、二年一〇月庚申〈二五日〉条）が、義持の書には応永年号が使用されたものとみられる。

⑥～⑧が義持期の第二のピークで、いずれも大蔵経または大蔵経板を請求する使節である。義持は、厚く仏教に帰依していた（清水克行―二〇〇四）。義持は、一四二三年（応永三〇）三月一八日に将軍を辞し、四月二五日、出家して道詮と称した。出家後の⑦⑧については、朝鮮王朝が回礼使を派遣したことに対する答礼の意味もある。朝鮮国王あての書は、いずれも厳中周噩が作成している（『善隣国宝記』巻中）。

⑥は、④以来八年ぶりに京都から派遣した使節で、④と同様に圭籌を使者としている。

この時の世宗あての日本国源（足利）義持書は、『善隣国宝記』巻中所収のものと『世宗実録』所収のものとは、主文が異なっている〔田中健夫―一九九五、一四四・五六二頁〕。前者は、単に大蔵経一部の賜与を求めたものであるのに対し、後者には、（ア）高麗使節が来日した際の春屋妙葩の対応、（イ）先王太宗の時、春屋の徒周棠が朝鮮を訪れ、朝鮮の画工の描いた春屋の肖像に文臣李穡の賛をもらい、日本に持ち帰ったこと〔村井章介―一九八八、三〇三頁〕、（ウ）朝鮮と春屋の因縁を説き、春屋ゆかりの「塔院」に安置すべき大蔵経の賜与を求めることが記されている。

この相違は明らかではないが、解釈の一案として、圭籌が改竄したとの想定を提示しておきたい。改竄の理由として、次の二点が考えられる。

（a）高麗との最初の交渉をした春屋妙葩や、最初の日本国王使周棠の名が持ちだされたことから。実質的に京都からは八年ぶりの遣使（朝鮮国王は世宗に代わっている）であり、改めて朝鮮との関係を強調する必要があった。前回の遣使（義持期④）である圭籌だからこそ、その必要性を感じた。

（b）春屋ゆかりの「塔院」に安置すべき大蔵経を求めていることから。その「塔院」からの要請（あるいは圭籌自身がその「塔院」に関係が深い）により派遣された使節であるために、朝鮮と春屋の因縁を強調した。

（b）とすれば、後述する足利義政期の派遣形態の先駆的なものである。

圭籌とは別に、九州探題渋川義俊の使者が、仏宇の新営を企図した「皇太后」（義持の母）の命により、大蔵経を請求している。日本回礼使朴熙中・李芸が、義持と母あての大蔵経を携えて来日した。義持は、一四二三年六月、宝幢寺で熙中らに対面し、熙中らは進物数貫文・一切経を進めた（『看聞日記』応永三〇年六月七日条）。

⑦は、大蔵経板を要求する使節で、義持が板木に執拗な執着をみせたものである。詳細は川口・村井両氏の研究〔川口卯橘―一九三一／村井章介―一九九五〕に譲り、『世宗実録』巻二六、六年一二月戊午（一七日）条に基づいて、必要

な諸点を確認しておく。

この時の船隻は一六隻、乗員五二三名にものぼる大規模なもので、帰国する朴熙中の船（二隻）に同行したものである。圭籌（三度目の使節）・梵齢（二度目の使節）という対朝鮮外交に熟練した使節を派遣し、朝鮮王朝に大蔵経板（漢字板）を求めたが、「漢字板は祖宗相伝のただ一本のみ」という理由で拒否された。圭籌・梵齢は、礼曹に書して経板の賜与を懇請して私進し、ハンストを実施した。また圭籌ら一行の僧加賀が捕らえられ、兵船数千艘による掠奪を提案する圭籌等の草案（義持あて）の存在が露見した。圭籌・梵齢は、礼曹あてに書（起請文）を差し出し弁明して、結局沙汰止みになったが、これらの圭籌等の行動は、いかに経板獲得が至上命令であったかをうかがわせる。

金字華厳経・梵字密教経板など四経を携帯して、日本回礼使朴安臣・李芸が派遣された。義持は大蔵経板を得られなかったことを恨み、赤間関に安臣らを留めた。義持は、四経のみ京都に輸送することを望んだが、大内盛見の取りなしで、義持は来京を許可した。五月に入京した安臣らは、深修庵に館し、六月、等持寺で義持に接見して国書を進めた。しかし義持は、四経以外の礼物の受領を拒んだ。安臣は、厳中周噩（鹿苑僧録）に書し、礼物の受領を義持に伝達するよう要請したが、厳中は「来諭齎来礼物、唯留二釈教本板一、余皆回納、若二我　殿下之意一、所レ欲レ在レ法、而不レ在二世財一也、従レ今以後、要ヿ求蔵経一、将レ命者相往来、所レ冀互省二国費一、共敦二隣好一、非レ有二異意一、莫二以為レ念也」と書して答えた。我等の求めるものは「釈教（仏教）」の「本（経典）」と「板（版木）」（橋本雄氏のご教示）であり、今後、（土宜を必要とせずに）互いに国費を省き、隣交を敦くしようと伝えている。これに対し安臣らは再度激しく抗議し、ようやく幕府は礼物を受領した（以上、『世宗実録』巻二六、六年一二月戊午〈一七日〉条）。

この時安臣に託された道詮（義持）の答書（厳中作成）にも、右の厳中周噩の書と同様な趣旨が述べられている（『善隣国宝記』巻中）。

以上の朴安臣らへの対応をみても、義持の関心は経板の獲得のみにあったことがわかる。⑧は、帰国する朴安臣らより遅れて京都を出発した使節で、三度梵齢が加わっている。大蔵経板を再度請求したが、獲得できなかった。

『善隣国宝記』巻中には、応永戊申（三五年）三月日付の日本国道詮（足利義持）書が収められ、同書では伊豆州東福寺に安置する大蔵経を求めている。しかし（ア）義持は同年正月に没したこと、（イ）当該期の鎌倉府と京都との政治上の緊張関係、（ウ）『世宗実録』に該当記事がみえないという指摘（田中健夫―一九九五、一五〇～一五一・五六三頁）の通り、実際には派遣されなかったものと思われる。

以上の義持期の通交を通観すると、①②は報聘の意味あいが強いが、③以降は大蔵経を請求する使節（請経使）として定着したことがわかる。⑤は、真の目的をカモフラージュする意味もある。

義持出家後の⑦⑧は、大蔵経板の獲得に強い意欲が示されていることが注目される。義満期以降、幕府は朝鮮に対し一貫して大蔵経を請求してきた。

足利義満が最初に朝鮮に派遣した使節（実際は大内義弘の使節に託したもの〈田中健夫―一九九六、六頁〉）は、大蔵経板・銅鐘・薬物を求めている（『善隣国宝記』巻中、「朝鮮に諭す書」大内義弘あて足利義満書〈応永五年八月日付〉）が、大蔵経板は獲得できなかった(4)。

以後幕府は、ほぼ一貫して大蔵経の請求をしているが、その背景には五山などの寺院の要求があったものと推測される。⑦⑧で足利義持が大蔵経板を強く求めていることには、経板の獲得によりかかる寺院の統制を強化する狙いがあったのではなかろうか。すなわち大蔵経の印刷を可能にする経板を獲得することにより、日本国内で大蔵経の印刷権、および印刷した大蔵経を賜与する権限を独占し、それにより寺院の統制を図ろうとしたのではないだろうか。

外交文書の作成者は、判明する限りでは厳中周噩であり、⑦の回礼使朴安臣らとの交渉にもあたっている。⑤の元璞恵珙・元容周頌らを含めて、春屋妙葩や絶海中津（絶海も春屋の後継者）の系譜をひく五山僧が、外交交渉に深く関わっていたことが改めて確認される。

また正使・副使には、圭籌・梵齢のような熟練した僧侶（五山僧もしくは五山周辺の僧侶か）を再任する傾向がある。彼らは、朝鮮において独自の判断で行動することがあった。④の圭籌は私進し、大般若経を得ている。また別の機会に述べたように、応永の外寇直前・戦闘時に捕虜になった倭人の送還を要請した（⑦⑧）〔関周一―二〇〇二b〕。要請の前提に他の諸勢力の使節との接触があり、彼らに代わって朝鮮側に交渉したのである。このように使節自身の判断で、朝鮮側と本来の目的以外の交渉も行っていた。

朝鮮使節に対しては、義持自身はさほど関心を示さず、むしろ⑤⑦のように冷淡な対応であった。使節に接見する場所は、春屋妙葩ゆかりの宝幢寺（⑤⑥）や、足利氏菩提寺の等持寺（⑦）であった。これは義詮が、高麗使金竜ら（幕府が最初に直面した外交使節）を天竜寺に接待した例に倣ったものであろうか[5]。朝廷は金竜らの受け入れを拒否したが、幕府は、朝廷の了解を得て、使節に宿舎として天竜寺を提供し、天竜寺住持春屋妙葩など五山僧が接待にあたった（高麗への答書は、春屋妙葩の私信であった）。『太平記』巻三九、「高麗人来朝事」に「洛中へハ不レ被レ入シテ、天竜寺ニゾ被レ置ケル」とあることから、朝廷に配慮して洛中を避け、嵯峨の天竜寺を選んだものと思われる。義詮も天竜寺雲居庵に赴いて使節に引見している。⑤⑥で宝幢寺を選んだのも、洛中（ないしは義持の御所の近辺）を避けようとする意識があったのであろうか。足利義満の場合は、一四〇三年（応永一〇）、北山第で「高麗客」と対面している（『吉田家日次記』応永一〇年一〇月二九日条）。この点を踏まえて、仲尾宏氏は、義満は対朝鮮外交を正式の国交と考え、積極的に隣交修好を求める意図があったものと解している〔仲尾宏―一九八九、三〇頁〕。

二　足利義教・義勝期の日本国王使――請経使と通信使への対応――

次に、六代将軍足利義教の時期についてみておこう。[6]

表6のうち、朝鮮使節についてまず確認しておこう。①の通信使朴瑞生らは、「新主」（義教）の「嗣位」を賀し、「前主」（義持、同年正月死去）を致祭する使者である。ただし義持の死去は、早田左衛門大郎・宗金・小早川常嘉（則平）・少弐満貞の書により報じられ、義満の死去の時と同様に幕府からの通報はなかった。③の李芸・金久冏は、幕府の使者に対する回聘使で、④の通信使高得宗は、少弐氏の勢力低下にともない活発になった倭寇の禁圧を求める使節である〔佐伯弘次―一九九二〕。

それに対し、幕府が使節を派遣したケース（京都からの使節）は、③しかない。①④は、通信使への答書が朝鮮にもたらされているが、いずれも通信使に託され、幕府から答礼の使節は派遣していない。③は、大蔵経二部を請求する使節で、すでに朝鮮通交を二度経験している梵齢が派遣されている（ただし梵齢は富山浦で客死した）。

このように、義教の時期は、朝鮮（世宗朝）からの使節への答使（回礼の使節）は送らず、大蔵経を求める使節（請経使）のみ派遣している。①の時期は、遣明船再開の準備期間にあたり、それへの対応に追われていた（遣明船の派遣は一四三二年）という理由もあるのかもしれない。義教は、通信使朴瑞生に対し、「上国」（明）に服する意を明に伝えてほしい旨を伝えている（『世宗実録』巻四六、一一年一二月辛巳〈一九日〉条）。

こうした消極的ともいえる幕府の姿勢を補完したのが、宗金である〔有光保茂―一九三七／田中健夫―一九五九、五四～五六頁／佐伯弘次―一九九九・二〇一三／伊藤幸司―二〇〇二、第三章〕。

①で、宗金は朴瑞生の帰国時に官船舟子二人を護送し（『世宗実録』巻四六、一一年一一月辛酉〈一九日〉条）、漢城に入ったものとみられる。これに対し世宗は、次のように幕府の対応を批判している（『世宗実録』巻四六、同年一二月辛巳〈九日〉条）。

日本国、其王薨不二遣レ使訃告一、及二即位一又不二遣レ使通好一、我国亦不三必遣二通信使一也、然在レ我交隣之礼不レ可レ不レ修、故遣レ使致レ賻、且賀二即位一、彼宜レ報レ謝又不レ遣レ使、反因二求請一乃遣二宗金一、失レ礼之中又失レ礼焉、（後略）

（ア）日本国（室町幕府）からは、国王の訃や即位を告げることがない、（イ）今回朝鮮から賻を致したり、即位を賀す使者を送っても、日本国は報謝の使者を送らず、求請（品物の請求）により宗金を送ったことが指摘されている（関徳基―一九九四、六四～六五頁）。当初から派遣の予定（京都から出発）ではなく、おそらく通信使の帰国の途上（博多から）、通信使護送や求請のために急遽朝鮮派遣を託されたのではなかろうか。

表6　足利義教期の日本国王使

①	一四二八年一二月	通信使朴瑞生・李芸ら、出発
	一四二九年一二月	朴瑞生復命。足利義教・斯波義淳の答書持参
	一四三〇年　二月	日本国王の遣す宗金・道性、辞す
②	一四三二年　二月	日本国王使舎温、到着
	一四三二年　三月	日本国王使舎温、辞す
③	一四三二年　五月	日本国王使梵齢・而羅、大蔵経請求
	一四三二年　七月	日本回聘使李芸・金久冏（途中、海賊に襲われる）
	一四三三年　七月	日本回礼副使金久冏、復命
	一四三三年一〇月	日本回礼使李芸、復命
④	一四三九年　七月	日本通信使高得宗、出発
	一四四〇年　五月	高得宗、復命。足利義教の答書（同年二月一九日付）持参

また③の使節は、義教の書とともに礼曹あての宗金の書を携帯し、梵齢とともに宗金の幼子が派遣されている（『世宗実録』巻五六、一四年五月庚辰〈二三日〉条）。

こうしたなか、偽の日本国王使が登場する。それが②の使節である。

受二朝参一、日本国王使送十七人・宗金使送五人・宗貞盛使送二人（中略）来献二土宜一、上引二見国王所レ遣舎温一曰、爾等何時起程、対曰、年前六月也、上曰、爾等親受二書契於王城一乎、対曰、国王伝二送書契于臣等一、臣等伝受而来、上曰、已知レ之、舍温伏レ地失レ措変レ色、（『世宗実録』巻五一、一三年二月丙午〈一一日〉条）

受二朝参一視事、上謂二左右一曰、（中略）今来通信書契、非二国王之書一、甚無二礼儀一、予欲下不レ答二書契一、又不中回贈上何如、（後略）（『世宗実録』巻五一、一三年三月庚午〈六日〉条）

舎温は、世宗の問に対して、前年六月に出発したことと、国王の書契は王城（京都）ではなく、伝送されたものであると答えているが、その後世宗は、「書契は日本国王の書ではなく、甚だしく礼儀を失している」といると述べている。右の記事は、世宗の眼力を強調した感があるが、国王の書が舎温に「伝送される」という事態は考えにくく、国王の書の体裁をなしていないという点から偽使とみてよいであろう（使者を同行させている宗金らが関与したものか）。そのためか『世宗実録』の記事は、他の国王使の場合に比して簡略である。

義教期の特徴は、使節の派遣にではなく、むしろ通信使への対応にある。

①の朴瑞生が帰国した後、世宗は義持期と対比して、次のように述べている（『世宗実録』巻四六、一一年一二月辛巳〈九日〉条）。

（前略）前レ此、我国之使、至二其国一、有下不レ得二下船一者上、或有二薄待而送者一、或其書辞不遜、今通信使之行、則館穀加等、書契亦恭順、是可二尚已一（後略）

義持期は、迎えの船を下さず、薄待して使節を送り、国王の文書が不遜であったという。それに対し今回の通信使への対応はよくなり、書契も恭順であるという。この変化は、単に朝鮮使節の待遇を改善したということのみではなく、幕府の外交姿勢の変化を示しており、それは④に明確に現れる。

①の朴瑞生を、義教は仁和寺等持院にて接見したのに対し（『満済准后日記』正長二年〈一四二九〉六月一九日条）、④の

通信使高得宗に対しては、義教の御所（「殿中」、室町邸）で接見している。[7] 使節は、南面の欄中で三拝の儀式を行った。[8] 蔭涼軒主季瓊真蘂は、義教の命令を受けた飯尾大和守貞連の指示に従い、使節を相国寺に迎え入れた（『蔭涼軒日録』永享一二年〈一四四〇〉正月一二・一八・二六・二八・二九日条）。國原美佐子氏によれば、永享年間、飯尾貞連は唐船奉行を務めた奉行人である（國原美佐子―一九九四／伊川健二―二〇〇七、一二三・一三〇頁）。また季瓊は、朝鮮王朝に対する答書を作成している。この時、義教自身が季瓊の草案・清書を点検している（『蔭涼軒日録』永享一二年二月一五日条）。答書は、「日本国源義教」と称し、日本・明年号のいずれも使用せず、「竜集庚申春二月十九日」としている（『善隣国宝記』巻中）。

鹿苑僧録ではなく蔭涼職を登用したこと（答書の干支表記はそのためか）や、義教自身の外交文書作成への関与などは、義教の専制的側面の表れと評価できる。田中博美氏は、季瓊が蔭涼職に登用されるのは、義教の執政体制が側近化していく時期にあたり、季瓊を外交問題の窓口にしようとする義教の姿勢があったとしている（田中博美―一九八七、六六頁）。

そして洛中の御所で朝鮮使節に接見したことは、使節や重臣・公家らに対し、自己の権威を強く誇示しようという意図があったのではなかろうか。このように義教の権威を高めることは、朝鮮使節を一段低く見ることにつながり得る。たとえば季瓊は、通信使からの礼物を「所レ貢方物」と表記している（『蔭涼軒日録』永享一一年一二月二六日条）（仲尾宏―二〇〇〇、四一頁）が、義教の権威を高めた結果、通信使を朝貢使とみなす意識が表出するようになったものと推測される。橋本雄氏は、この時、「高麗通信使」が「南面」する足利義教に対して、三拝して国書を捧呈していたこと（『蔭涼軒日録』永享一一年一二月二六日条）に注目し、通信使高得宗らは、使行を成就させねばならないという現実的な判断のもとに、こうした屈辱的な外交儀礼に甘んじていたと指摘している（橋本雄―二〇一一、二四五頁）。

義教が嘉吉の乱で殺された後、義勝が継承するが、実権は管領らが握っていた。この時期、通信使卞孝文が来日した[9]（表7）。光厳らは、通信使への回礼の使節ではなく、大蔵経を請求する使節（請経使）で、義勝の答書は卞孝文に託された。この時、孝文に回礼使の派遣について尋ねられた大和守（飯尾貞連）は、「諸大臣（宿老）は皆「旧例無二回礼使一、只有二請経使一耳、今将レ遣二請経使一矣」といっており、「国王（義勝）が年少で、我等が国事を専管している時に、新たに回礼使を始めるわけにはいかない」と答えている（『世宗実録』巻一〇二、二五年一〇月甲午〈一三日〉条）。このように幕府は、「旧例には回礼使はなく、請経使なら前例はある」という認識を持っており（閔徳基―一九九四、六六頁）、前述した義教期の外交姿勢に基づいたものといえる。

表7　卞孝文の来日

年　月	事　柄
一四四三年　二月	日本通信使卞孝文、出発
一四四三年一〇月	卞孝文、復命
一四四三年一一月	日本国王使光厳・祐春、大蔵経請求
一四四四年　一月	日本国王使光厳ら、辞す

幕府は、「今時分諸大名諸国役出銭不レ可レ叶」ため卞孝文らの入京をいったん拒否したが、その折神功皇后の三韓征伐の故事が持ちだされたこと（『康富記』嘉吉三年〈一四四三〉五月六日・六月一九日条）は、よく知られている。万里小路時房は、この通信使を「高麗国朝貢使」と記している（『建内記』嘉吉三年六月二三日条）。六月一九日、孝文らは室町第で義勝に接見した（『康富記』嘉吉三年六月一九日条）後、相国寺での義教を弔う祭礼に参列し、祭文を捧げた（『看聞日記』嘉吉三年七月二日条）。この祭礼は、貞連の提案で朝鮮の礼によって行われたが、祭礼終了後の通信使と管領の対面の際、その席次をめぐって卞孝文と飯尾貞連の間で議論があった（『世宗実録』巻一〇二、二五年一〇月甲午〈一三日〉条〔村井章介―一九八八、四八・六七～六八頁／高橋公明―一九八五、二八～三〇頁〕）。これらは、いずれも通信使を一段低く扱おうという意識の表れであるが、前回の通信使高得宗への義教の対応が生み出した面があるのではなかろうか。

三　足利義政期の日本国王使——特定寺院のための遣使——

前節までの検討を踏まえて、足利義政期を展望しておきたい。

義政は、兄義勝の死去後、八歳で将軍後継者になり、一四四六年（文安三）に後花園天皇から義成の名を贈られた。一四四七年八月、義成は、文渓正祐《もんけいしょうゆう》らを使節として派遣した。翌年四月、正祐らは乃而浦に到着し、義成が後継者になったことを伝え、輝徳殿への進香と、南禅寺のための大蔵経を請求した（『世宗実録』巻一二〇、三〇年四月壬午〈二七日〉条）。正統一二年（一四四七）八月日付の「日本国王源義成」の書（国書）にも、「一禅刹」のために大蔵経を求める旨が記されている（『世宗実録』巻一二〇、三〇年六月乙亥〈二一日〉条）。室町殿（日本国王）が朝鮮国王にあてた国書の年号表記は、干支表記が通例だったのに対し、この国書は正統という明年号を使用しており、きわめて異例である。また通常「日本国源某」と表記する〔高橋公明—一九九二〕ところを「日本国王源義成」というように、「日本国王」号を使用している。

この使節については、伊藤幸司氏が詳細に検討している。伊藤氏は、（ア）室町幕府が宗貞盛にあてた「日本国王教書」中に「使臣船一」と記載されていたのにもかかわらず、正祐らは三艘で渡海し、そのうち二艘は「博多興利船」であったこと（『世宗実録』巻一二一、三〇年七月己丑〈五日〉条）や、（イ）右の国書において明年号を使用し、「日本国王」を自称していること、（ウ）別幅に記載された進物が、朝鮮側からすべて粗悪で封緘されていないと不審がられていることから、足利義成国書は博多で偽造改竄された可能性がひじょうに高いと指摘した〔伊藤幸司—二〇〇五、一一八〜一二四頁〕。妥当な指摘であり、朝鮮へ赴くため博多を訪れた文渓正祐と、博多商人が連携したものであろう。

前節でみた宗金のような博多商人が、日本国王使に深く関わっていることが、足利義政期にも引き継がれているのである。

あわせて確認しておきたいのは、あくまでも文渓正祐の属する南禅寺のために、大蔵経が請求されたという事実である。このように特定の「一禅刹」のために大蔵経を求めるというタイプの遣使が、以後通例になる。義政期には、次のような寺院に対する助縁（勧進）の請求、またはその寺院のために大蔵経を請求している。

一四五六年（美濃承国寺）・一四五七年（建仁寺）・一四五八年（天竜寺）・一四五九年（美濃一宮）・一四六二年（多武峯）・一四六三年（天竜寺）・一四六八年（薬師寺）・一四七四年（高野山西光寺）・一四八二年（大和円成寺）・一四八七年（越後安国寺）・一四八九年（京都般舟三昧院）

このように特定寺院の要求に幕府がこたえて頻繁に遣使しており、中にはその寺院の僧侶が使節に加わったケースもある〔丸亀金作―一九六六／堀池春峰―一九八二〕。また土岐氏からの要請があった美濃一宮のケース〔仲尾宏―二〇〇〇、四六～四七頁〕のように、大名による要請もあった。

右のようなタイプの使節派遣の意義を、これまでの検討を踏まえて見通せば、次のようになろう。

従来、朝鮮あての文書（あるいは朝鮮との交渉に際し）に、特定の寺院名を明記することはなかった。寺院の要求にこたえて大蔵経を請求するにせよ、それをどの寺院に与えるかは、幕府に決定権があったと思われる。あくまでも幕府が使節派遣を主導し、また義持の大蔵経板請求にみられるように、幕府側には寺院統制の意図が強かったとみられる。それに対し、義政期は、特定寺院の要求実現を代行する形で遣使している。使節派遣を求めて個々の寺院・諸大名らが幕府にはたらきかけることになり、村井氏が指摘されるように、幕府―将軍の求心力を高めていくことになる〔村井章介―一九九七c、二一三頁〕。注目したいのは、それが義政期に開始されることで、この時期に幕府―将軍の権威を高めるために、かかる形式の使節が派遣されたのであろう。

しかし、このことは両刃の剣であった。実際の使節運営を、要求する寺院・大名らの側に次第に委ねていけば、寺院側からみれば、幕府に、日本国王(「日本国源某」)から朝鮮国王にあてた国書を作成(「徳有隣」印の捺印が必要)してもらえさえすればよいことになる。使節派遣に占める幕府のウエイトはしだいに限定的なものになり、幕府のイニシアティブは弱まってくる。こうして日本国王使は、幕府(日本国王)派遣の使節であるという本来的な性格を次第に失っていき、その結果偽使を発生させる素地を生み出したのではなかろうか。

四　朝鮮貨幣を求めた日本国王使

ここで、視点をかえて貨幣の輸入について考えていこう。

日本中世の出土銭の大半は、中国からの輸入銭であるが、その中には朝鮮通宝のような朝鮮からの輸入銭も出土している。本章では、一五世紀、朝鮮王朝の時代を対象に、いかに銅銭を朝鮮から獲得していたかという点について、朝鮮側・日本側双方の史料から、いくつかの事例を紹介してみたい。

1　朝鮮における銭貨

まず、朝鮮における銭貨の発行や流通について、小葉田淳氏らの研究〔小葉田淳―一九七六/井上正夫―一九九二/須川英徳―一九九三〕によりつつ、簡単にみておきたい。

朝鮮では、高麗時代に「乾元重宝」や「海東通宝」などの各種の銅銭と銀銭、楮銭を発行した。銅銭は、中国からの輸入銭も含めて、民間の交易に使用されることはほとんどなかった。それに対し、銀の使用は拡大し、銀製の器物が宮廷の日用に用いられるだけでなく、女真族からの馬の対価や北宋への進奉物、あるいは高麗国王から王族・重臣への下賜物にも使用された。そして銀は秤量貨幣として使用されるようになり、高麗朝は品位・重量を保障する銀瓶を鋳造した。また民間の交易では、五綜布・五升布などと呼ばれる麻布が用いられ、納税にも使用された。

このような状況は、朝鮮王朝の時代になっても大きな変化はなかった。一四〇一年（太宗元）、朝鮮最初の楮貨（紙幣）制度が議定され、その流通を促進させる政策がとられた。また楮貨価の安定を図るために、銅銭の鋳造を行う議がなされ、一四二三年（世宗五）、朝鮮通宝の鋳造が開始された。慶尚道・全羅道に鋳銭所を設置し、私銭を禁ずるなどして、一五世紀前半は、その流通を図った。しかし、銀・布といった素材的価値に裏付けられた貨幣に親しんでいたため、貨幣は十分には流通しなかった。また民間の交易で使用された布は、木綿栽培の普及により、綿布を使用するようになり、王朝政府により、その規格が明文化された。

2　交易による銅銭獲得

一四三三年（世宗一五）、朝鮮国王世宗は、「銭幣之法」を歴代実施してきたが、流通していないため、法を用いて流通を図るべきとし、さらに「予聞、或有㆓銷鎔鋳㆑器者㆒、或有㆘売㆓与倭人㆒者㆖」と述べ、銅銭を銷鎔（溶解）して器物を鋳したり、倭人に売り与えたりする者がいるとしている（『世宗実録』巻五九、一五年正月壬申〈一八日〉条）。朝鮮の銅銭が、倭人に流出しているとの認識を、国王自身も持っていたことがわかる。

当時、朝鮮には多くの倭人が滞在・居留していた。その中には、日本からの使節一行に加わって漢城を訪れた商人や、三浦《さんぽ》（日本からの渡航船が停泊を許された三つの港）において塩・魚の交易をしていた対馬島民らがいた（関周一―二〇一二)。彼らが、朝鮮の官人や商人らとの交易を通じて、銅銭を入手していたものと思われる。

そこで王朝政府は、倭人に対する銅銭の使用を禁ずる政策をとった。一四二九年(世宗一一)、日本通信使朴瑞生の報告に基づく礼曹(六曹の一つ。祭祀や外交などを担当)の上啓によれば、対馬島の「商倭」が、「本国銭」(朝鮮通宝を指すか)と「歴代銭」を混ぜて交易していた。そのため礼曹は、今後、倭人が往来する処(三浦・漢城と、その間の交通路)における各官・各浦において、銭を使用して売買することの禁止を、国王世宗に要請している(『世宗実録』巻四四、一一年四月戊子〈一三日〉条)。また三浦の倭館において、商売人と通事(朝鮮側の通訳)らが禁物を扱っているという事態に対して、礼曹がその禁防条件を挙げているが、その禁物の一つに銅銭が含まれている(『世宗実録』巻四四、一一年六月己丑〈一四日〉条)。

しかし、その後も倭人は銅銭を使用していた。一四三一年(世宗一三)には、倭人金亡乃が、禁止されている銅銭一一貫・綿紬一五匹を倭人如豆多知に託して、日本に持ち去ろうとした。そのため、金亡乃は杖百の処罰を受け、銅銭は朝鮮政府に没収された(『世宗実録』巻五二、一三年四月癸卯〈九日〉条)。一四三三年(世宗一五)には、朝鮮銅銭を商倭に売り与えた者や、そのことを知りながら申告しなかった者に対する斬罪、検察しえなかった当該の官吏に対する杖罪百、申告者に対して綿布五〇匹を支給することが定められている(『世宗実録』巻五九、一五年正月己巳〈一五日〉条)。世宗の時期は、銅銭使用を励行しようとしていたが、そのことは同時に朝鮮を訪れた倭人が銅銭を入手することにつながっていたのである。

3 日本国王使による銅銭請求

次に、足利将軍の派遣した使節(日本国王使)が、朝鮮国王に銭貨を求めたケースをみておこう。

『看聞日記』永享三年（一四三一）七月二八日条には、次のような記載がある。

抑自二高麗一公方へ進物到来、鵝眼千貫・唐物重宝済々進云々、小人島之人其長一尺四五寸、歳五十許之小人来、
室町殿被二御覧一被レ預レ人云々、

足利義教の派遣した使節が、朝鮮から帰還した際に、朝鮮からの進物として鵝眼（銭の異称）一〇〇〇貫が到来したという。

一四五七年（世祖三・長禄元）、足利義政の使者全密・永嵩（ともに建仁寺僧）等九人が朝鮮にもたらした義政の国書によると、建仁寺の助縁を求めて、「五万緡之賜」を切望している（『世祖実録』巻七、三年三月戊寅〈一五日〉条）。この請願に対して、朝鮮国王世祖は、承政院（王命の出納を掌る）と対応を論じ、五万緡では多すぎるので、二〇〇〇緡（議政府の案）や三〇〇〇緡（承政院の案）にしてはどうかとの案が出され、承政院は先例を検討することになった（『世祖実録』巻七、三年四月乙未〈二日〉条）。結局、朝鮮国王からの答書では、「但本国銭幣、不レ行已久、公私所レ儲不レ敷、謹収二若干緡銭一」として、「銅銭一万貫」を送った（『世祖実録』巻七、三年五月戊子〈二六日〉条）。

この「銅銭一万貫」の行方については、『蔭凉軒日録』長享二年（一四八八）二月一〇日条に、次のような記載がある。

乃以二桂子一進二東府一、長禄年中自二高麗一一万貫奉加有レ之、雖レ然寂路庵云、借二寺家之号一寺家之煩費一銭亦無レ之、然者、彼一万貫之奉加者、可レ為二私物一也、白レ之、不レ出二寺家一、密西堂亦与二同之一、以レ故密西堂・寂路庵両人被レ行二闕所一、御二寄‐進于寺家一、嵩西堂難レ云二同渡一、不レ与二両人一、寺家為レ本、以レ故御褒美有レ之、乃建仁入寺之事被二仰出一、施二面目一、両人闕所分所々引散之故、纔三千余貫文寺納、

続いて同年二月一三日条には、以下のように記されている。

愚白、建仁寺修造之事、先日御尋有レ之、住持一行供二台覧一、自二高麗一建仁奉加一万貫文出レ之、渡船之煩費一向寺家不レ弁レ之、寂路庵弁レ之、以レ故彼一万貫文可レ為二私物一之由、白レ之、不二寺納一、密西堂亦与二同之一、嵩西堂訴レ之云、自二高麗一已為二寺家奉加一出レ之処、両人私仁受用、無レ謂、以レ故為二公方一被レ行二闕所一、御二寄‐進于寺家一、両人闕所分并船中取残物等、取集四千貫文有レ之、

右の二つの記事によると、朝鮮王朝から建仁寺奉加のために贈られた一万貫の銭は、寺家ではなく、寂路庵が弁じたため、正使の一人である全密西堂と結んで着服した。そのため寂路庵・全密に対する闕所の処分がなされ、寺家に三千余貫文（船中に取り残された分をあわせて四〇〇〇貫文）が寄進されたという（小葉田淳―一九七六、一六九～一七〇頁）（この史料については、橋本雄氏のご教示を得た）。

右の二例は銭貨が実際に室町幕府に贈られた事例だが、これ以後、朝鮮側はそれを拒絶するようになる。

一四六二年（世祖八）、足利義政の使節僧順恵が、朝鮮に派遣された。義政の書契には、兵火により焼失した大和の多武峰の復興のために、大蔵経を求め、再度、銅銭を求めている（『世祖実録』巻二九、八年一〇月庚午〈九日〉条）。朝鮮国王世祖は、順恵を引見した際に、大蔵経を贈送することは承諾したが、「銅銭則国不二行用一、将二索レ之以送与一」として、現在国家としては銅銭を使用していないので、探した上で送与すると答えている（『世祖実録』巻二九、八年一〇月甲申〈二三日〉条）。

一四六三年（世祖九）、足利義政は、使節俊超を朝鮮に派遣した。その際の書契には、前述した建仁寺の復興のために万緡を賜ったことに言及し、天竜寺再興の助縁を求めている（『世祖実録』巻三〇、九年七月辛丑〈一四日〉条）。俊超は、朝鮮側との交渉にあたり、「以二国王言一、求二銅銭一、欲レ重二新天竜寺一」として銅銭を求めたが、朝鮮側が「無レ儲」（たくはふるなし）と回答したのに対し、「銭者泉也、是謂二布泉一、不二必銅銭一、願得二布貨一足矣」と発言している。「銭は泉

であり、これを布泉という。したがって銅銭である必要はない、願わくは布貨を得られれば十分である」との論法で布貨による代替を求めているのである（『世祖実録』巻三一、九年閏七月辛巳〈二四日〉条）。また俊超は「我国凡干二布物一至二於衣服之破一者、無レ問二黒白青紫一、通謂二之銭一、今以二布貨一見レ賜、亦国王之望也」といい、衣服の破れに、黒や白などの色の違いは問わないものだという論理を持ち出し、布貨を賜ることが国王（足利義政）の望みだと主張している（『世祖実録』巻三一、九年閏七月丙戌〈二九日〉条）。世祖は、領議政申叔舟らと協議し、布貨六〇〇匹を与えることを決定した（『世祖実録』巻三一、九年閏七月甲申〈二七日〉条）。

このように、銅銭を現在使用していないということや貯えがないことを理由に、朝鮮側は銅銭を贈ることを拒否している。注目されるのは、俊超の発言の如く、布貨による代替を求めるようになったことである。一四六八年（世祖一四）には、足利義政の要請に応え、薬師寺の助縁として綿布・麻布各一〇〇〇匹・綿紬五〇〇匹が贈られている（『世祖実録』巻四五、一四年三月丁亥〈二七日〉条）。

4　守護大名の使節による贈与要請

以上、足利将軍の使節が銅銭を求めた事例をみてきたが、守護大名の使節が求めた事例もある。大内政弘・宗貞国の使節の例を次にみておこう。

大内政弘は、一四七三年（成宗四）、源周徳らを派遣し、清水寺の大殿営造の資として、「銅銭・綿紬・綿布等」を求めた（『成宗実録』巻三三、四年八月戊辰〈九日〉条）が、銅銭は「本国用いる所にあらず」という理由で賜与されていない（『成宗実録』巻三四、四年九月戊戌〈一〇日〉条）。また一四九三年（成宗二四）、兵資として「銅銭五千貫・木綿五千端」を求めている（『成宗実録』巻二八一、二四年八月癸酉〈一一日〉条）。

一四八三年〔成宗一四〕、宗貞国は特送として平国幸を朝鮮に派遣した〔対馬島主宗氏が朝鮮に派遣した特送については、荒木和憲―二〇〇七〕。宗貞国の書契には、将軍の命をうけて、「南蛮」に丹木などの種子〔胡椒・丁香など〕を求めて「南蛮」に遣使することになったことを述べ、その資として「青銅一万緡」の賜与を請願した〔『成宗実録』巻一五一、一四年二月辛巳〈一八日〉条〕。当時、朝鮮では香料〔特に胡椒〕に対する需要が高まり、日本からの通交者に対して、その種子を再三求めている〔本書第二章参照〕。貞国は、香料の種子の獲得を理由に、銅銭を求めたのである。

成宗の命により、朝鮮王朝の大臣たちは、その対処について議論し、「本国は銭貨を用いず、かつ儲ふる所多からず」や「銅銭は我国の産する所にあらずといえども、儲ふる所は多し」などの意見が出され、宗貞国の要請通りの賜与には難色を示す意見が大勢であった〔『成宗実録』巻一五二、一四年三月丙申〈四日〉条〕。結局、丙申年〔一四七六〕に宗貞国が綿紬・綿布一万匹を求めたのに対し、ただ綿紬五〇〇匹・綿布一〇〇〇匹を与えた例により、綿布一〇〇〇匹を贈った〔『成宗実録』巻一五二、一四年三月乙巳〈一三日〉条／巻一五三、一四年四月乙丑〈三日〉条〕。

宗貞国の事例でも、綿布が銅銭の代替になっている。それとの関連でいえば、この頃宗氏は、三浦に居留する民〔恒居倭〕に対し、綿布で貢納させている。その額は大戸で二匹・小戸で一匹であった〔『成宗実録』巻一九六、一七年〈一四八六〉一〇月丁丑〈六日〉条〕〔関周一―二〇一二〕。

おわりに

最後に、冒頭で述べた課題に対応して、本章を要約しておきたい。

本章では、足利義持・義教期を中心に、各時期の日本国王使の性格や朝鮮使節への対応を検討してきた。

足利義持期の日本国王使は、当初は報聘の意味あいが強かったが、まもなく大蔵経を請求する使節（請経使）となり、それが定着した。

足利義教の時期は、朝鮮（世宗朝）からの使節への答使（回礼の使節）は送らず、大蔵経を求める使節（請経使）のみ派遣している。消極的ともいえる幕府の姿勢を補完したのが、博多商人の宗金であり、通信使護送の任にあたっている。また日本国王名義の偽使が登場している。

義教期の特徴は、日本国王使の派遣よりも、通信使への対応に表れる。洛中の御所で朝鮮使節に接見して、使節や重臣・公家らに対して自己の権威を強く誇示しようとしたものと思われる。義教の権威を高めることは、朝鮮使節を一段低く見ることにつながり、通信使を朝貢使とみなす意識が表出した。

足利義政期は、特定の寺院の要求に応じて日本国王使を派遣した。派遣の運営を、寺院・大名らの側に委ねる形態をとるようになった。使節派遣に占める幕府のウエイトはしだいに限定的なものになった。日本国王使は、幕府（日本国王）派遣の使節であるという本来的な性格を次第に失っていき、偽使を発生させる素地を生み出したものと思われる。

右にみたように、日本国王使の主要な目的の一つは、印刷された大蔵経ないしは各種経典を朝鮮王朝に求めることにあった。

足利義持の時期に、日本国王使は請経使として定着した。そして義持は、出家後、大蔵経板の獲得に強い意欲を示している。大蔵経の請求の背景には五山などの寺院の要求があったものと推測される。義持が大蔵経板を強く求めていることには、経典や経板の獲得により、寺院の統制を強化する狙いがあったのではなかろうか。どの寺院に与えるかは、幕府に決定権があったと思われる。

足利義教の時期の日本国王使も請経使であり、大蔵経を朝鮮に求めた。

足利義政期は、特定寺院の要求実現を代行する形で遣使している。室町殿の権威を高めるために、このような形式の使節が派遣されたのであろう。

また銅銭についてみておくと、朝鮮王朝から銅銭を獲得する方法は、①足利将軍の使節（日本国王使）や守護大名の使節が、朝鮮王朝に直接贈与を要請する、②商人らの交易を通じて獲得するという二つがあった。朝鮮王朝の対応に応じて、布貨（木綿など）で代替できるという状況に転じてきたことも注目される。

ところで、日本が朝鮮王朝の時代に輸入した銅銭の大半は、中国銭との見解もあるが、本章で検討してきた史料をみる限り、朝鮮で鋳造されたもの（多くは、朝鮮通宝か）とみて差し支えないと思われる。

井上正夫氏は、前述した『成宗実録』巻一五二、一四年三月丙申条の「銅銭は我国の産する所にあらず」という朝鮮官人の発言を根拠に、「日本側の銅銭要求に対して朝鮮の回答では銅銭は朝鮮のものでないということが示されているから、この頃に朝鮮から支払われた銅銭のほとんどは中国銭であろう」と述べる〔井上正夫一九九二、二一一頁〕が、従えない。この発言は、現在朝鮮で銅銭を鋳造していない、という意であり、その後の「儲ふる所は多し」という言葉と対比される。他の官人が「本国は銭貨を用いず」として、鋳造自体を否定していないことにも注意したい。いずれにせよ、この発言のみで、井上氏のような推測に至るのは飛躍があろう。

このことを踏まえれば、日本側にとっては銅銭であることが重要で、中国銭であろうと、朝鮮銭であろうと大差はなかった、ということになるのではなかろうか（桜井英治氏のご教示による）。

注

（1）外交文書の作成者については、〔村井章介—一九八八／田中健夫—一九九六〕などを参照のこと。

（2）『太宗実録』巻八、四年七月己巳・一〇月壬辰・癸未条／巻九、五年六月是月条／巻一〇、五年一二月戊辰・戊寅条・巻一一、六年二月己巳・辛巳条（国王使は周棠）／同、二月戊子条（大蔵経請求。九州探題同時通交）／同、六月己未・甲申条／巻一三、七年二月辛亥・三月乙丑・五月壬戌条（大内徳雄同時通交）／巻一六、八年九月癸亥・甲子条（九州探題同時通交）／同、一〇月壬寅条。

（3）①『善隣国宝記』巻中／『看聞日記』応永三〇年六月七日条／『太宗実録』巻一八、九年一二月甲寅条／巻一九、一〇年正月丙戌・二月辛丑条。

②『太宗実録』巻二一、一一年正月丁亥・二月癸丑条／『老松堂日本行録』。

③『太宗実録』巻二二、一一年一〇月己酉・一二月丁亥条。

④『太宗実録』巻二七、一四年六月辛酉条／巻二八、同年七月壬午条。

⑤『老松堂日本行録』／『世宗実録』巻六、元年一一月庚申・一二月辛未・甲申・丁亥条／巻七、二年正月乙巳・閏正月乙亥・甲申条／巻一〇、同年一〇月癸卯・壬子・丙辰・丁巳・戊午・庚申・辛酉条。

⑥『善隣国宝記』巻中／『世宗実録』巻一八、四年一〇月丙申・一一月丙寅・己巳・己卯・一二月丁亥・己亥・癸卯条。

⑦『善隣国宝記』巻中／『世宗実録』巻二二、五年一一月庚子・辛丑・一二月辛亥・壬子・丙寅・丁卯・壬申・甲戌条／巻二三、六年正月戊寅・己卯・辛巳・壬午・癸未・乙酉・辛卯・癸巳・甲午・乙未・丙申・丁酉・戊戌・己亥・辛丑・壬寅・癸卯・甲辰・乙巳・二月丁未・己酉・庚戌・癸丑条。

⑧『善隣国宝記』巻中／『世宗実録』巻二六、六年一二月戊午条／巻二七、七年二月甲子・三月丁亥条／巻二八、七年四月庚子・己酉・辛亥・壬戌・乙丑・五月庚午・辛未・乙亥・戊寅・庚辰条。

（4）関連史料は、『善隣国宝記』巻中／『太祖実録』巻一二、六年一一月壬戌・一二月癸卯条／巻一五、七年一二月是月条／『定宗実録』巻一、元年五月乙酉条・六月条／巻二、同年七月朔・己丑・八月癸亥条／『続史愚抄』応永五年八月今月条。また『続史愚抄』同八年九月一六日条は、この時に関連したものか。

（5）関連史料は、『大日本史料』第六編之二七、貞治六年二月是月・四月一八日条／第六編之二八、同年五月二三日・六月二六日条

に掲出されている。『報恩院文書』『後愚昧記』『愚管記』『師守記』『善隣国宝記』巻上が、主要史料である。

(6) ①『世宗実録』巻四二、一〇年一二月甲申条／巻四三、一一年正月辛未・三月癸酉条／巻四六、同年一〇月壬寅・一一月辛酉・一二月乙亥・丙子・辛巳・己亥条／巻四七、一二年二月壬午・庚寅条／巻五二、六月乙未条／『満済准后日記』正長二年六月一九日条。

②『世宗実録』巻五一、一三年二月丙午・己未・三月庚午・丁丑条。

③『世宗実録』巻五六、一四年五月辛酉・壬申・癸酉・庚辰・六月壬辰・戊戌・己亥・庚子条／巻五七、同年七月壬午・八月乙未条／巻五九、一五年三月庚辰条／巻六〇、同年六月戊子条／巻六一、同年七月戊寅条／巻六二、同年一〇月乙卯条／巻六三、一六年正月庚寅・癸巳条／『薩戒記』永享五年正月二六日条／『続史愚抄』永享五年一二月今月条。

④『善隣国宝記』巻中／『世宗実録』巻八五、二一年四月丙午・五月辛亥条／巻八六、同年七月己酉・丁巳・戊午条／巻八九、二二年五月庚申・丙寅・庚午・六月壬午条／『蔭凉軒日録』永享一一年一二月二五・二六日条／同一二年正月一二・一八・二六・二八・二九日・二月一五・一八・一九日・六月一五日条／『建内記』同一二年正月一〇日・二月二九日条／『続史愚抄』同年正月一〇日条。

その他、一四三一年、斯波義淳の使者が、義教要求の品物の賜与を求めている（『世宗実録』巻五二、一三年五月癸未・甲申・庚寅・壬辰・六月癸卯・丁巳・己未・庚申条／『看聞日記』永享三年七月二八日条）。

(7)『蔭凉軒日録』永享一一年一二月二六日・同一二年正月一二日・二月一九日条／『建内記』永享一二年正月一〇日条。

(8)『蔭凉軒日録』永享一二年一二月二六日。『建内記』永享一二年正月一〇日条によれば「南面御会所」にて接見している。同日は、前関白・関白・前摂政以下の諸卿が歳首を幕府に参賀している。

(9)『世宗実録』巻九八、二四年一二月壬寅・庚戌条／巻九九、二五年正月己巳・戊寅・二月辛卯・乙巳・丁未条／巻一〇二、二五年一〇月甲午・丁酉・庚子・癸卯・甲辰・戊申・一一月丙寅・戊辰・己巳・辛未・癸酉・一二月壬辰・丁酉・壬寅・丁未条／巻一〇三、二六年正月辛亥・庚申条／『成宗実録』巻一〇一、一〇年二月丙申条／『保閑斎集』巻一／『康富記』嘉吉三年五月六日・六月一九日条／『建内記』同年六月二三日・七月六日条／『看聞日記』同年七月二一・三日条／『続史愚抄』同年七月二日条。

第四章　鉄砲の生産技術の伝来

はじめに

本章は、ヨーロッパで発明された火器のうち、鉄砲〈小銃〉に焦点を絞り、一六世紀における日本や中国・朝鮮への伝来や、戦争における鉄砲の活用などについて考察する。

鉄砲は、火縄銃とも呼ばれるが、当該期の日本史料では、「鉄炮」「鉄放」「手火矢〈大砲を意味する石火矢の対語〉」と表記されたり、銃身の形状に応じた「角筒」「丸筒」、玉目〈玉の重さ〉による「六匁筒」や、「南蛮筒」「異風筒」などの呼称がある〔宇田川武久―二〇〇二〕。また中国・朝鮮の史料では、「鳥銃」または「鳥嘴銃」と表記された〔村井章介―二〇一三a、第Ⅲ部第二章、二七七頁〕。中国で「鳥銃」と呼んだ理由は、鳥を狙撃できるほど命中精度に優れるためとも、火挟みの形態が鳥のくちばしに似るために「鳥嘴銃」と称したことから転じたともいわれる〔春名徹―一九九三〕。

日本への鉄砲伝来については、歴史学〈とりわけ日本史分野〉のみの研究課題ではなく、銃砲史などからも多くの関心をひき、研究が積み重ねられてきた。一九九〇年代に入って、歴史学研究において、鉄砲伝来の経緯やその意義について再検討が始まり、新たな研究段階に入った。

その口火を切ったのが、鉄砲を倭寇が伝えたものとする宇田川武久氏の指摘である。宇田川氏は、後期倭寇の活動、ことに王直や荒唐船（宇田川氏は、この語句を使用していない）に注目した。そして種子島に伝わったとされる鉄砲の形式が、当時ヨーロッパで用いられたものではなく、東南アジアで使用されていた形式であることを踏まえ、鉄炮は倭寇によって日本に持ち込まれたものであるとしたのである〔宇田川武久―一九九〇・九三〕。こうして鉄砲伝来における倭寇の果たした役割が、クローズアップされることになる。

それに対して村井章介氏は、鉄砲伝来に関する文献史料（後述）の再検討を試みた。村井氏は、倭寇の役割を重視する宇田川氏の見解に、一定の共感を示しながらも、ヨーロッパ人との出会いが大きな意味を持っていたことに変わりはないとしている。その根拠として、鉄砲を武力の中心とするポルトガルやスペインなどヨーロッパ勢力が、倭寇などアジアの海上勢力とは異質であったことを挙げた〔村井章介―一九九七ａｂ〕。

このような近年の研究をみた上でも、数少ない文献史料（しかも相互に矛盾点をはらむ日本側・ヨーロッパ側史料）から探ることの限界もあって、鉄砲伝来の実像をとらえきれていないように思われる。従来の諸研究をみると、

（一）ヨーロッパ人（ポルトガル）が初めて日本を訪れたこと、
（二）鉄砲がモノ（商品）として伝えられたこと、
（三）鉄砲生産の技術（生産システム）を受容したこと、
（四）鉄砲の生産が、組織的に行われたこと、

という諸点が、十分に区別されずに議論されてきたきらいがあった。特に（二）（三）の持つ意味は、ほとんど検討されてこなかったように思う。たとえば、（二）から（三）へは、けっして必然的に進むものではない。ある地域で、兵器として鉄砲が必要だったとしても、それを輸入によって賄うことができる。また日本国内で生産したいと考えても、そのために必要な原材料を入手しなければならないし、それを製品として加工するための技術が必要である。こ

れらの諸条件を満たさない限り、鉄砲を生産することは不可能なのである。このように鉄砲の生産システムを導入したことに重点をおいた研究は、ほとんどみられない。なお、本章の旧稿〔佐々木稔―二〇〇三〕発表後、清水紘一氏が、火縄銃の入手過程や模造段階に言及している〔清水紘一―二〇〇八、第二部第三章〕。

生産システムの導入という視点については、東南アジア史の研究者である生田滋氏が、次のように指摘されている。

なおここで注意しておきたいのは、大砲、鉄砲の導入は、それとともに火薬の原料としての木炭、硫黄、硝石、銃丸の原料としての鉛、火縄の原料としての綿糸などを供給するシステムが確立しないかぎり不可能だということである。例を日本にとってみると、これらの原料、原材料のうち、火薬の原料としての木炭、硫黄は豊富に産出するが、その他の原料、とくに硝石と鉛の供給は来航するポルトガル船に仰いでいたのである。また大砲、鉄砲ともに最初は「輸入品」を使用していたに違いないが、それを「国産化」する場合には、それなりの技術水準が必要である。日本の場合でも種子島には原材料である砂鉄、製鉄の技術、鉄製品の製造の技術はあったが、尾栓のねじ切りの技術がなく、これをポルトガル人に教わって初めて鉄砲の製造が可能になったのである。〔生田滋―二〇〇一、八八頁〕

鉄砲の生産システムに注目した示唆に富む指摘であり、日本で生産を可能にした諸条件を挙げている。砂鉄を原材料とするなど、訂正を必要とする指摘もある（後述）が、生田氏の提言を具体化していくことが求められている。

さらに種子島の交流について考察を検討した徳永和喜氏の次の指摘にも、留意しておきたい。

私たちは、「鉄砲の伝来」と「鉄砲の製作の完成」というまったく次元の異なる二つの事象を混同しているのではないか。換言すれば、文化受容の問題を見落としているといえる。一つの文化が他の文化と接触するときには、全面受容、部分受容ないし拒否の三つの反応が考えられる。鉄砲の伝来は、「種子島に存在した文化」と「異質のしかも高度な西洋文化」の接触としてみるべきで、これはけっして伝播ではない。受容されるべきものとして伝わったものではないからである。

そして徳永氏は、鉄砲の伝来が、なぜ「鉄砲の製作」に結びついたのか、という理由について、完成された刀鍛冶の技術および豊富な鉄（砂鉄）資源による「鉄の文化の存在」であり、未知のしかも高度な技術を要するものをただちに模倣する高い文化が存在したこと、さらに、この刀鍛冶の技術に、試作に挑む人々の「情熱と叡智」が加わったとする〔徳永和喜―一九九〇、二二六頁〕。

このような生産技術に関する先学の指摘を踏まえて、本章では、理工系の研究者と歴史学の研究者による共同研究による成果〔佐々木稔―二〇〇三〕（以下では、前著とする）によりながら、鉄砲が伝来した時の生産システムを解明し、それを可能にした諸条件（技術的・歴史的条件）を明らかにしていこうというものである。東アジア海域の交流史という視点から、鉄砲の生産システム伝来を考察していきたい。

そして中国・朝鮮への鉄砲伝来にも目を向けることで、鉄砲伝来をアジアの視点から位置づけていきたい。

一　東南アジアへの鉄砲伝来

一六世紀初期、ポルトガル船の進出にともない、東南アジアにも火器が伝わった。港市を支配する王国は、火器の操作の訓練を積んだ傭兵を雇用した。傭兵は、主としてヨーロッパ人から構成された〔アンソニー・リード―一九九七〕。佐々木稔氏は、火器を必要としたのは、大きな王国の傭兵部隊と、海上交易に関わる商船であったと推測し、前者は大砲・火縄銃（鉄砲）、後者は小口径の青銅製鉄砲とマスケット銃・アルケブス銃が使用されたと想定した〔佐々木稔

―二〇〇三〕。これらの鉄砲は、現地での生産が開始された。

日本に伝来した鉄砲は、ヨーロッパの軍用銃ではなく、マラッカ製の銃で、頬付け式のタイプ〔アルケブス銃〕が日本に伝来したものと推測されてきた〔所荘吉一九九六など〕。種子島開発総合センターに展示されているポルトガル人から入手したとされる「初伝銃」と、矢板金兵衛作といわれる最初の模造品は、ともに頬付け式の鉄砲である。的場節子氏は、密林での狩猟という条件のもとで、上を向いての射撃用に開発された鳥銃が日本に伝来したものと想定した。それはマラッカで現地生産されたもので、ポルトガル人が携帯して種子島に伝えた鉄砲は、この鳥類狩猟用の銃であったとする〔的場節子二〇〇七、一五八〜一五九頁〕。ただし当時、鉄砲が、軍事用と狩猟用に截然と分かれていたとすることには、疑問が残る。

最近、中島楽章氏は、ポルトガルのライナー＝ダーンハルト氏による日本式火縄銃の起源と系統についての研究を紹介している。以下、その概要を触れておこう。

ゴアをはじめとするポルトガルの火器工廠では、攻城用の巨砲から火縄銃まで、さまざまな火器が製造されていた。特に東南アジアでは、機動性が高い火器が歓迎され、それに応じてポルトガルがアジア各地で現地生産した火縄銃は、機関部が銃床の側面に取りつけられ、火ばさみが前方に倒れる瞬発式であった。点火機関はボヘミア式火縄銃と同じであるが、ボタンではなく引金を用いている。この種の火縄銃を「インド―ポルトガル式火縄銃」と称する。

ポルトガル人が種子島に伝えた火縄銃も、ゴアやマラッカなどの火器工廠で現地生産された、インド―ポルトガル式火縄銃であったと考えられる。日本式火縄銃は、インド―ポルトガル式を原型とし、火ばさみが銃口側に落ちる瞬発式で、床尾が短い頬付け式であったが、機関部にV字型の二枚バネを用いるのが特徴であり、バネを銃床に内蔵した「内からくり」も製造された。

ただしインド―ポルトガル式と同じような、一枚バネの「南蛮筒」も伝存し、種子島に伝来した火縄銃をモデルとした国産品のほか、東南アジア方面からの輸入品もある〔中島楽章―二〇一三b、一〇九～一一一頁〕。ダーンハルト氏の学説は、管見の限りでは、日本の銃砲史研究において十分に検討されていない。今後の検証を期して、本書ではこの所説を紹介することに留めておきたい。

二　鉄砲伝来に関する文献史料（一）――ヨーロッパ側史料――

次にポルトガル人の日本への来航と、鉄砲の伝来に関する史料を確認しておこう。

近年、伊川健二氏が、鉄砲伝来に関する史料と論点を集成し〔伊川健二―二〇〇八・〇九〕、「鉄砲伝来伝説」の系譜を整理している〔伊川健二―二〇一三〕。本章では、先行研究が注目した主要な史料について検討していくことにしたい。

ヨーロッパ側史料では、まずエスカランテが、ポルトガル人のディオゴ＝デ＝フレイタスから入手した情報史料1が挙げられる〔岸野久―一九八九〕。

〔史料1〕

（1）彼〔フレイタス〕と一緒にそこ〔シャム〕にいた中の、ポルトガル人二人がチナ沿岸で商売しようと一隻のジャンクで向ったが、彼らは暴風雨にあってレキオスのある島へ漂着した。そこで彼らはその島々の国王から手厚いもてなしを受けた。それは、シャンで交際したことがある〔レキオ人の〕友人たちのとりなしによるものであった。彼らは食料を提供され立ち去った。

（2）これらの人々が〔レキオ人の〕礼儀正しさや富を目撃したことから、他のポルトガル商人たちもチナのジャンクに乗って再びそこへ行った。彼らはチナ沿岸を東に航海し、さきの島へ着いたが、今回は上陸を許されず、持参した商品とその値段の覚書を提出すべきこと、及び代金は直ちに支払われることが申し渡された。ポルトガル人たちはそのとおり提供したので、支払いをすべて銀で受け取り、食料を与えられ、退去を命ぜられた。

〔岸野久―一九八九、二六〜二七頁〕

右の（1）（2）は引用者の注記で、第一回目・第二回目の渡航を示している。

岸野久氏によれば、史料1は、次のような経緯のもとで作成された。メキシコ副王アントニオ＝デ＝メンドサは、一五四二年一一月にメキシコからアジアへ向けてルイ＝ロペス＝デ＝ビリャロボス艦隊を派遣した。エスカランテは、その艦隊の一員で、商人頭という地位にあり、軍事面でも活躍した。艦隊は、一五四三年二月、ミンダナオ島に到達し、二度にわたってメキシコへの帰路の開拓に努めたが失敗し、一五四五年一一月、ティドレ島でポルトガル人に投降した。同艦隊の乗組員はヨーロッパに送還され、アンボイナ、マラッカを経て、一五四八年八月、リスボンに到達した。エスカランテは同地で同艦隊の遠征報告をまとめ、メキシコ副王に送った〔岸野久―一九八九、一九頁〕。

史料1はその報告書中の文章だが、エスカランテが、ポルトガル人のディオゴ＝デ＝フレイタスから入手した情報である。フレイタスは一五四四年一一月にテルナテ島に弟とともにやってきた。この地とエスカランテが滞在したティドレ島との距離は約二〇キロほどである。フレイタスは、一五四四年一二月にビリャロボスと会談しており、おそらくこの頃、史料1でみた情報を入手したものとみられる〔岸野久―一九八九、二〇頁〕。したがって、史料1は、フレイタスのオリジナルな情報に近いものとみなすことができよう。

史料1の内容を整理すると、次のようになる。

（1）については、

①シャムを出発して、チナ〔中国〕方面へ向かった。
②船は、〔中国式〕のジャンクである。
③乗船したポルトガル人は、二人である。
④暴風雨にあってレキオスのある島へ漂着した。
⑤シャムで交際したことのあるレキオ人のとりなしで、島々の国王から歓迎された。
⑥彼らは、食料を与えられて、帰還した。

（2）については、

⑦他のポルトガル商人が、チナのジャンクに乗船した。
⑧彼らは、再度「さきの島」〔レキオスのある島〕へ行った。
⑨今度は上陸は許されず、持参した商品を売却し、銀で決済された。すなわち貿易が行われた。
⑩彼らは、食料を与えられ、退去を命じられた。

史料1には、年次が記されていないが、シュールハンマー氏は、フレイタスが一五四四年八月にマラッカを発して、テルテナに向かったことから逆算して、史料1の（1）＝第一回目の渡航を一五四二年、（2）＝第二回目の渡航を一五四三年とした。そして一五四二年にレキオスが発見されたものと解釈する。このレキオスは、琉球を指すものと考えられる。シュールハンマー氏は、一五四二年に日本発見は行われなかったと考え、史料3の『鉄炮記』に基づいて、第二回目に、種子島に来航したとした〔岸野久―一九八九、三〇～三二頁〕。

一方、所荘吉氏は、「レキオスのある島」を阿久根にし（この点は、後述）、一回目を阿久根、二回目を種子島とした〔所荘吉―一九九九〕。

しかし洞富雄・村井章介両氏が指摘したように、史料1では、（2）においても、「そこ」「さきの島」すなわち「レキオスのある島」に来航している。すなわち二度の渡航地は同一であることになり、シュールハンマー・所両氏のように（1）（2）を異なる場所に来航したものとみることは困難である〔洞富雄―一九九一、三〇〇頁／村井章介―一九九七a、一一二〇頁／同―二〇一三a、第Ⅲ部第二章、二七三頁〕。しかもシュールハンマー氏は史料1とは別個の『鉄炮記』（後述の史料3）という日本側史料を根拠に、二度の来航の地点を異なる場としているのは、論証上、無理がある。

また「レキオス」の示す領域を考えると、当時の琉球王国の支配領域は、北側の奄美諸島を含んでいる。たしかに種子島自体は琉球の領域ではないが、この地も含めて九州の西南につながる島々を、漠然と「レキオス」と呼んだ可能性――中国人・ヨーロッパの人々がそのように認識した可能性はある〔村井章介―一九九七a、一一二六頁／同―二〇一三a、第Ⅲ部第三章、二八八～二八九・三〇七頁注(20)〕。

もう一つのヨーロッパ側史料は、ポルトガル人アントーニオ＝ガルヴァンが、一五六三年に刊行した『諸国新旧発見記』中の一文である。

〔史料2〕『諸国新旧発見記』

一五四二年、ディオゴ＝デ＝フレイタス、暹羅国ドドラ市に一船のカピタンとして在りしとき、その船より三人のポルトガル人、一艘のジャンクに乗りて脱走し、シナに向かえり。その名をアントーニオ＝ダ＝モッタ・フランシスコ＝ゼイモト・アントーニオ＝ペイショットという。北緯三〇度余に位置するリャンポー市へ入港せんとて行きたるに、後ろより非常なる暴風雨襲来して、彼らを陸より隔てたり。かくの如くにして数日、東の方三二度の位置に一島を見たり。これ人のジャポンエスと称し、古書にその財宝につきて語り伝うるジパンガスなるが如し。しかして、この諸島、黄金・銀その他の財宝を有す。

史料2は、ポルトガル人アントーニオ＝ガルヴァンが、一五六三年に刊行した『諸国新旧発見記』中の一文である。フレイタスの行動が述べられているところからみて、情報源は史料1と同一とみてよいだろう。ただし、史料1に比べて簡潔で、推測や未確認情報を排した様子がうかがえる〔加藤榮一―一九九五、二三六頁〕。ガルヴァンは、一五四〇年までモルッカ提督として香料諸島のテルナテ島に赴任していた。離任後、リスボンに帰っているので、フレイタスに関する情報を間接的に耳にしたものとみられる〔村井章介―一九九七a、一一一〇頁／同―二〇一三a、第Ⅲ部第二章、二七二頁〕。

史料2からは、次の内容が注目される。

①ポルトガル人の出発地がシャムである。

②本来の目的地は、北緯三〇度余に位置するリャンポー（双嶼）であった。

③彼らの乗ってきた船が、ジャンクであった。

④ポルトガル人を三名として、具体的な名を挙げている。

⑤激しい暴風雨にあい、北緯三二度に位置するジャポンエスを見た。

このうち、①と③は、史料1①②と共通している。他の三点は、史料1に比べて具体的になり、ポルトガル人は二名から三名にかわって、名前が挙げられている。

史料1との主要な相違点を整理すると、次の四点になる。

①一五四二年というように年次が明記されている。

②一度目に渡航したポルトガル人は、アントーニオ＝ダ＝モッタ、フランシスコ＝ゼイモト、アントーニオ＝ペイショットの三人である。

③目的地は、北緯三〇度余に位置するリャンポー市である。
④暴風雨に遭った後、東の方三二度の位置に一島を見たことの四点である。

所荘吉氏は、史料1や後述の史料3にみられるポルトガル人の二度の来航地は、いずれも種子島であるとしていた〔所荘吉―一九八六〕が、その後、第一回目は一五四二年に阿久根に漂着し、二度目の一五四三年に種子島に漂着して鉄砲を伝えたと自説を修正した。所氏は、史料3の『鉄炮記』は、成立時期が一七世紀初頭に下り、史料的価値が低いという判断から、史料1・2のヨーロッパ側史料に重きをおき、ヨーロッパ側の史料に、一回目の来航で鉄砲伝来のことが記載されていないため、第一回目の漂着では鉄砲伝来はなかったとした〔所荘吉―一九九九〕。

所氏は、史料2の⑤に注目して、一五四二年の第一回目の渡航地は、種子島ではなく、北緯三二度に位置する薩摩の阿久根〔現鹿児島県阿久根市〕と解した。また史料2には、鉄砲伝来のことが述べられていないため、『鉄炮記』のいう一五四三年、すなわち二回目の渡航時に鉄砲は伝来したものだと解した〔所荘吉―一九九九〕。

さらに所氏は、阿久根の護岸堤防の波打ち際から発見された大砲に注目した。ポルトガル王室の紋章や天球儀の紋章から、一五二〇年頃に製造されたポルトガルの大砲であるとした。後ろから弾薬を詰める形式であるため、インドのゴアの鋳造所で作ったものと想定する。そしてこの大砲は、一五四二年に三人のポルトガル人が乗っていて難破した船が阿久根の海岸に座礁した際に捨てられたものだと推測した〔所荘吉―一九九九〕。

だが、史料2には、「東の方三二度の位置に一島を見たり」とあり、「この地に漂着した」とは記されていない。漂流の途上の記述であり、さらに別の地に漂着した可能性もある。また史料1では、二度の渡航地が同一であったことが述べられているが、所説は二度目の渡航地は種子島としているので、この点も矛盾する〔前述〕。

したがって一五四二年に阿久根に渡来したとする説は、成り立たない。ただし、ここで留意しておきたいのは、阿久根が、南九州の交通・交易において、重要な拠点であったことである。所氏は、ヨーロッパ側史料（後述）を紹介している〔所荘吉―一九九九〕が、その史料よりも、さらに早い史料がある。

相良氏の家臣である的場内蔵助が記した『八代日記』には、天文一三年（一五四四）の箇所に次のような記述がある〔田中健夫―一九九七、第五章も参照のこと〕。

七月廿七日ニ阿久根ニ唐舟着候、又廿九日ニモ着候、

九月十四日、阿久根の唐舟出舟仕候、

種子島へのポルトガル人渡来（二度目）の翌年にあたる記事だが、頻繁に阿久根に「唐船」が往来していた様子がうかがえる。この「唐船」は、おそらく中国人海商（密貿易者）によるジャンク船であろう。したがって、種子島と同様に、阿久根は、中国人海商、すなわち後期倭寇が入港する場であったことがわかる。

また所氏が紹介した、一五六二年一〇月二五日（永禄五年九月二八日付）の「イルマン＝ルイス＝ダルメイダが横瀬浦より耶蘇会のイルマン等に贈りし書翰」（『イエズス会日本通信』上）には、次のような記述がある。

アフオンソ＝バズと称するポルトガル人の船碇泊しゐたる、約二十レグワの阿久根に行かんとしてこの町を出でしが、天候不良なりしため約十三日間を要し、日本船内に眠りしこと多かりき。（中略）阿久根に着きて同書に在りしかのポルトガル人より歓迎を受けたり。領主がこのポルトガル人に厚遇を与へんため、我等は彼を訪問し、またいかなる人ならんかを、知らんと欲し、彼にデウスのことを語りしに、我等を歓待して食事を饗したり。

（後略）

一五六〇年代初頭には、阿久根にはポルトガル人が居住していたことを示す記事であり、阿久根が貿易上の拠点であったことがわかる。

さて、史料1・2以後のヨーロッパ側史料について触れておこう。

一六一四年、フェルナン＝メンデス＝ピントは、リスボンで『遍歴記』（『東洋遍歴記』）を刊行し、種子島や鉄砲伝来などについて詳しく述べている。ピント自身が日本を訪れたことは事実であるが、同書には彼が経験していなかったことを、あたかも自身が経験したように記されている。ジョアン＝ロドリゲスが一六二〇年代に著した『日本教会史』第四章において、ピントの書は「虚偽の著書」とされ、「真実を語るよりは寧ろ娯楽のために作られたりと考うべきその書に述ぶる諸事の虚偽なる如く、これ亦佯《いつわ》りをいえるものなり」と厳しい評価が与えられている。

もっともピントの記述すべてが信頼に耐えないというものではない。岡美穂子氏は、『遍歴記』から、双嶼を追われたポルトガル人たちが広州沿岸に定住地を得るまでの過程と、当該期の東アジア海域の商人や宣教師の活動を明らかにした。一五四九年のザビエルによる日本へのポルトガル船誘致、それを受けてポルトガル人が集団で中国＝日本海貿易を始めた一五五〇年を、本格的な南蛮貿易の始まりとしている〔岡美穂子―二〇一〇、第I部第二章〕。

また『日本教会史』には、

ヨーロッパ人にして日本諸島最初の発見者はポルトガル人なり。

と述べて、一五四二年のアントーニオ＝ダ＝モッダ・フランシスコ＝ゼイモト・アントーニオ＝ペイショットの漂着について触れ、

この船は種子島という薩摩近海の一島に入港し、そこにポルトガル人鉄砲の用法を教えたりしかば、間もなく日本中に普及したりき。この島には今もなお鉄砲の製法を教えたるポルトガル人の名伝えらる。

としている。一七世紀初頭に至って、ポルトガル人三人が日本を発見したこと、そして漂着地が種子島であり、その際に「鉄炮の用法」が種子島に伝来したという認識が、ヨーロッパで定着していったことがわかる。史料1のレキオ

スは、同書ではリウキオ（琉球）とされている。

三　鉄砲伝来に関する文献史料（二）——日本・中国側史料——

次に、日本側史料についてみていこう。その代表的なものは、『鉄炮記』である。『鉄炮記』は、薩摩島津氏に仕えた大竜寺の禅僧南浦文之が記したもので、一六四九年（慶安二）成立の『南浦文集』や、『種子島家譜』巻四（『鹿児島県史料』旧記雑録拾遺、家わけ四所収）に収められている。『鉄炮記』編纂の時期が、一六〇六年（慶長一一）に下ることや、編纂の動機が種子島時堯の鉄炮入手を記念して、孫の久時が顕彰の意を込めて書かせたものであることから、本書の価値を低くみる見解も根強い。宇田川武久氏は、次のような見解を述べている。

> この慶長十一年という時期は、砲術諸流が覇を競っている、いわば砲術隆盛の時期であり、鉄炮の由緒につよい関心が払われていた。「鉄砲記」は、こうした世相を反映して編纂されたのである。したがってここから伝来当時の事実を信じることは難しい。むしろ「鉄砲記」は江戸初期の砲術の隆盛を伝えていると考えたほうが自然であろう。〔宇田川武久―一九九三、一三二頁〕

しかし、この点を踏まえたとしても、『鉄炮記』の記載の詳細さは、捨てがたい。久留島典子氏のように、「鉄砲の伝来がポルトガル人との最初の接触と結びついて記憶された」ことの意義を評価する見解もある〔久留島典子―二〇〇一、三二一頁〕。後述するように、鉄砲の生産技術伝来に関しては、唯一の文献であり、その内容もさほど不自然なものではない。

『鉄炮記』の主要な箇所を、読み下して掲げておこう。

〔史料3〕

（1）天文癸卯（一二年・一五四三）秋八月二十五丁酉、我が西村の小浦に一の大船あり。何れの国より来るかを知らず。船客百余人、その形類せず、その語通ぜず。見る者以て奇怪となす。その中に大明の儒生一人、名は五峯なる者あり。今その姓字を詳かにせず。時に西村の主宰に織部丞といふ者あり。頗る文字を解す。偶《たまたま》五峯に遇ひて、杖を以て沙上に書して云ふ、「船中の客、何れの国の人なるやを知らざるなり。何ぞその形の異なるや」と。五峯即ち書して云ふ、「此れは是れ西南蛮種の賈胡なり。粗《ほぼ》君臣の義を知ると雖も、未だ礼貌のその中に在るやを知らず。この故に、その飲むや杯飲して杯せず、その食ふや手食して箸せず。徒に嗜欲のその情にかなふを知りて、文字のその理に通ずることを知らざるなり。所謂賈胡一処に到れば輒ち止るといふ、此れその種なり。その有る所を以てその無き所に易ふる而已。怪しむべき者に非ず」と。

（2）賈胡の長二人あり、一を牟良叔舎と曰ひ、一を喜利志多侘孟太と曰ふ。手に一物を携ふ。長さ二、三尺。その体たるや、中通じ外直にして重きを以て質となす。その中は常に通ずと雖も、其の底は密塞を要す。その傍らに一穴あり、火を通ずるの路なり。形象、物の比倫すべき無きなり。その用たるや、妙薬をその中に入れて、添ふるに小団鉛を以てす。先に一小白を岸畔に置き、親ら一物を手にして、その身を修め、その目を眇《すがめ》にして、その一穴より火を放つときは、則ち立《たちどころ》に中《あた》らざる莫し。その発するや掣電の光の如く、その鳴るや驚雷の轟くが如し。聞く者その耳を掩はざるは莫し。一小白を置くは、射る者の鵠を侯中に捿くの比ひの如きなり。此の物一たび発せば、銀山も摧けつべし、鉄壁も穿つべし。姦宄《き》の仇を人の国になす者、これに触るれば則ち立にその魄を喪ふ。況んや麋鹿の苗稼に禍する者に於いてをや。その世に用ある者、勝げて数ふべからず。時尭これを見て以て希世の珍となす。
（3）時堯、その価の高くして及び難きことを言はずして、蛮種の二鉄炮を求めて、以て家珍となす。その妙薬の擣篩和合の法をば、小臣篠川小四郎をしてこれを学ばしむ。時堯朝に磨き夕に淬《きよ》め、勤めて已まず、嚮の殆ど庶き者、是に於て百発百中、一として失《はず》す者無し。
（4）時堯把玩の余り、鉄匠数人をしてその形象を熟視せしめ、月に鍛じ季に錬じ、新たにこれを製せんと欲す。その形制は頗るこれに似たりと雖も、その底のこれを塞ぐ所以を知らず。
（5）その翌年蛮種の賈胡復た我が熊野の一浦に来る。浦を熊野と名づくるは、亦小廬山・小天竺の比ひなり。賈胡の中、幸ひに一人の鉄匠あり。時堯以て天の授くる所となし、即ち金兵衛尉清定なる者をして、その底の塞ぐ所を学ばしむ。漸く時月を経て、その巻きてこれを蔵《おさ》むることを知る。是に於て歳余にして新たに数十の鉄炮を製す。

（1）は一五四三年（天文一二）八月二五日に、「西南蛮種の賈胡」（ポルトガル人）を乗せた大明儒生五峯（倭寇の頭目である王直）の船が、種子島の西村の浦に入港したことを記述した箇所である。（5）は一五四四年に再度「賈胡」が、種子島の熊野浦に来航したことを述べている。そして（2）〜（5）は、後述するように、鉄砲の生産技術の伝来に関わる部分である。次に右の記述を整理しておこう。
「天文癸卯（天文一二年・一五四三）秋八月二十五丁酉」、種子島の西村という小浦に、船客百余人を乗せた大船が入港した。その中に大明儒生五峯がいた。西村を治めていた織部丞は、砂の上に文字を書いて、五峯との間で筆談をした。織部丞は、乗船している客は、どこの国の人かを尋ねた。五峯は、彼らを「西南蛮種の賈胡」（ポルトガルの商人）と説明した。

織部丞の指示で、船は、島主の種子島時尭がいる赤尾木の港に入った。「賈胡の長」二人は、鉄砲を持参していた。二人の名は、「牟良叔舎」と「喜利志多侘孟太」である。なお、通説では、史料2の人名と対照させて、「牟良叔舎」はフランシスコ、「喜利志多侘孟太」はモッタに音通していると解されている。

彼らは、種子島時尭の目の前で、それを使用してみせた。鉄砲は鉛玉を、火薬を使って発射するもので、的を岸畔に置き、身を修めて目を眇にして、百発百中で的を撃った。時尭は、高額な鉄砲二挺を購入して「家珍」とし、家臣の篠川小四郎に火薬の調合の仕方を学ばせた。

さらに時尭は、「鉄匠」（鍛冶）数人に、鉄砲の鍛造を命じた。その結果、外形はよく似たものができたものの、底を塞ぐ技術（尾栓の製法）がなかった。

翌年、「蛮種の賈胡」が、種子島の熊野浦に来航した。「賈胡」の中に「鉄匠」が一人いた。そこで時尭は、（八板）金兵衛尉清定に、底を塞ぐ技術を学ばせた。その修得には時間がかかったが、一年余りの後、「数十の鉄炮」を製造することができた。

次に村井章介氏が紹介した中国側史料（明代の史料）の『日本一鑑』を挙げておく〔村井章介―二〇〇四〕。鄭舜功は、明の新安郡の人で、一五五六年（嘉靖三五）に来日した。『日本一鑑』は、その経験に基づいて撰述された日本研究書である。

〔史料4〕鄭舜功『日本一鑑』窮河話海、巻二、器用条

　曰手銃初出二則仏郎機国一、国之商人始教二種島之夷一所レ作也、

村井氏によれば、「仏郎機国」はポルトガルのことで、「国の商人」は倭寇にあたる。

四　鉄砲の初伝をめぐる考察――『鉄炮記』の検討――

1　宇田川武久説の検討

本章二・三節で紹介したヨーロッパ側史料の史料1・2と日本側史料の史料3とでは、ポルトガル人の来航した年次が一年ずれており、またヨーロッパ側史料では、鉄砲伝来は述べていないなど、双方の内容が異なっており、これまで数多くの議論を生んできた〔洞富雄―一九九一〕。

宇田川武久氏は、種子島に伝わったとされる鉄炮（宇田川氏は「鉄炮」と表記するので、以下の宇田川説の引用は「鉄炮」と表記する）が、東南アジアで使用されていた形式であることを踏まえ、鉄炮は倭寇によって日本に持ち込まれたものであるとし、種子島が唯一の伝来地ではなく、異なる鉄砲が九州各地に伝来したと述べた〔宇田川武久―一九九〇・九三〕。そして現存する炮術秘伝書や鉄砲の遺品の検討から、「種子島経由のものと異なる仕様や伝達経路をもつさまざまな南蛮流鉄炮が存在した。種子島への伝来は数多くあった渡来の一事例とみなすべきものである」とし、日本における外国銃砲の需要の過程は、外国銃が到来し、それを模倣し、やがて日本独自の銃砲を誕生させる経緯を辿り、これが鉄炮にみる南蛮文化の到来の実相である、と述べる〔宇田川武久―二〇〇四〕。

宇田川氏は、『鉄炮記』を引用しつつも、前述したように、成立年の慶長一一年に留意して、「したがってここから伝来当時の事実を信じることは難しい。むしろ『鉄砲記』は江戸初期の砲術の隆盛を伝えていると考えたほうが自然であろう」〔宇田川武久―一九九三、一三二頁〕として、その史料的な価値を低くみる。

だが『鉄炮記』の成立経緯や内容に踏み込まずに、成立年のみをもって右のような評価をすることには疑問がある。また慶長一一年という時点で、なぜ鉄砲の初伝地が種子島とされたのかについての理由が説明されていない。

宇田川氏も紹介している（宇田川武久―一九九三、一五〇頁）、（天文二二年以後の）三月五日付の二通の近衛稙家書状（『種子島家譜』『島津家文書』）をみておこう。

〔史料5〕

雖下不レ寄二思儀一候上、鉄放薬事、南蛮人直令二相伝一、調合無二比類一之由、被レ触二御耳一、武家御内書如レ此候、於レ無二相違一者、可レ為二御祝着一之旨候、聊以不レ可レ有二他言一由候、猶自二島津匠作（貴久）一可レ有二伝達一候也、状如レ件、

三月五日　（近衛稙家）（花押影）

種子島弾正忠（時堯）殿

（『種子島家譜』巻二）

〔史料6〕

雖下不レ寄二思儀一候上、鉄放薬事、南蛮人直令二相伝一、種子島（時堯）調合無二比類一之由、触二御耳一、武家御内書如レ此候条、令レ啓候、此趣被二伝達一、無二相違一者可レ然候、猶不断光院西堂（清誉）可レ有二漏脱一候也、状如レ件、

三月五日　（近衛稙家）（花押）

島津修理大夫（貴久）殿

（『島津家文書』〈『大日本古文書　島津家文書之一』二九二号〉）

この二つの文書によれば、近衛稙家が、足利将軍（室町殿）の意（「武家御内書」）を受けて、島津氏を介して種子島時堯に対して、火縄銃の火薬の調合法を幕府に伝えるように求めている。史料5は種子島時堯、史料6は島津貴久にあてたものである。

右の史料の年次は不明であるが、『種子島家譜』は史料5を天文一八年（一五四九）の箇所に載せている。しかし島津貴久が「修理大夫」（「匠作」は修理職の唐名）に任じられたのは、天文二一年六月ないしは八月とみなされるので、天文二二年以後の文書と解しておきたい〔洞富雄―一九九一、五八〜六一頁〕。

史料5・6から、種子島時堯が「鉄放薬」すなわち火薬の「調合」を「南蛮人」から直に相伝したという認識を室町殿が持っていたことがわかる。天文末年の京都において、種子島についてこのような認識が持たれていたことをどのように解したらよいのだろうか。この認識は史料3の（3）とも符合することであり、種子島に鉄砲が伝来したことの傍証になる。そして火薬の調合法を尋ねる相手として、種子島時堯が選ばれていることは、最初に種子島に鉄砲を伝来したことを暗に示しているのではなかろうか。

また鈴木眞哉氏が指摘するように、江戸時代において、「種子島」が鉄砲の代名詞になっていたことにも留意する必要がある〔鈴木眞哉―一九九七〕。ただし鈴木氏は、倭寇が鉄砲を持ち込んだとする宇田川説に賛成している。

2　清水紘一氏による分析

『鉄炮記』に関しては、清水紘一氏が丹念な分析をしている〔清水紘一―二〇〇一（初出一九八五）〕。清水氏によれば、『鉄炮記』の準備は、関係史料の散逸・同族有力者による行政文書の管理、宗家の主人権・領主権の脆弱性といった種子島家の内部事情の下で着手され、その準備体制は著しく不備であった。文之玄昌は、「老人記録」と「古老伝承」を主要な原史料とし、記録による事実と口伝による伝承を明確にして『鉄炮記』を記述しており、史実捏造といった極端な作為はなかったと推測する。ポルトガル人来航年代の根拠とした「老人記録」は、種子島家中の一所伝であり、史実混錯のまま作成された記録であった。文之玄昌は、史実の考証は第二義としていたため、その記録の見解がそのまま反映されたものと想定する。

そして清水氏は、種子島家の家政事業として編纂された『種子島家譜』が、天文一二年（一五四三）の箇所に『鉄炮記』を引用していることを吟味する。『島津貴久記』が天文一一年にかけている禰寝重長の種子島侵攻事件（後述）を、『種子島家譜』では天文一二年にしている。『種子島家譜』が、種子島時堯の屋久島逃亡と種子島帰還を天文一二年とするのは不自然なことだが、それは鉄砲伝来と禰寝氏の侵攻が同年の出来事であったという歴史的記憶と、鉄砲伝来を天文一二年とする『鉄炮記』の記載を合わせようとしたことによるものと推測する。そして清水氏は、禰寝氏の侵攻を天文一一年のこととし、鉄砲伝来も同年のことと結論づけた。

清水氏は、右の論考を発表後、「八板氏系図」（鹿児島県西之表市の八板千鶴子氏所蔵）と「徳永氏系図」（同氏所蔵）などについて考察を加え、また後述する中島楽章説への反論を著し、それらの論考を集成している〔清水紘一―二〇〇八〕。

3　村井章介氏による分析

村井章介氏は、ヨーロッパ・日本・中国史料の再検討を行い、種子島へ「西南蛮種の賈胡」が来航したのは、『鉄炮記』（史料3）の記述を一年前にずらして天文一一・一二年としても、史料間に矛盾は生じないとした〔以下、村井章介―一九九七ａｂ／同―二〇一三、第Ⅲ部第二章〕。

史料3では、最初のポルトガル人の渡来を、「天文癸卯」（天文一二・一五四三）と記している。村井氏は、『鉄炮記』においても、史料1と同様に、連年、再度にわたるポルトガル人渡来の記述があることに注目する。すなわち史料1では一五四二年と四三年、史料3では一五四三年と四四年にポルトガル人の渡来があったことになる。そして村井氏は、李献璋氏の指摘〔李献璋―一九六二〕を踏まえて、『鉄炮記』の中の「新貢三大船」の「三貢船」の箇所との間に時間的な矛盾をはらんでいるとした。「三貢船」とは、種子島時尭の「僕臣松下五郎三郎」が手に「鉄炮」を携えて、種子島を出発して入明したというもので、『鉄炮記』では天文一三年（一五四四）のこととしている。しかし「蛮種の賈胡」が再来したのは天文一三年のことで、そこから「歳余にして新たに数十の鉄炮を製」したとすれば、鉄砲の製造ができたのは天文一四年のことになってしまう。そこで、村井氏は史料3の年次を右のように一年前にずらす解釈をとったのである。

その結果、初度のポルトガル人渡来を一五四二年、再来を一五四三年、銃底を塞ぐ技術は一五四四年に習得されたことになり、種子島時尭の「僕臣松下五郎三郎」が同年に製造された数十丁の鉄砲のひとつを携えて「三貢船」に乗ることは十分可能だとした。こうして史料1と史料3はともに同じ〈連年、再度の渡来〉を語っているとしたのである。

また史料3の「五峯」は倭寇の頭目王直の号であるが、村井氏は、種子島に来航した船は、王直の経営するジャンク船であったことを確定する。史料2の「リャンポー」は、中国人密貿易商（後期倭寇）の拠点であった双嶼と解した、双嶼は、王直の拠点であった。すなわち、シャムでの貿易をした後、双嶼に帰還しようとして向かった王直の船に、ポルトガル人が乗船したのであり、その船は天文一一・一二年にシャム・種子島間を二往復したと想定したのである。

その後、村井氏は、『鉄炮記』とは別系統の史料である『歴代鎮西志』の天文一一年条に、種子島に鉄砲が伝来したとする記述があることを紹介した。また、前述の史料4を紹介した上で、鉄砲伝来とほぼ同時代の人である明人の鄭舜功による記述が、日本の鉄砲の起源を的確に説明していると評価した〔村井章介—二〇〇四〕。

前著において、筆者は、清水・村井両氏の指摘に従い、『鉄炮記』の記載の通り、種子島への鉄砲伝来が初伝であると考え、その年次を史料2に合わせて、史料3の年次を一年遡らせて、天文一一年（一五四二）として叙述した〔佐々木稔―二〇〇三／関周一―二〇〇四〕。本書においても、その理解を踏襲している。

4　中島楽章説

右の清水・村井両氏に対して、近年、中島楽章氏は、史料2と史料3とが同一事件の記録とみなすことに、疑問を提示している〔中島楽章―二〇〇五・〇九・一三a〕。ここでは、最初の論文にみられる主張の要点をあげておこう〔中島楽章―二〇〇五〕。

中島氏は、史料2と史料3とが同一事件の記録とみなすことへの疑問の根拠として、次の四点を挙げている。

（ⅰ）漂着・来航した人数の相違

史料2では三人のポルトガル人が日本に漂着したとするが、史料3では壱百余人の南蛮人が来航したと記し、「賈胡の長」二人の名をあげる。

（ⅱ）史料2では、暴風雨により日本に漂着したとするが、史料3は暴風雨による漂着という様子はうかがえない。

（ⅲ）史料2ではポルトガル人の漂着地を北緯三二度とするが、史料3で来航地とする種子島南端は、北緯三〇度二〇分に当たる。

（ⅳ）史料3に詳述されている鉄砲伝来に関する記事は、史料2には一切ない。

そして、史料2と3を同一事件の記録とみなした主要な根拠である人名の一部の一致にも疑問を投げかける。前述したように、史料3の「牟良叔舎」（ムラシャクシャ）はフランシスコ（ジモト）の、「（喜利志多）佗孟太」は（アントニオ）ダ・モッタの音訳とみなされてきた。だが、前者の音はかけ離れている。後者についても、Ｃ・Ｒ・ボクサー氏の「ポルトガルにおけるモッタとは、（イギリスにおける）ロビンソンやスミスのようなもの」であり、こうした一般的な姓から同一人物とみなすことは難しいとする見解を引き、同姓の別人である可能性も高いとする。

そして、中島氏は、ヨーロッパでは通説の位置を占めるというシュールハンマー氏の学説を踏まえる。シュールハンマー氏は、フレイタスが一五四四年八月にマラッカを発して、テルテナに向かったことから逆算して、史料１の（１）、すなわち第一回目の渡航を一五四二年、また同（２）、すなわち第二回目の渡航を一五四三年とした。そして一五四二年にレキオスが発見されたものと解釈する。このレキオスは、シュールハンマー氏も日本の歴史学界においても、琉球を指すものと考えている。前述したように、シュールハンマー氏は、一五四二年に日本発見は行われなかったと考え、史料３の『鉄炮記』に基づいて、第二回目に、種子島に来航したとした。

中島氏は、シュールハンマー氏と同様に、レキオス＝琉球として、史料１・２の記述は、琉球に来航したものと理解する。その後、史料３の種子島への来航が二度行われたものとする。そして清水説が、禰寝氏の侵攻の年次に合わせて史料３の年次を一年前にずらしたことに対して、逆に史料３にあわせて禰寝氏の侵攻を一年遅らせている。中島氏は、結論として次のような経過を想定している。

一五四二年（天文一一・嘉靖二一）

フレイタス船のポルトガル人二名、シャムから中国に渡航する途中、暴風雨により琉球に漂着（エスカランテ報告）。

一五四三年（天文一二・嘉靖二二）

ポルトガル人、琉球に再渡航するが、上陸を許されず退去（エスカランテ報告）。

〈八月〉ポルトガル人と明人五峯（＝王直）ら、種子島の西村浦に来航（『鉄炮記』）。
一五四四年（天文一三・嘉靖二三）
〈春〉ポルトガル人、種子島に再渡航、銃底を塞ぐ技術を伝授（『鉄炮記』）。

中島説については、清水紘一氏、村井章介氏による反論がある〔清水紘一―二〇〇八、第一部第二章／村井章介―二〇一三a、第Ⅲ部第三章、二八八～二九二頁〕。史料2と史料3とを別個の事件とみなすことで、右のような経過を描き出したことは興味深い。だが史料2・3の内容の符合を単なる偶然とみなすには無理があると思われ、また村井氏が指摘するように、史料間の矛盾をそもそも認めないことにつながりかねない。本書では、前述したように、清水・村井説に立って、種子島来航の年次を一回目を一五四二年、二回目を一五四三年と考える。

五　鉄砲製造技術の伝播とその背景

1　鉄砲製造の技術

本章で強調したいことは、日本における鉄砲伝来が、単に鉄砲が商品として伝わったのみではなく、鉄砲生産システムが種子島に伝わっている点である。

『鉄炮記』（史料3）は、その経過を次の四段階で述べている。

①商品（兵器）として火縄銃を購入する。
②篠川小四郎が火薬の調合の仕方を修得する。

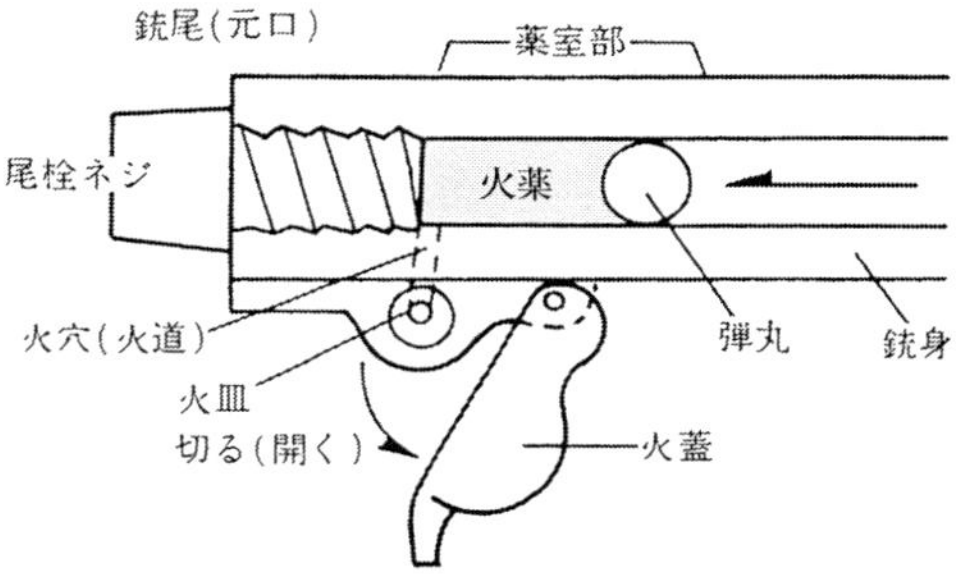

図１　火縄銃の構造（部分，峯田元治氏作成）
〔佐々木稔―2003，１頁〕

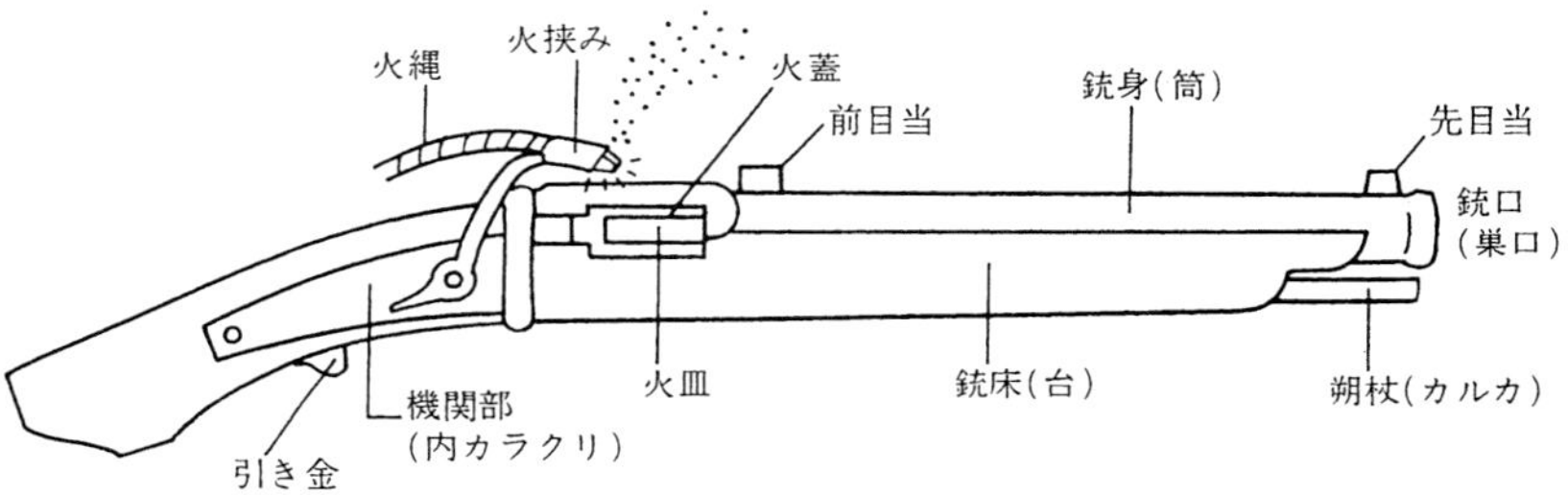

図２　火縄銃の構造（全体，峯田元治氏作成）〔佐々木稔―2003，１頁〕

③ポルトガル人から購入した鉄砲を模倣して銃身を鍛造する。外形を似せることはできたが、底を塞ぐ尾栓を造ることはできなかった。

④「蛮種」の「鉄匠」が種子島を訪れ、矢板金兵衛に尾栓のネジの作り方を教えた。それによって、火縄銃一丁を鍛造することができた。

前節の考察から、生産システムの伝播が完了したのは、④の天文一二年（一五四三）になる。技術の移転は、それを構成する要素をたった一つ欠いただけでも成り立たない。その意味からも一五四三年という年が画期的な意味を持つのである。

前著では、技術史の視点から、鉄砲初伝の製作技術を探った〔佐々木稔―二〇〇三〕。その要点を述べておこう。

『鉄炮記』の記述にもあるように、鍵となるのは尾栓ネジ、特に雌ネジの製作技法である。ネジ切りは外来の技術で、それまで日本列島内

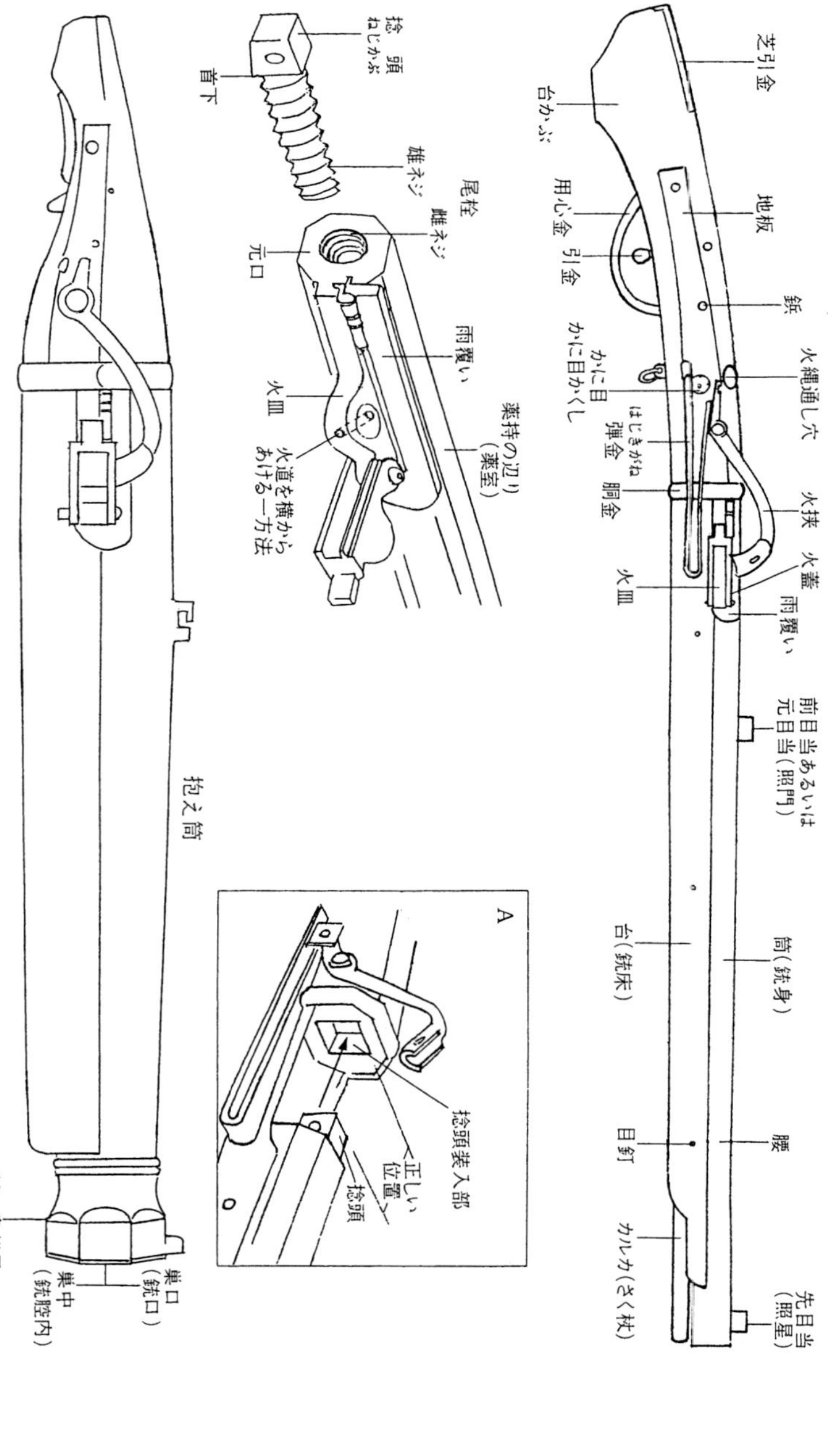

図3　鉄砲各部の名称図（峯田元治氏作成）〔佐々木稔—2003，102頁〕

には存在しなかったと考えられる。

鉄砲伝来当初の雌ネジの製作法としては、熱間鍛造法が提起されている。あらかじめ用意してある尾栓雄ネジを、白熱状態に熱した銃腔部分に挿入して銃身の外側から鍛打し、銃腔の内面にネジ山を形成させる方法である。

この見解の妥当性を検証するために、前著では、①鉄砲の銃身を切断する方法、②樹脂型取り法（非破壊測定法）を試みた。②は、合成樹脂を使って雌雄のネジの型を取り、ネジの山と谷の直径をノギスによって計測するものである。型取りはシリコン樹脂を使用するが、硬化後もかなり柔らかいため、ポリエステル樹脂に転写する。

その結果、尾栓ネジの慶長中期以降の製作法は、雄ネジはヤスリによる手切り、雌ネジはタップによることが、ほぼ明らかになった。このことは、江戸時代に書かれた二冊の書、国友藤兵衛著『大小御鉄炮張立製作』と棟居保春著とされる『中嶋流炮術管闚録』にある記述と基本的には矛盾しなかった。

また①の方法により、銃身の「巻き張り」が明らかになり、鉄板の側面（木口）同志の接合には、ガラスと酸化鉄を混ぜ合わせたようなフラックスを使っていることがわかった。日本刀製作にはない技術であり、鉄砲伝来にともなう新しい技術といえる。

なお、峯田元治氏を中心に、前著刊行後も銃身の調査を行っている〔峯田元治・佐々木稔―二〇〇三〕。

2 原材料の輸入

鉄砲を製造するためには、金属が必要になる。銃身と尾栓ネジは鉄製であり、バネと火蓋は真鍮（銅と亜鉛の合金）を使用する。

このうち鉄については、種子島で砂鉄精錬が行われていたとするのが通説だが〔徳永和喜―一九九〇・二〇〇二〕、島内では一六世紀の製鉄炉跡は検出されていない。現在、報告されている事例は、すべて近世以降である〔鮫島安豊—二〇〇二〕。また佐々木稔氏らは中世では原料鉄が輸入された比重が大きかったのではないかと指摘している〔佐々木稔—二〇〇二・〇三〕。

鄭舜功『日本一鑑』窮河話海、巻二、器用条において、手銃について、日本の鉄は脆いため、かつては福建の鉄を密貿易で入手し、今多くは暹羅（シャム）の鉄を購入していたことを述べている。この「脆い」という表現は技術史の観点からすると理解しにくいが、鉄砲製造にはふさわしくなかったことはいえる。なお、明の趙士禎撰『神器譜』巻之四、説銃六十九条には、福建の鉄を用いるべきであると述べている。

また亜鉛が日本で国産化されるのは一九〇六年（明治三九）であり、真鍮は合金の形で輸入されたものと推測される。

火薬（黒色火薬）を造るためには硝石が必要である。『日本一鑑』窮河話海、巻二、器用条には、「硝」（硝石）は、日本では産せず、近い場所では中国と密貿易し、遠くは暹羅と交易していることを述べている。硝石は、明では輸出の禁制品とされ、そのため遣明船ではなく、密貿易によって入手せざるをえなかった〔田中健夫—一九九七〕。「ニコラオ＝ランチロットの第二日本情報」（一五四八年）においても、硝石は「チナ」（中国）から、日本の商人が輸入していることが述べられている〔岸野久—一九八九〕。

前著〔佐々木稔—二〇〇三〕の生産システム導入論に関して、清水紘一氏から、生産を支えた鉄・硝石・真鍮・鉛などの原料は、「日本に『輸入』され何に使われていたのであろうか。種子島には『意図』的な蓄積がなされていたのであろうか」〔清水紘一—二〇〇八、第二部第三章、一四三頁〕という批判を受けた。右で触れたように、これらの原料は、商品として流通していたと考えており、考古学・分析科学の分野からも明らかにされつつある。たとえば、タイのソント一鉱山産の鉛は、大友氏の拠点である豊後府内において、キリシタンが使用するメダイの原材料になっている〔平尾良光―二〇一三〕。種子島において原料の蓄積がなされたのは、鉄砲製造に取りかかる段階以降であったろう。

また火薬の原料である硫黄については、その主要な産地は薩摩硫黄島（現鹿児島県三島村）と考えられる。平安中期以降、硫黄は日本の代表的な輸出品であった。山内晋次氏によれば、日本産硫黄が中国に輸出された初見は、九八五年（雍熙二）、中国海商鄭仁徳の貿易船に便乗して帰国した入宋僧奝然が、三年後の九八八年（端拱元）、鄭仁徳の帰国の際に、弟子の嘉因に託した、太宗への献上品の中に日本産の硫黄が含まれたというものである（『宋史』巻四九一、外国伝、日本国）。山内氏は、中国では主に火薬原料として利用されたとしている〔山内晋次―二〇〇九〕。また遣明船でも硫黄は皇帝への主要な朝貢品であり、また貿易品であった。室町幕府は硫黄使節を九州へ派遣して調達にあたり、主に島津氏が調達の任にあたった〔伊藤幸司―二〇一〇〕。

3 種子島の位置―中国・琉球との貿易―

種子島は、鹿児島県の大隅諸島に所属する島である。七世紀後半の天武朝古代の律令国家に服属して、種子島・屋久島などの大隅諸島は多禰国が設定された。その後、八二四年（天長元）、大隅国に併合された〔小島瓔禮―一九九〇〕。中世の種子島（多禰島）は、島津荘の一部とされ、「大隅国図田帳」（建久八年〈一一九七〉、『鎌倉遺文』第二巻九二四号）には耕地「五百余丁」が記載されている。島津氏は、鎌倉で起きた比企能員の乱（一二〇三年）に連座したため、一時その勢力が後退した。そのため種子島は北条氏の所領になり、地頭代として肥後氏を任じた。この肥後氏の一流が種子島氏である。この一族は、南北朝時代後半、南九州に勢力を伸ばした九州探題今川了俊との交渉をしていた。この頃から、種子島氏の呼称が一般化したものとみられる〔平山武章・橋口尚武―一九九〇〕。

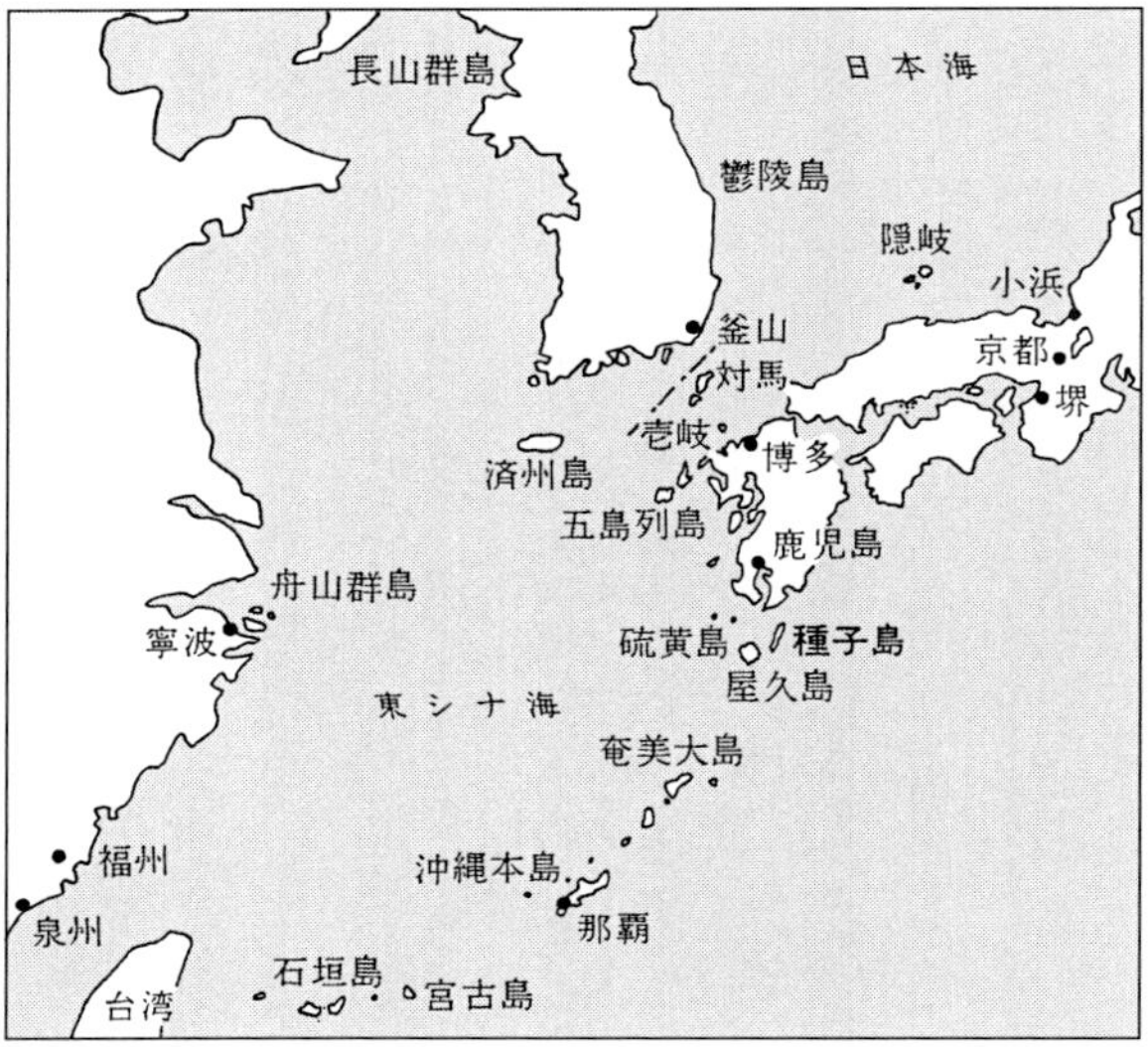

図４　環東シナ海海域における種子島の位置〔佐々木稔―2003, 26 頁〕

今川了俊が探題を解任された後は、南九州では島津氏の勢力が伸びた。一四〇四年（応永一一）には大隅・日向国の守護になり、一四〇九年（応永一六）には薩摩国の守護に補任された。そのため種子島氏は、島津氏との結びつきを強化する道を選ばざるをえなかった。

種子島は、遣明船の南海路における中継地である。一五二〇年（永正一七）・一五二一年（大永元）の二度、室町幕府管領の細川高国は、吉川出雲守を派遣して、種子島氏に遣明船の警固を依頼している（『種子島家譜』第二）。

一六世紀に入ると、種子島氏は周辺地域との交流を積極的に行うようになり、勢力を拡大していく。近年、山下真一氏や屋良健一郎氏らによって、当該期の種子島氏の研究が進められている〔山下真一―二〇〇六／屋良健一郎―二〇一〇〕ので、以下の記述は前著〔佐々木稔―二〇〇三／関周一―二〇〇四〕以後の研究に基づいて、前著の内容に加筆をしている。

一五一二年（永正九・正徳七）、島津氏は、種子島忠時に臥蛇島を安堵している（『鹿児島県史料』旧記雑録前編二、一八三七号）。この臥蛇島は、琉球・薩摩の間（境界）にあり、半分は琉球、半分は薩摩に属すという状態であった。そのため一四五〇年に臥蛇島に漂着した朝鮮人四人のうち、二人は薩摩の人が、他の二人（万年・丁禄）は、琉球国王が得るというように、漂流人が折半されていた。一四五三年（端宗元）、琉球国中山王尚金福が博多商人道安を送り、漂流人万年・丁禄を送還している（朝鮮『端宗実録』巻六、元年五月丁卯〈一一日〉条）。

特に注目されることは、種子島氏が、島津氏の統制を受けずに、独自に琉球王国との交渉を開始したことである〔山下真一―二〇〇六〕。

『薩藩旧記雑録』前編（『鹿児島県史料』旧記雑録前編二）および『種子島家譜』大永元年（一五二一）辛巳七月一二日条は、琉球の三司官の書状を二通掲げている。三司官は、琉球の辞令書では「世あすたべ」と記され、国王を補佐する

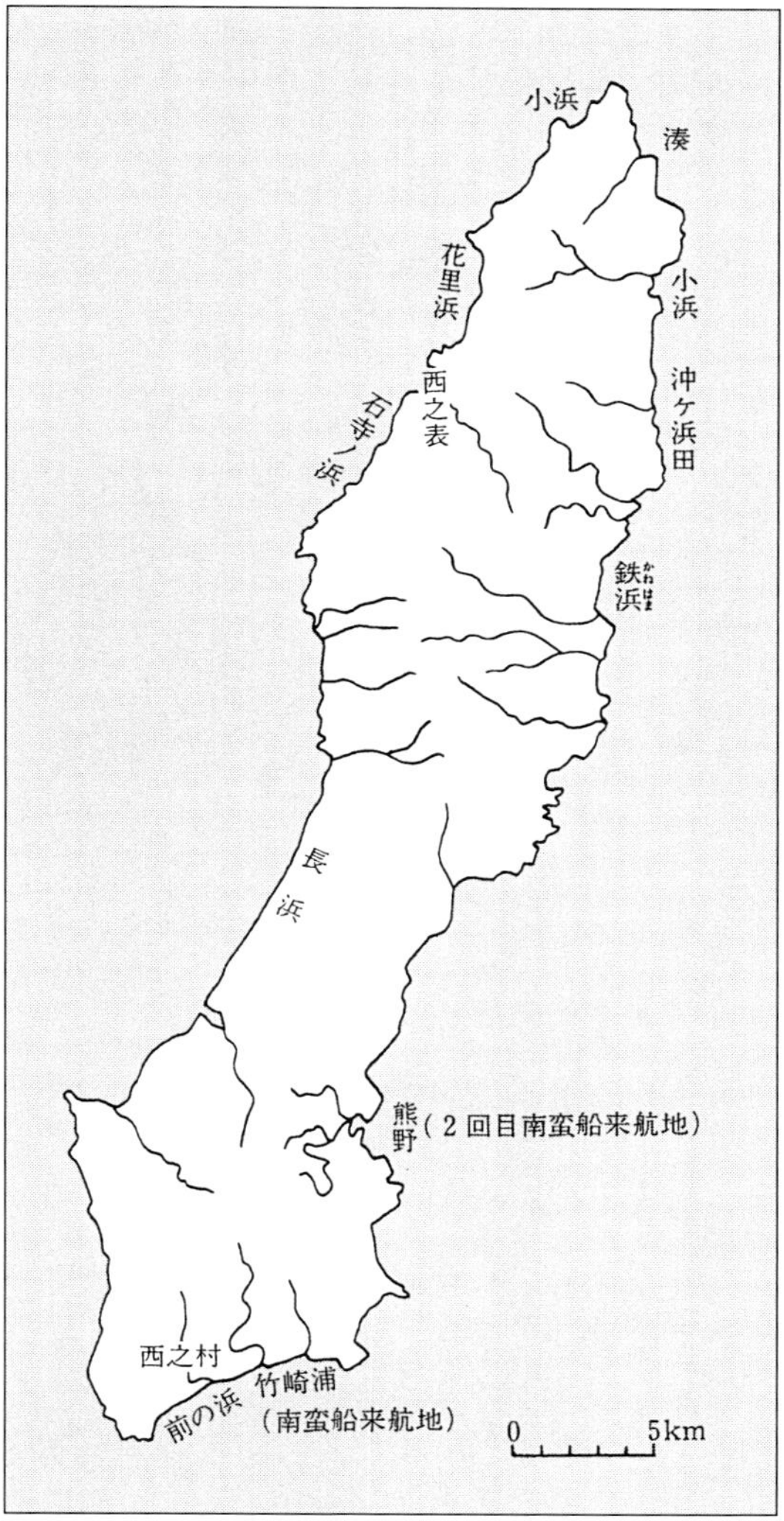

図5　種子島の浜と南蛮船来航地〔佐々木稔―2003, 27頁〕

大臣クラスの役職で、三人制である〔高良倉吉—一九九三、一六八〜一六九頁〕。二通のうち一通は、林鐘（六月）一五日付のもの、もう一通は正徳一六年（明の年号。一五二一年。日本では、永正一八年・大永元年）林鐘一五日付の書状で、ともに種子島武蔵守、すなわち種子島忠時にあてたものである〔屋良健一郎—二〇一〇、三三頁、注(103)〕。以下では、『薩藩旧記雑録』前編から引用する。

〔史料7〕

今年以二貴国之使節妙満寺渡海一、然ハ所レ蒙之尊札委細令二披見一候、仍両国永々和親之義簡要候、殊両品之重貺不レ勝二万感一候、餞副二別楮一、不宣、

林鐘十五日　三司官

種子嶋武蔵守《（忠時）》殿閣下

（『鹿児島県史料』旧記雑録前編二、一九五二号）

〔史料8〕

追而令二啓上一候、

抑貴国之御船荷口之事、妙満寺於二此方一御披露候間、那覇之奉行此義依下申二述三司官一候上、則達二上聞一候、然者種子嶋前々為二琉球一有二忠節之義一、従二今年一御船一艘之荷口之事、可レ有二免許一由、承二綸言一候、仍為二證明一進二別楮一候、万端不宣、

正徳十六年辛巳林鐘十五日　三司官印

種子嶋武蔵守《（忠時）》殿閣下

（『鹿児島県史料』旧記雑録前編二、一九五三号）

史料7では、まず時堯が使僧妙満寺を遣わしたことに応えて、琉球と種子島の永遠の和親を強調している。史料8

では、那覇奉行から三司官を通じて、種子島氏の要望が琉球国王尚真に達した。そこで尚真は、種子島氏の前々からの琉球に対する「忠節の義」によって、今年（正徳一六年）より種子島に対し「船一艘」の「荷口」を「免許」した。「那覇之奉行」は、「那覇主部」と同一の那覇港湾官吏と考えられ、商人・使者と三司官との間を取り持つ通達事務を執行し、首里と那覇を結ぶ媒介の役割を担っていた〔新島奈津子―二〇〇五、五九頁〕。

史料8について、屋良健一郎氏の整理によれば、琉球との貿易を許可したとする解釈と、商品にかかる税を免除したとする解釈とに分かれている〔屋良健一郎―二〇一〇、一七頁〕。前者が福島金治氏や村井章介氏〔福島金治―一九八八、四〇頁／村井章介―二〇一三a、第Ⅳ部第三章、三七六頁〕、後者が荒木和憲氏や矢野美紗子氏らによるものである〔荒木和憲―二〇〇六、三六頁／矢野美紗子―二〇〇九、四四頁〕。屋良氏は、琉球で「くち」という語が年貢や課役に関わる言葉として使われていたとみられるとして、「荷口」とは船荷に課される税の可能性があるとした〔屋良健一郎―二〇一〇、一七・三四頁、注(112)〕。

前著〔佐々木稔―二〇〇三／関周一―二〇〇四〕は、前者の解釈により叙述したが、荒木氏・矢野氏・屋良氏らの見解を踏まえ、次のように解しておきたい。史料8の正徳一六年（一五二一）よりも以前から、種子島氏の商船は那覇に入港して貿易を行っていたが、那覇奉行から商品にかかる税（「荷口」）を課せられていた。正徳一六年、種子島忠時は課税免除の要望を、那覇奉行から三司官を通じて尚真に伝えた。尚真は、種子島氏の前々からの琉球に対する「忠節の義」によって、今年（正徳一六年）より種子島に対し船一艘の「荷口」すなわち荷物への課税を免除した。このことは、琉球国王が種子島氏に貿易の特権を公式に認めたことを意味する。そして村井氏が指摘している通り、琉球が種子島氏を下位に位置づけ、琉球国王と種子島氏との間に「君臣関係」が形成されている点に留意したい。

一五五六年（弘治二・嘉靖三五）、種子島時堯は、琉球の前国王尚清を弔い、一壺の香華を贈った。同年一〇月三日、琉球国王尚元は、これを謝する書状を時堯に送っている（『種子島家譜』『薩藩旧記雑録前編』）。

また、従来あまり注目されていないが、『種子島家譜』によれば、天文九年（一五四〇）に竹崎浦に唐船が漂着している。この後、『鉄炮記』では、一五四三（天文一二）・四四年には、ポルトガル人を乗せた王直の船（ジャンク船）が種子島に漂着している。したがって種子島は、中国人密貿易商（後期倭寇）が往来した場であったと思われる。鄭舜功『日本一鑑』「窮河話海」巻四の「種島」の項では、この地を倭寇徐海の根拠地としている。

このように種子島氏は、島津氏とは別個に、独自に琉球や中国人との交渉を進めている。それによって、中国や東南アジアの産品を入手することは十分に可能だったといえよう。

4　鉄砲製造の背景

ポルトガル人を乗せた王直のジャンク船が、種子島に来航したこと自体は、偶然のことであろう。だが種子島氏が、鉄砲の威力に目をつけ、その製造を命じた背景には、当時種子島氏が置かれていた二つの状況が反映されている。

第一に、清水紘一氏が指摘したように、禰寝氏による種子島侵攻がある（清水紘一―二〇〇二）。前述したように、清水氏は「禰寝侵攻一件」を天文一一（一五四二）・一二年のこととした。その年次比定に従えば、天文一一年三月、禰寝重長は兵二〇〇人を率いて、国上浦田に上陸し、種子島恵時は屋久島に脱出し、時堯は内城で防戦した。屋久島を失った種子島氏は、禰寝氏の非法を島津貴久に訴えたので、貴久は国人間の紛争調停を名目として、同年閏三月上旬、新納康久を争奪地とされた屋久島に送った。種子島恵時と武力占拠を果たした禰寝氏を含めて三者による折衝が行われた末、新納康久は屋久島を従来通り種子島氏の所領とする裁定を下した。だが禰寝氏は撤兵しなかったため、翌年正月、種子島氏は、屋久島に出兵し自力で奪還に成功した。

第二に、琉球貿易をめぐる大内氏との確執である。前述したように、種子島氏は琉球との貿易を進めていた。大内義隆の奉行人相良武任は、天文一一年八月八日付の琉球国那覇奉行人あての書状を発給している（中川文書〈東京大学史料編纂所架蔵影写本〉）〔紙屋敦之—一九九〇／伊藤幸司—二〇〇三〕。

〔史料9〕

急度申候、従薩州種子嶋因貴国〔　　〕相企之、既出船之聞候、於事実者、奸曲之儀不及是非候、彼船事被留置于貴国、可預御注進候、自然於出奔者、悉皆可為御結構候、彼船為可被討捕之兵船、被相催候之条、若於無被相留之御左右者、件兵船至貴国可馳向候、為御心得巨細令演説候、恐惶謹言、

相良

天文十一年（一五四二）八月八日　遠江守（武任）（花押）

琉球国奈波□

琉球に渡海している種子島船を拘留して、大内氏に注進することと、その注進がない場合には、種子島船を拿捕するために大内氏の兵船を派遣することを伝えている。

一六世紀前半、南九州では三州争乱と呼ばれる島津家の家督相続をめぐる対立が続いていた。紙屋敦之氏は、史料9の背景に、大内義隆が島津勝久（奥州家、前守護）と結び、島津貴久（相州家）・種子島恵時と対立していたことを想定した〔紙屋敦之—一九九〇、二九八〜二九九頁〕。新名一仁氏は、一五三九年（天文八）の市来城攻めを機に、種子島氏が相州家方に転じたため、奥州家勝久を軸とした政権を支持していた大内氏が種子島氏の排除を図ったのではないかとする〔新名一仁—二〇〇六、六三〜六四頁〕。屋良健一郎氏は、大内氏が勝久を支持していたのは確かであるが、それが天

文一一年まで持続したかは疑問であるとし、細川氏による遣明船を排除しようとする一連の動きの延長線上にあると位置づける。そして大内氏が種子島船を琉球貿易から排除しようとした真の狙いは、細川氏─種子島氏─琉球ルートの断絶であり、遣明船を企てる細川氏の交易品確保を阻止することであったと述べる〔屋良健一郎─二〇一〇、二一～二四頁〕。屋良氏の見解に従えば、遣明船の派遣をめぐる大内氏と細川氏の対抗が背景にあったと考えるべきであろう。

以上の二点を背景に、種子島氏は、新兵器の導入に深い意欲を持っていたものと推察される。前述したように、一五四〇年に竹崎浦に唐船が漂着していることから、一五四二年以前に中国人（倭寇）や商人らから鉄砲に関する情報を入手した可能性がある。そして鉄砲の原材料は、輸入に頼らざるをえなかった。

これらを踏まえて、前著では、鉄砲生産技術の伝来は、受容した側の種子島時堯や鍛冶職人たちと、王直のような中国人密貿易商（倭寇）とポルトガル商人らの連携によって進められた、予定されていた行動だと評価した。また『鉄炮記』によれば、紀州根来寺の杉坊が種子島で鉄砲を入手し、妙薬の法と火を放つ道を学び、和泉堺の橘屋又三郎が種子島に滞在して一、二年で「鉄炮を学びほとんど熟」したという。この記述に従えば、堺や国友など日本列島各地への生産技術の広がりという歴史展開の中では、種子島における鉄砲生産は「試験操業」の性格を有していると した〔佐々木稔─二〇〇三〕。

この見解に関して村井章介氏は、「結果から遡って歴史を必然的な展開としてとらえすぎてはいないか」とし〔村井章介─二〇〇四〕、谷口眞子氏は「当初よりある特定の集団が意図的に行ったとする解釈には異論があろうが」とした上で、歴史的結果として生産システムの導入がその後の日本の歴史に与えた多大な影響を指摘している〔谷口眞子─二〇〇四〕。また清水紘一氏からも、「鉄砲伝来の一件は『一大舩』の漂着に始まるなど偶発的な経過が重なっており、『予定行動』の跡をたどることは現段階では難しいように思う」〔清水紘一─二〇〇八、第二部第三章、一四四頁〕との批判を受けた。

たしかに前掲史料のいずれも種子島への偶然の漂着を強調し、そこには前著の見解を直接示す記述はない。筆者が前著のように評価したのは、生産システムの移転には、受容者側の準備が必要であること、また『鉄炮記』の記述に従えば、その移転は比較的に短期間に進んでおり、必要な原材料も早期に入手できたものと判断したことによる。鉄砲伝来以前に新兵器に関する情報が種子島に伝わった可能性（実物をみていたわけではない）と、鉄砲の実物を見聞した種子島時尭が鉄砲生産システムの構築・移転を命じたことは、少なくとも指摘できるのではないだろうか。

5　合戦における鉄砲の普及

宇田川武久氏の研究によれば、天文年間には、幕府と戦国大名（守護）との間や、守護と豪族の間で、「鉄炮」の贈答が行われていた〔宇田川武久―一九九〇・九三〕。『石山本願寺日記』「証如上人日記」によれば、天文二一年（一五五二）、足利義藤（義輝）は、火薬で用いる「塩硝四・五斤」を、石山本願寺を通じて、堺から入手しようとしていた（天文二一年一二月七日条）。

合戦で鉄砲が使用された早い事例は、薩摩の島津氏が一五四九年（天文一八）の黒川崎の合戦に使用したものである〔宇田川武久―一九九〇・九三〕。安芸の毛利氏は、一五五七年（弘治三）の周防須々万沼城攻めで鉄砲を使用したとされ、永禄年間の出雲尼子氏や豊後大友氏との攻防戦においても鉄砲を多用している。永禄末年から元亀年間にかけて、従来の「鉄炮はなしの中間衆」から「鉄炮衆」へ変化している。鉄炮衆は、数人から数十人という規模の集団を単位として運用された〔秋山伸隆―一九九八〕。

東国では、甲斐の武田氏が軍役に「鉄放」を課すようになったのは一五六二年（永禄五）で、この段階では合戦における武器の主体は鑓であった。

天正年間になると、鉄砲の使用が目立つようになる。その到達点が、一五七五年（天正三）の長篠・設楽が原の戦いであるが、鉄砲三〇〇〇挺や三段撃ちのような「神話」は、否定されている〔鈴木眞哉―一九九七・二〇〇三／藤本正行―二〇〇三〕。現在、馬防柵が復元された設楽が原に立ってみると、鉄砲隊が三列で並んだとされる地点の空間は狭く、到底三列並ぶことはできず、このような「神話」は想定できない。小林芳春氏・今泉正治氏ら地元の方々によって、地形や地名、出土した玉、当事者の残した書状などから、この戦いに関する検証が進められている〔小和田哲男監・小林芳春―二〇〇三〕。

六　倭乱以前の明・朝鮮王朝と鉄砲

日本で製造が開始された鉄砲は、「倭人」によって、明や朝鮮王朝にも伝えられた。

明については、鄭若曽は、『籌海図編』（嘉靖四一年〈一五六二〉刊）巻一三、鳥銃図説において、「倭夷」からその製法を学んだことを指摘する。そして一五四八年（嘉靖二七）、浙江巡撫朱紈が双嶼を壊滅させた折、「番酋」から製法を学び、馬憲が銃身を製造し、李槐が火薬を調合した、という。洞富雄氏は、この「番酋」が、『寧波府志』にみえる「倭奴」と解している〔洞富雄―一九九一、二七五頁〕。

朝鮮についてはどうであろうか。この点については、宇田川武久氏の研究があるので、氏の所説を検証する形で論じていきたい。

前述したように、宇田川氏は、倭寇（ここでは中国人密貿易商人を指す）が鉄炮を日本に伝えたとみるべきだという説を発表した。その根拠となるのは、主に『朝鮮王朝実録』である〔宇田川武久—一九九三、一三九〜一四一頁〕。一五四〇〜五〇年代、「荒唐船」と朝鮮王朝で呼ばれた中国船が朝鮮半島南岸に渡来した〔高橋公明—一九八九・九五〕。宇田川氏は、荒唐船の事例を引用して、倭寇が火縄銃を伝えたことの根拠とした。

〔史料10〕

伝二于政院一、今見二全羅右道水使閔応瑞啓本一、

（以下、啓本の文章。もとは割注）

唐船依レ泊二於羅州飛弥島一、即発二兵船一、囲二截其船一、見二其形貌一、則或着二黒衣一、而其数九十余名、語音不レ能二相通一、故大下書何地何人縁二何事一漂流来上此以示、則皆相視不レ応、即発二火炮一以射二我船一、二人中レ炮而死、二人中レ炮而傷、故雖下有二生擒一有上旨、而勢不レ得レ已応レ以二火炮・弓箭一、而唐人外設二防牌一、隠二匿舟中一、促レ櫓向レ東、故適因二風雨一、雖レ得レ窮追捕獲云、

（朝鮮『中宗実録』巻一〇四、三九年〈一五四四〉七月辛亥〈一四日〉条）

朝鮮国王が承政院に対して伝した中に、全羅右道水使閔応瑞の啓本が引用されている。この啓本は、羅州の飛弥島に停泊した「唐船」と、朝鮮王朝側の「兵船」との間で起きた戦闘について報告したものである。宇田川氏は、唐船が「火炮」を使用したことに注目する。

また中宗三九年（一五四五）八月の記事を引用し、中宗が承政院に命じた言のうち、次の承旨安玹啓の発言に注目する。

而承旨安玹啓云、唐人今以二火炮一、幸（不脱）伝二習日本一、則其禍大矣、

（朝鮮『中宗実録』巻一〇四、三九年八月辛未〈五日〉条）

唐人が日本に火砲の技術を伝えることが、朝鮮王朝に大きな禍を残すことを恐れている。

そして同年、朝鮮王朝は、沿岸に漂着した中国商人を保護・送還するにあたって、「かつて日本には火砲がなかったが、最近では大量にもっている」という報告を引用する。根拠は、『明実録』の「前レ此倭奴未レ有二火炮一、今頗有レ之」（明『世宗実録』巻三二一、嘉靖二六年〈一五四七〉三月乙卯〈四日〉条）である。

さらに朝鮮王朝の『明宗実録』中の「福建人交二通倭奴一、既給二兵器一、又教二火炮一」（朝鮮『明宗実録』巻五、二年〈一五四七〉四月庚子〈一九日〉条）から、福建人が「倭奴」に兵器を与え、火炮の打ち方などを教えたとした。

これらの史料から、宇田川氏は倭寇が鉄炮を日本に伝えたとした。だが、引用史料はすべて「火炮」と表記されている。この語は、大型の火器（砲）と解釈すべきである（中島楽章—二〇一三a）。春名徹氏が指摘した通り、史料10では、応戦した朝鮮側も同じ「火炮」を使用している（春名徹—一九九三b、八〇頁）。前述したように、『朝鮮王朝実録』中で、鉄砲に相当するのは、「鳥銃」「鳥嘴銃」である。これらの語は『籌海図編』などの明側史料でも使用されている。

次に、鉄砲が朝鮮に伝わった事例をみておこう。

一五五五年（明宗一〇）五月、倭船七十余隻が、全羅道霊岩の達梁浦・梨津浦などを襲撃した。また六月には倭船四十余隻（倭賊千余人）が済州島に上陸して、大きな戦闘になった。この一連の事件を、乙卯達梁の倭変と呼ぶ。

宇田川氏は、ちょうどこの事件の前年から、倭人が朝鮮王朝に「銃筒」を持ち込んだことに注目し、次の二つの史料を挙げた（宇田川武久—一九九三、二九六〜二九七頁）。いずれも備辺司の報告文である。備辺司は本来、国境地帯の防備政策を決定する機関（臨時に設置）であるが、倭変の頻発に対応して、中央に常置され、政府中枢の決定に加わるようになった。

〔史料11〕

備辺司啓曰、倭人信長所レ造銃筒、制度雖レ精、而薬穴入レ火不レ易、発レ丸不レ猛、其言曰、薬不良故也、明年更来試レ之云、厚待還送事、請令二礼曹議定一、伝曰、可、

（朝鮮『明宗実録』巻一七、九年〈一五五四〉一二月甲申〈一八日〉条）

〔史料12〕

備辺司啓曰、日本倭人平長親、所二持来一銃筒、至レ為二精巧一、所レ剤火薬亦猛烈、不レ可レ不レ賞、請従二其願一、以授二堂上一如何、答曰、如レ啓、

（朝鮮『明宗実録』巻一八、一〇年〈一五五五〉五月甲寅〈二一日〉条）

史料11は、倭人信長が製造した銃筒は、精度は高いものの、「薬穴」（火穴）に火が入らず、猛烈には爆発しなかった。信長は、「その原因は火薬の不良にあり、明年再び朝鮮に渡来して試してみたい」と述べている。信長は、さらに「日本国薩摩州倭人」で耽羅島（済州島）から命からがら逃げのびた者の発言を朝鮮王朝に伝えている。「明春、明に大船団を派遣して海賊行為を行う予定だが、実際の標的は耽羅島である」というのが、その倭人の言葉である。すなわち信長は、倭寇に関する情報を入手して、朝鮮王朝に伝えているのである（朝鮮『明宗実録』巻一七、九年一二月乙酉〈一九日〉条）（高橋公明―一九八九、一六一～一六二頁）。

次に史料12をみておこう。「日本倭人」平長親が持参した銃筒は精巧であり、火薬の威力も猛烈であった。備辺司は、その功績を認めて、堂上の官職を与えるよう提案し、国王明宗から認められている。実際、同年、平長親は「折衝将軍・僉知中枢府事」（正三品、堂上官）の官職を授けられた（受職人）。嘉靖三四年（一五五五）五月日付で平長親と、その子の平松次あてに発給された朝鮮王朝の告身（辞令書）が、現在、大韓民国の国史編纂委員会に所蔵されている。平松次は「承義副尉・虎賁衛・司猛」（正八品）の官職を授けられた（中村栄孝―一九六五、五七七～五七九頁）。平長親・松次は、対馬を拠点にしていた受職人である（米谷均―一九九七、七頁）。

ところで宇田川氏の論考では引用に際し、明宗九年を誤って一五五三年としている。また「三年後、嘉靖三十四年、日本年号の弘治元年」に「信長」が「折衝将軍僉知中枢府事」を授かったとしているが、嘉靖三四年は一五五五年のことなので「三年後」とするのは不可解であり、またこの官職を授かったのは、右で述べたように、「信長」ではなく「平長親」である。信長は、宇田川氏自身が述べているように、明宗一〇年（一五五五）六月の記事に、「倭司猛信長倭人留館者也」（朝鮮『明宗実録』巻一八、一〇年六月甲子〈一日〉条。宇田川氏の引用〔宇田川武久―一九九三、二九七頁〕では、「倭人」が欠けている）とみえて、倭人（倭寇）が明と朝鮮を寇掠するという情報を朝鮮王朝に伝えている。この時、彼が朝鮮王朝から授けられていた官職は「司猛」（正八品）である。

このように、そもそも事実認識（引用）の誤りがある上に、次のように述べている。

ところで、倭人が銃筒を進上した明宗九年は、日本年号でいえば天文二十二年（二十三年の誤り―引用者注）にあたっている。したがってすでにこの時期、日本には倭寇によって東南アジア系の鉄炮が渡来しているから、倭人進上の銃筒は日本の鉄炮と考えられなくもないが、その可能性は極めて薄い。まず第一に鉄丸を発射する砲身は物理的に鉄より軟度のある物質、銅を用いる方が適合性があること、また王朝の銃筒が鋳造で製造されるのに対して、日本の鉄炮は鍛造技術によっており、この時期、果たして鍛造技術を駆使して砲身を製造しえたかどうか疑問である。もっとも両者の記事をよく読むと、銃筒の砲身ではなく、発射薬、つまり火薬の善悪だけが問題にされている。仮にこの時、平長親や信長が日本の鉄炮の製造技術、つまり鍛造法を取得していれば、壬辰倭乱の時、王朝が日本の鉄炮の製造法の取得にそれほど苦慮する必要はない。〔宇田川武久―一九九三、二九七頁〕

史料11では、明らかに信長が造った「銃筒」とあり、一五五五年という時点からみて、これは種子島に伝わった鉄砲とみるのが、素直な解釈なのではなかろうか。宇田川氏は、朝鮮王朝が鍛造技術を駆使して銃筒の砲身を製造しえたかが疑問であることを根拠にしているが、史料11・12自体には、この点に関する記述はみえない。そもそも朝鮮王朝が鍛造技術を受容しえたか否かという点が、倭人が進上した「銃筒」を「日本の鉄炮ではない」とする根拠になりえるかどうか疑問である。むしろ記事自体は、宇田川氏が指摘しているように、火薬の品質が問題にされており、朝鮮側がその生産技術を受容しようとした形跡はみえない。その火薬の猛烈さが強調されていることとあわせて、商品として「銃筒」という武器を、倭人が持ち込んだ史料であるとみるべきではなかろうか。

信長の出身地は不明であるが、受職人になっていることや、信長が薩摩の海賊情報を伝えたことに鑑みて、対馬を拠点にしている倭人ではなかろうか。また平長親は、対馬の受職人である〔米谷均―一九九七、七頁〕。対馬に一五五五年の時点で、鉄砲製造の技術が伝えられていたとみることができる。

朝鮮王朝では、司諫院が、東大門と南大門の城上に棄て置かれている大鐘によって「銃筒」を鋳造することを提案したが、国王明宗がそれを却下している（朝鮮『明宗実録』巻一八、一〇年五月乙卯〈二二日〉・丙辰〈二三日〉条）。倭人がもたらした「銃筒」をモデルとしたものかどうかは、断定できない。

七　壬辰・丁酉倭乱における鉄砲の受容

朝鮮王朝において鉄砲（鳥銃）の生産技術が本格的に導入されたのは、豊臣秀吉が朝鮮を侵略した壬辰・丁酉の倭乱（一五九二～九八年、中国では万暦朝鮮の役という）の時であった。日本軍の攻撃に苦しめられた朝鮮王朝は、明朝兵器の受容や兵書『紀効新書』の学習に加え、鳥銃（鉄砲）の製造を試みた。これらの諸点に関しては、宇田川武久氏による詳細な分析があるので、以下ではそれに基づいて略説しておこう〔宇田川武久―一九九三〕。

鉄砲の導入にあたり大きな役割を果たしたのは、降倭である。一五九三年（宣祖二六）以降、朝鮮側に投降する日本人（倭人）が続出し、朝鮮王朝は彼らを降倭（もしくは向化倭、順倭など）と呼び、その措置を講ずるようになった〔中村栄孝─一九六九／貫井正之─一九九六／韓文鍾─二〇〇一／北島万次─二〇〇二〕。宇田川氏によれば、朝鮮王朝は降倭の中から武器の知識に明るい者を選り抜き、訓錬都監や軍器寺などに配属して、鉄砲や刀剣類の製造法と用法の取得を図ろうとした〔宇田川武久─一九九三〕。

だが鳥銃の製造には大きな労力と資材が必要であり、製造には試行錯誤を繰り返した。一五九三年一一月、宣祖は柳成竜に対して、「天下の神器」である鳥銃は、草創の制度のため巧みに製造できていないことを述べている（朝鮮『宣祖実録』巻四四、二六年一一月壬戌〈一二日〉条）。翌月、宣祖は、「我国の造った鳥銃は、皆麤造で用いるところが無い。今後は倭の精妙な鳥銃に拠って製造せよ」と命じている（朝鮮『宣祖実録』巻四六、二六年一二月辛亥〈二日〉条）。翌年三月の備辺司の啓によれば、訓錬都監の用いている鳥銃は、皆倭物を収集したもので、その破損も進んでいた。そこで備辺司は、京中の善手の鉄匠五、六人を選び、都監で鳥銃の製造技術を教え、彼らがその技術を習得した後、黄海・忠清道沿海の鉄産地に分送して打造させ、守令には鳥銃に暁解した人物を任命することを提案して、宣祖に認可された（朝鮮『宣祖実録』巻四九、二七年三月己卯〈一日〉条）。だが翌年二月、黄海道観察使鄭光績は、「黄海道における鳥銃は制度を失い、火薬も乏しい。そこで京匠人の中から焰硝と鳥銃の製造に優れた者各々数人を下送してほしい」ことを訓錬都監に請願することを啓している（朝鮮『宣祖実録』巻六〇、二八年二月丙辰〈一三日〉条）。

このような試行錯誤を繰り返す一方、朝鮮王朝は投順軍を創設して降倭を動員した。それは、日本軍ばかりではなく、北方の野人（女真人）との戦闘にも活用した。一五九九年（宣祖三二）に咸鏡道に派遣された降倭に対して鳥銃が支給されている（朝鮮『宣祖実録』巻一一一、三二年四月乙丑〈一六日〉条）。

次に明の状況をみておこう。明軍も日本軍との戦いの中で、彼らの使用した鉄砲を導入した。久芳崇氏は、宋応昌〔兵部侍郎兼経略防海禦倭軍務〕の上奏や軍令を集めた『経略復国要編』を主要な史料として、日本式鉄砲の明への伝播を考察している〔久芳崇―二〇一〇、第Ⅰ部第一章〕。以下では、久芳氏の研究に基づいて述べておこう。

『経略復国要編』によれば、戦争初期の一五九二年〔万暦二〇〕九月～一一月、装備されていた明軍の火器は、大将軍砲・仏郎機砲という各種の大砲、鳥銃、三眼銃、火箭等であった。だが一五九三年の碧蹄館の戦い以降は、明軍が鉄砲を装備し、実戦で活用したことを示す記事は一切現れなくなる。それと相反して、日本式の鉄砲の威力に関する記事がみえるようになる。このような変化を、久芳氏は「朝鮮の役において明軍の装備した鉄砲が日本軍の新式鉄砲の優れた性能に対抗しえず、その存在意義を失っていたことをうかがわせる」〔久芳崇―二〇一〇、第Ⅰ部第一章、二一頁〕と述べている。洞富雄氏が指摘しているように、朝鮮の役において明軍が使用した鉄砲が鋳銅製であり、五、六発も放てば熱を帯び破裂の危険性があるのに対し、鍛鉄性の日本の鉄砲はその心配がなかった〔洞富雄―一九九一〕。

明軍各将は、戦闘の過程で日本軍の鉄砲を、日本刀や捕虜とともに積極的に獲得していった。一五九四年〔宣祖二七〕、朝鮮の備辺使は、朝鮮軍が獲得した鳥銃は、すべて元帥李如松のもとに送られていたが、今後は獲得した鳥銃は兵士に給付して逐日学習させることを啓している〔朝鮮『宣祖実録』巻四八、二七年二月己巳〈二〇日〉条〕。この記事から、久芳氏は、朝鮮軍が獲得した鉄砲の相当数が、明軍側の要求によって、明軍各将のもとに送られていたとしている〔久芳崇―二〇一〇、第Ⅰ部第一章、二三頁〕。

明軍は、戦争を通じて日本兵捕虜〔降倭〕を獲得した。彼らは、宋応昌によって遼陽の遼東都司に、ついで薊州・広寧などに移送・分置された。一部は北京に送致された後、朝廷での決定に従い、大同・宣府・薊州など北辺の軍事拠点に投入された。朝鮮の役終結後に北京で行われた献俘式で処刑された者もいた〔久芳崇―二〇一〇、第Ⅰ部第二章〕。

『神器譜』巻之四、説銃六十九条によれば、西洋ならびに倭の鳥銃の操作に慣れるには一年の修養が必要であったとされる。そのため日本兵捕虜は、熟達した鉄砲の使い手として、万暦朝鮮の役の後に、四川播州で起きた楊応龍の乱において活用された。この戦いでは、劉綖・陳璘ら明軍の主要部隊は、朝鮮から四川へ直接投入された。その部隊とともに「日本降夷」と称された日本兵捕虜が、鉄砲隊として編成されたものとみられる。久芳氏は、彼らが使用した鉄砲も日本軍から捕獲したものとみている〔久芳崇―二〇一〇、第Ⅰ部第一章、三二頁〕。

おわりに――武器の輸出――

最後に、一七世紀初頭における鉄砲の利用を述べておこう。

一六一四年（慶長一九）の大坂冬の陣は、戦争における鉄砲の利用という点では、到達点を示している。谷口眞子氏によれば、弓の多くが鉄砲に代替され、鉄砲足軽隊の構成比率が高くなった。上杉家や藤堂高虎の鉄砲足軽隊は、一〇〇〇挺をこえる鉄砲を用意している。谷口氏は、鉄砲の命中精度に改良が加えられ、弓ほど技量を必要としなくなったことを指摘している。また大量の火器が導入された背景として、火器を購入する資金を大名が調達できたこと、鉄砲鍛冶によって鉄砲の製造技術が伝播し、砲術師により火薬の調合法も含め、鉄砲の撃ち方や使い方が広まったことを挙げている。大名は、知行を与えて鉄砲鍛冶や砲術師を召し抱えた。だが軍功は、従来同様、あくまでも騎馬士の一番鑓・一番首や首の数であり、鉄砲足軽個人は軍事的評価を受けなかった〔谷口眞子―二〇〇二〕。

だが、大坂夏の陣に徳川方が勝利し、鉄砲を戦争で使用する場面はなくなる。その一方で日本は、鉄砲の輸出を進めていた。たとえば、オランダ人は、平戸商館を戦略拠点として、日本の武器類を大量に購入していた〔加藤榮一―一九九三〕。

米谷均氏の研究に基づいて、朝鮮王朝への武器輸出をみておこう〔米谷均―二〇〇〇〕。一六〇七年（宣祖四〇）、日本に派遣された回答兼刷還使は、日本製武器類、中でも鳥銃の購入が使命の一つであった。日本在留中、京において長柄一〇〇柄を、堺において鳥銃五〇〇挺を購入している。だが江戸幕府は、一六二一年（元和七）七月に、異国への日本人売買・武器輸出・異国人の海賊行為を禁止する幕府年寄連署奉書を、小倉藩・大村藩・平戸藩などに発給している〔永積洋子―一九九九〕。対馬藩も規制の対象になったものと思われるが、実際にはその後も宗義成や柳川調興は、鳥銃や塩硝を頻繁に贈呈している。一六一八年、ヌルハチ率いる後金軍と明軍との大規模な戦闘が勃発し、ついに一六二〇年代初めには遼東を制圧する。このような朝鮮国境の情勢により、朝鮮王朝は、対馬に武器を求め続けたのである。

第五章　朝鮮王朝に伝えられた日本の技術

はじめに

本章は、朝鮮王朝の正史である『朝鮮王朝実録』を主要な史料としながら、①朝鮮王朝という国家が、どのような経緯で、日本から技術を導入しようとしたのか、②日本の境界において、技術を受容するために、どのような条件が必要であったのかについて考察を試みるものである。ここでいう境界は、異民族を含めて活発な交流が展開した場である、対馬、壱岐、博多、薩摩・大隅や種子島、奄美諸島や琉球諸島、蝦夷が島（北海道）やサハリンなどを想定している。

新しい技術を受容するには、製品（加工品）を実見し、技術を伝える人や技術を習得する職人が存在し、原材料を確保できる環境が必要である。そして第四章でみたように、種子島氏のような技術の導入を主導する、ないしは支援する領主の存在も無視できない。これらの条件を念頭に、考察を試みていくことにしたい。

一　朝鮮王朝による日本の技術の導入

1　朝鮮王朝の技術への関心

朝鮮王朝の初期は、明朝や日本・琉球などの周辺諸国に対する関心が高く、諸国との外交関係の安定化に努める一方、諸国の情報を収集し、それを王朝の国内統治や外交にも活用しようとしていた。

たとえば、日本に派遣した使節（回礼使や通信使など）の復命書には、日本に関する詳細な情報が報告された（関周一―一九九九・二〇一三）。日本や琉球との外交に長く携わった申叔舟は、通信使の一行として日本を訪れたことがあり、その経験を、日本・琉球の研究書である『海東諸国紀』の編纂に生かしている（田中健夫―一九九六・九七）。

こうした経緯から、朝鮮側が、日本の技術に関心を持ち、それを受容しようと試みたことがあった。特に世宗の時代に顕著にみられる。それは、朝鮮王朝という国家が主導して、その官人の組織内で対処していったものである。

かつて田中健夫氏は、「室町初期における日本の技術の朝鮮への影響」を著し、日朝技術交流史の一端として、日本の技術の朝鮮への影響を明らかにしている（田中健夫―一九八二）。ただしこの論考は、もとは『日本歴史』第一五一号（一九六一年）に掲載されたもので、論文の体裁をとっておらず、具体的に根拠の史料を明示してはいない。そこで、水車と船について、朝鮮側の動向を詳しく検討しながら、技術が伝播する条件について考えてみたい。

2　水車とその造法

一四二九年（世宗一一）に来日した通信使朴瑞生は、帰国後、詳細な復命書を書き残している（『世宗実録』巻四六、一一年一二月乙亥〈三日〉条）（秋山謙蔵―一九三五／関周一―一九九九・二〇一三）。その中に、次のような提言がある。

一、日本農人、有下設二水車一、斡レ水灌レ田者上、使三学生金慎、審二其造車之法一、其車為二水所一レ乗、自能回転、挹而注レ之、与下我国昔年所レ造之車因二人力一而注レ之者上異矣、但可レ置二於急水一、不レ可レ置二於漫水一也、水砧亦然、臣窃料レ之、雖二漫水一、使二人踏而升レ之、則亦可二灌注一矣、今略二造其形一以献、乞於二各官可レ置之処一、依二此造作一、以

助二灌漑之利一

日本の農人は、水車を設けて灌漑している。学生の金慎に、その造車の法を調べさせたところ、その車は水を乗せ、自ら回転するもので、朝鮮で昔造った人力で動かす車とは異なっている。ただし日本の水車は、急流に置くべきもので、ゆるい流れに置くべきものではない。水砧も同様である。私がひそかに考えるところでは、ゆるい流れであっても、人に踏ませれば灌漑に使用できる。今その模型を造り献上するので、各官に置くべき処は、この模型によって造作し、灌漑の利を助けるべきである。

右を含めた朴瑞生の提言に対して、国王の世宗は、礼曹に命じて、議政府と諸曹に議論させた。その結果、各道に水車を造置する件については、試すべきであるとした（『世宗実録』巻四六、一一年一二月乙亥〈三日〉条）。

朴瑞生がみた日本の水車は、自転揚水車（後述の朝鮮史料では、「自斡之車」）であり、水の流速を利用して水車を回し、水を汲み上げて上部に設定した樋《とい》に水を流し込むというものであった。『徒然草』五一段にみえる亀山殿の池水を引く水車や、『石山寺縁起絵巻』に描かれたものと同一と考えられる（寶月圭吾―一九四三／今谷明―一九九二）。

一四三一年（世宗一三）、知印の李克剛は、「鉄原や水原に赴いた時に、水車を排《なら》べ設ける様子を見たところ、機械はみな備わっているが、人に激水（水の流れをさえぎり、その勢いを強くする）させているので、滲漏《しんろう》してしまい、灌漑できないでいる」と報告した。世宗は思政殿に御し、知中事の安崇善を引見し、父の太宗が「堤防を築いた所は、実をともなわないことは多いけれども、灌漑すべき処は多く、民がその利を得る」といったことを引き、担当の官吏が用心をせずに、沙石の地に水車を設けて、無用のものになっていることを嘆いた。そして「上自二中国一、下至二倭邦一、皆

受二水車之利一、豈於二我国一、独不レ能レ行」、すなわち中国や日本において水車の利を受けているのに、どうして我が国のみ行うことができないのか、として、担当官を選任して、朝鮮の各道に派遣して、調査を命じている（『世宗実録』巻五二、一三年五月庚辰〈一七日〉条）。

工曹参議となっていた朴瑞生が、再び水車のことについて建言した。それは、次のような内容である。

①日本の水車が、その灌漑のたやすきことにおいて中国の水車よりも優れている。

②下命を受け、工人に水車を造らせたところ、大概は同じものができたが、細微の制が十分ではなく、役に立たなかった。工人が、学生金慎の言葉を十分に理解せずに造ったからである。人力の労がなく、自然に動いて灌漑するところが大事なのに、工人の造ったものは、人が踏むのを前提にして造っているためで、輻は大きく、板は厚く、体は重いため、自ら斡《まわ》ることができない。

③外方（都の漢城に対して、地方）の監司（観察使）に使員を派遣して、京中造設の法に倣って、自ら斡るものを尚《たつと》しとせずに、みな踏升の車（朝鮮の水車）を造ろうとしていることには、反対である。踏升の車は、人力を費やすものだが、旱災に遭えば、用いないわけにはゆかない。踏升の車は堅緻牢密ゆえ、一度造ると毀しがたい。自斡の車（日本の水車）は、軽便を主とし、厚重を尚しとしない。伐木を輻とし、板を縛り桶を懸け、民にたやすく造らせることができる。自斡の車は、ひとたび設ければ、人力を用いずに、昼夜自ら灌漑する。

④自斡の術は、四つある。第一は、輻の長短大小は、みなその中を得ること、第二は、激水の板の長短、広狭、厚薄は、みなその中を得ること、第三は、水を挹《く》む桶の大小、稀密は、みなその中を得ること、第四は、漫流を急水に変えて水車を設けることである。岸が高く水が深ければ、輻は長くすべきであり、岸が低く水が浅ければ、輻は短くすべきである。大小は、水の強弱によって決める。川の流れがやや急でやや深ければ、板の厚さは四、五分ほどにし

てやや短くかつ狭くする。川の流れが急で深ければ、板の厚さは、七、八分ほどにして、長くかつ広くする。川の流れが大いに急で、大いに深ければ、板の厚さは、一寸ほどにして、さらに長くかつ広くする。そして自斡の車は、漫流にあってはもとより施すことはできない。日本人は、川を築き、溝を通して水車を設けている。そこで漫流において、小さく防築を加え、一本の小溝を通して、水車を設ければ、急流になって自斡することになる。

朴瑞生は、①日本の「自斡の車」は中国のものより優れ、③朝鮮の「踏升の車」よりも優れている。だが、②工人に「自斡の車」を造らせようとしたが、学生金慎の言葉を十分に理解せずに造ったため、役に立たなかった、とする。そして④「自斡の車」の造法について説明している。そして世宗に対し、右の内容を諸道に下諭し、また金慎に命じて、水車の造法を正すことなどを願った。

世宗は、知中事の安崇善の啓により、瑞生と金慎に、工曹の匠人に水車を造作させ、試験することになった（以上、『世宗実録』巻五二、一三年六月乙未〈三日〉条）。

同年一〇月、戸曹判書の安純は、世宗に対して、次のように報告している。

今以三倭水車与二呉致善所レ造水車一、激水試レ之、倭水車可レ用二於灌漑一、致善水車可レ汲レ井、不レ可二灌漑一、倭水車於二農事一甚便益、請分二送工匠于諸道一、造而用レ之、

今、倭の水車と、呉致善の造った水車に、激水して試験したところ、倭水車は、灌漑に用いるのに適しており、致善の水車は、井戸水を汲むのにはよく、灌漑には適しないことがわかった。倭水車は、農事に甚だ便益である。そして安純は、工匠を諸道に分送して、倭水車を造って用いることを提案している。世宗は「一人が倭水車を造って、明年の農事に及ぶものなのか。諸道に、見様によって造らせるのがよい」と答えた（『世宗実録』巻五四、一三年一〇月辛酉〈三〇日〉条）。

同年一一月、戸曹が、水車監造官の手本《しゆほん》に基づき、世宗に建言した。その手本の内には、「倭水車を、もし田が十分に乾いていない時に用いたのならば、二人一日の役で、数畝の田に水を灌《そそ》ぐことができる」とあった。戸曹は、「各道に移文して（国王の命令を伝える文書を送って）、あらかじめ造車の材料を備えさせ、匠人に水車の造作を指導させ、陂澤《ひたく》（沢、沼、貯水池）については、激水のやり方を習わせれば、農民が楽に水車を用いることができる。また唐水車もあわせて造作させ、外方の匠人に能く伝習させれば、灌漑に利することになる。監司（観察使）にその実効を考査させ、国王に報告させて、その功を賞してはどうか」と提案した。国王は、その提言を採用した（『世宗実録』巻五四、一三年一一月己卯〈一八日〉条）。そして一二月、世宗は、工曹の啓に従い、倭水車と唐水車を造作する匠人を、京畿道と忠清道にあわせて一名、全羅道・慶尚道にあわせて一名を遣わすことになった（『世宗実録』巻五四、一三年一二月丙辰〈二五日〉条）。

こうして朴瑞生の建言によって、倭水車や唐水車が各地で造られることになったが、期待したほどの成果は上がらなかった。一四三三年（世宗一五）、都承旨の安崇善が、水車を造ることを建議した際に、世宗が、左承旨の金宗瑞に尋ねたところ、「禹希烈が、水車を多く造りましたが、数年行っても成果が上がらないため、やめてしまいました」と答えた。また世宗が、「中国や倭邦で水車の利があるのに、その間に介在する我が国にどうして水車を用いるべきではないという理があるのか」と尋ねたところ、金宗瑞は、「朝鮮の土性は麤疎《そそ》であり、泉水は汚れております。その功（働き）を一〇〇倍にしたとしても、一日に灌ぐことのできる所は、一畝に過ぎません。その上、功をやめれば、滲漏してしまいます」と答えた。久しく水車の効がないということを疑った世宗は、宦寺の田吉洪に、水車を行宮の近処に置かせ、一〇〇人を役してこれを激したところ、一日で灌いだのは、一畝にとどまり、またことごとく滲漏していた。また安崇善を、金宗瑞とともに赴かせたところ、八十余人を役して終日激させたところ、灌ぐことのできた所は、一畝に及ばず、しかもみな滲漏していた。崇善らの回啓に基づき、扈従の宰相に議させたところ、みな「用いるべきではない」と回答した。そこで、世宗は、各道の敬差官を還し、人力に藉《よ》る水車はすべて廃止し、自激水車のみはそのまま残すことにした（『世宗実録』巻六〇、一五年四月辛卯〈八日〉条）。

以上、日本の水車（倭水車）の導入や、水車に関する認識、その普及などに関する記事をみてきた。導入過程という点からみると、まず朴瑞生が、日本の水車の性能を高く評価し、その導入を強く国王に提言したことが契機になっている。また水車の造法を伝える際には、同行していた学生の金慎に、日本の水車の仕組みを調べさせている。おそらく、金慎は日本の水車の図を作成して、朝鮮に持ち帰ったのであろう。

だが朴瑞生が、中国のものより優れ、朝鮮の「踏升之車」よりも優れているとした日本の「自斡の車」は、朝鮮に定着することはなかった。世宗のもとでの朝鮮官人の議論を踏まえれば、その理由としては、①工人が学生金慎の言葉を十分に理解できなかった、②朝鮮の土性は麤疎であり、泉水は汚れていること、③一日に灌ぐことのできる面積はわずかにすぎないこと、④水車を動かすことをやめれば、滲漏してしまうことが挙げられる。水車の構造への理解や土質などの条件が整わなければ、倭水車という新しい技術は定着しなかったのである。

3　造船技術

次に、日本の船（倭船）について取り上げてみよう。

一四一七年（太宗一七）、朝鮮王朝は、「倭船匠」藤次郎に、慶尚道の南海において船を造ることを依頼した。この時、藤次郎は、船一隻を造った後に余った材木の下付を求めた。この請願に対し、王朝内では議論になり、領議政柳廷顕と礼曹判書許稠は、「倭人の心は、ねじけていて信じがたく、海島に常居して船を造るといいながら、横行《おうぎょう》（ほしいままな行い）を専らとする」などとして反対し、ほかは「余材なので許すべきだ」という意見であった（『太宗実録』巻三三、一七年閏五月甲戌〈一九日〉条）。朝鮮に渡っていた倭人たちの中には、藤次郎のような職人（技術者）も含まれており、朝鮮王朝は彼らの技術に着目したのであろう。また当時の国王や官人たちは、倭寇のイメージが強く、彼らが船を巧みに操っていたこともあり、倭船に関心を持ったものだろう。それは、以下にみるように、倭（倭寇）の船の速度が速い（軽快である）ことによるものであった。

一四三一年（世宗一三）五月、摠制の李蔵が、世宗に上書して、次のように報告した（現代語訳、大意）。

今の試験船の造営は、功労が多く、造作が難しく、人はみなこれを厭がっている。領船万戸らが大体を顧みて用心して修治しなければ漏湿して、久しからずして朽ち果ててしまう。一四一九年（世宗元）に朝鮮軍が対馬島を攻撃した己亥東征（日本では、応永の外寇とよぶ）の時に、護軍尹得民が、新造船を使って、朝鮮との間を数ヶ月往還した。だが生木を使用したため、虫害にあい、水が浸みてしまった。そこで、李蔵は、東征の時に分捕ってきた倭の大船の甲造の術を学ぶよう提言する。倭船は、外は月外松板でこれを裹《つつ》み（『世宗実録』の史官は、松の理がまっすぐで割き易いものを、俗に月外松と呼んでいると注記している）、中に灰隔が無く、その軽快さは、兵船に勝っている。今後、この術によって造船し、その板木は、必ず何年も久しく乾かした後に用いることにしていただきたい。

（『世宗実録』巻五二、一三年五月丁丑〈一四日〉条）

世宗は、兵曹に対し、都鎮撫と共に、快鈍を験すことを命じている。

また倭船が、鉄釘を使用していることも注目されている。一四三〇年（世宗一二）五月、礼曹は、大護軍の李芸の言として、次のように伝えている。「江南・琉球・南蛮・日本諸国之船、皆用㆓鉄釘㆒粧㆑之、積日而造、故堅緻軽快」、すなわち「江南・琉球・南蛮・日本諸国の船は、みな鉄釘を用い、日を重ねて造っているので、堅緻軽快である」とし、「何ヵ月も海に浮かべても滲漏することがなく、たとえ大風にあっても、毀傷しない。耐用年数は、二、三〇年に至る。それに比べ、朝鮮の兵船は、木釘を使用して造り、また日数をかけずに造っているので、牢固軽快ではなく、耐用年数も八、九に過ぎない。船が毀傷した場合に修補しようとしても、松木を継ぎ難い。今後は、諸国造船の例により、短期間では造らず、鉄釘を用いて、堅緻軽快を得るようにさせたい」と提言した。また大船・孟船・剣船は、みな大造鼻巨刀および全木鼻巨刀各一隻を置き、留浦の場合は大鼻巨刀を用い、行船は全木鼻巨刀を用いること、慶尚左右道には、日本との間を往還する船一隻を造り、あわせて鉄釘を用い、載せる旗麾は、新造の光彩あるものを用いることを建言している。世宗は、これらの提言を、兵曹においてさらに検討を加えさせている（『世宗実録』巻四八、一二年五月戊午〈一九日〉条）。

兵曹は、「各浦の兵船が、十分に乾燥していない松板で造られ、木釘を用いているので、風浪に遭った場合、接合している箇所が違解し易い。また罅隙《かげき》（すきま）が多く漏湿なため、早く朽ちてしまい、七、八年も耐えられない。船を造改するので、沿辺の松木がほとんど尽きている」とし、唐船の制により、兵船に鉄釘を用い、板上に灰を塗り、また槐《えんじゅ》木板を試用することを回答した（『世宗実録』巻四八、一二年五月癸亥〈二四日〉条）。兵曹が、倭船ではなく、唐船（中国船）の制に依拠しているのが興味深い。

さらに世宗は、琉球船にも注目している。世宗は、琉球国人が朝鮮を訪れた際に、戦艦の建造を命じた。一四三四年（世宗一六）三月、世宗は、喜雨亭に幸し、新造の戦艦を西江に浮かべ、朝鮮の戦艦と快鈍（速度）を比べさせたところ、琉球国人が造った船の方がやや疾《はや》かった。世宗は、琉球国船匠二名とその妻に月料を給することを命じている（『世宗実録』巻六三、一六年三月乙未〈一八日〉・丁酉〈二〇日〉条）。

一四四四年（世宗二六）、世宗は、礼曹判書の金宗瑞がかつて啓したものとして、藤九郎の次の言葉を承政院に伝えている（『世宗実録』巻一〇六、二六年一〇月丁巳〈一二日〉条）。

予（藤九郎）観二諸国兵船一、唐船為レ上、琉球国次レ之、朝鮮為レ下、

藤九郎は壱岐の人で、朝鮮に投化（帰化）した投化倭であり、護軍の官職を朝鮮王朝から受けている（受職人）（松尾弘毅―一九九九）。倭人が、諸国の兵船を格付けしたものとして興味深い。朝鮮王朝は、藤九郎の造船技術に注目し、麻浦（全羅道）において、倭の船体に倣った船を造らせている。一四四五年（世宗二七）九月、その新造船と諸津の船を、漢城の楊花渡に会して敵対させ、草を縛って人の代わりとして船中に並べ、諸火砲を発射させて、擬戦の状況を造らせている。世宗は、その様子を議政府と六曹に観望させている（『世宗実録』巻一〇九、二七年九月壬辰〈二二日〉条）。

以上のように、朝鮮王朝は、国王世宗が主導して、速度の速い倭船や琉球船を建造させている。建造にあたっては、「倭船匠」藤次郎や、受職人の藤九郎ら、朝鮮内に滞在していた倭人を活用している。朝鮮王朝が整備した通交制度のもと、多数の倭人たちが朝鮮を訪れ、さまざまな物資を入手しているが、朝鮮側もその制度を利用して、倭人から情報を集め、また彼らの持っている技術を活用したのである。また朝鮮の官人は、己亥東征の際に対馬島から奪取した船も活用し、船の構造を調査している。

二　境界の交流と、技術の伝播の条件

1　技術の伝播の条件

前節でみたように、朝鮮王朝は、国王の命令のもと、中央・地方の官人組織が、日本からの技術導入を推進してい

た。その情報源は、日本へ派遣した使節や、朝鮮に滞在していた倭人たちであり、倭人の持っている技術も活用された。

一方、中世日本の場合は、このように国家が主導して、技術導入を進めることは考えにくい。ただし東大寺の復興に際して、重源が、明州（慶元、現在の寧波）周辺の東銭泉石造群と、その石材の梅園石に注目し、石獅子を宋人石工四名（伊行末・梁成覚・守安らか）に造らせたとする山川均氏の指摘〔山川均―二〇〇八〕は、国家事業に準じた形での技術の伝来という評価ができるだろう。山川氏らのグループによる最近の研究によれば、渡来した石工集団は、寧波郊外の東銭湖周辺を中心に墓前石像群制作に関与したグループであること、またその系譜は北宋皇帝陵墓前石像群を制作した石工集団に求めることができる。東大寺復興の中心であった重源は、大勧進拝命以前に寧波に滞留した際に墓前石像群を実見し、その鮮烈な印象から、石像の制作者を東大寺復興の立役者として招聘させたものとみられる。ただし、重源が彼らに制作させた石像は、墓前石像になかった大仏脇侍や四天王であり、石獅子を仏教的存在とするため、須弥壇上に乗せるなどの大がかりな翻案を行っていたことに留意する必要がある〔山川均―二〇一二、三四九〜三五〇頁〕。同じ石像そのものではなく、重源の側で翻案したものを制作させたのである。

日本中世においては、交流の最前線にある境界が、技術を受容する上でも重要な役割を果たしていたのではないだろうか。ただし技術が伝播する上では、いくつかの条件が必要である。本書第四章で述べた、鉄砲の生産技術の伝来の事例を考慮すると、次の二点が指摘できる。

第一に、外来の製品（加工品）に対して、その価値を認めるということである。その価値観は、たとえば、石鍋や鉄砲であれば、利便性ということになる。また仏像、絵画、陶磁器などに対しては、その産地の人々や、それを購入する地域の人々と美意識を共有することになる。したがって、たとえば朝鮮半島で高い評価が与えられているものであっても、受容する側にその価値を見出さなければ、その製品や、製品を生産する技術は受容されない。この点は、本書第一章で言及した、日本に輸入された唐物は、和の中で新たに価値が付加されることとも通じる点である。

第二に、「はじめに」でも言及したように、技術を受容する主体と、生産体制の整備という点である。生産技術を職人（技術者）が習得し、製品を商品にするためには、原材料を確保し、一定量を生産する生産の場を整備し、さらに流通経路を整える。本書第一章でみたように、中世日本では、贈答も流通の一形態である。そのような生産・流通の環境を整備するためには、領主や商人の果たす役割は大きい。

2　朝鮮鐘をめぐる境界の交流

それでは、日朝間の境界において、朝鮮の文物が受容されていく過程（価値観を共有していく過程、前項で示した第一の条件にもあたる）と、技術交流について、朝鮮鐘を例に検討してみよう〔関周一―二〇一二〕。

和鐘の竜頭《りゅうず》が双竜頭で構成されているのに対し、朝鮮鐘の竜頭は単頭であって、その頸を半環状にまげて懸吊の役目をし、かつその両前肢を備えているのが通例である。また竜頭の背後に密着して、旗挿しまたは甬《よう》という円筒状のものを立てている〔坪井良平―一九七四〕。

朝鮮鐘が日本に将来された時期を考える上で、日本に渡来した後の追銘が手がかりになる。坪井良平氏は、追銘を持つ朝鮮鐘を一七例提示している〔坪井良平―一九七四〕。鐘の所在地と第一次追銘の年代は、表8の通りである（地名表記は、同書のまま）。各々の鋳造の時代を掲げ、紀年銘のあるものは括弧内に西暦を示した。

このうち山口県光市の賀茂神社の鐘に貞治六年（一三六七）とあるのが最も古く、一四世紀後半が一〇例をしめ、その他一五世紀初期（応永年間）が二例ある。この時期は、倭寇が最も盛んな時期であることから、坪井氏は、それ

表8　追銘を持つ朝鮮鐘一覧

所在地	紀年銘	時代
山口県光市三井賀茂神社	貞治　六年（一三六七）	高麗前期
長州路豊西村万寿寺（今亡） のちに山口県長門市湯本の大寧寺へ	応安　五年（一三七二）	高麗前期
島根県安来市雲樹寺	応安　七年（一三七四）	新羅
肥前東松浦郡鏡村勝楽寺（今亡）	応安　七年（一三七四）	高麗前期（一〇二六）
相模鎌倉報告恩寺（今亡）	永和　元年（一三七五）	詳細不明
大阪市大淀区長柄浜通鶴満寺	永和　五年（一三七九）	高麗前期（一〇三〇）
島根県大原郡加茂町 （現雲南市加茂町）光明寺	康暦　元年（一三七九）	新羅
福岡県北九州市若松区小竹安養寺	康暦　二年（一三八〇）	高麗前期
日向穆佐村悟性寺（今亡）	永徳　元年（一三八一）	高麗後期
薩摩市来大日寺（今亡）	明徳　五年（一三九四）	詳細不明
肥前平戸島観音院（今亡）	応永一〇年（一四〇三）	高麗前期
京都市中京区寺町六角下る長仙院	応永二一年（一四一四）	高麗後期
福岡県福岡市辻堂町承天寺	明応　七年（一四九八）	高麗前期（一〇六五）
福岡県福岡市御供所町聖福寺	文亀　二年（一五〇二）	高麗前期
京都市建仁寺塔頭正伝永源寺	永禄一二年（一五六九）	高麗後期
山梨県南巨摩郡身延町久遠寺	万治　三年（一六六〇）	高麗前期
大阪市天王寺区上宮町正祐寺（今亡）	明治　七年（一八七四）	高麗前期（一〇一九）

〔坪井良平―一九七四、二八頁〕

らの鐘の多くが倭寇の掠奪品であったとしている〔坪井良平―一九七四、二八～二九頁〕。

坪井氏は、朝鮮王朝との通交関係が成立した後、正式な交渉で入手したケースも想定している。京都市長仙院・福岡市承天寺・京都市正伝永源寺の三口がそれにあたるとする〔坪井良平―一九七四、二九頁〕。福岡市聖福寺の鐘は、四次の追銘があり、第一次の追銘は、文亀二年（一五〇二）に筑前州志摩郡の平等寺にあったことを示している。

藤田亮策氏は、大友氏またはその配下が朝鮮に請願して、大友氏が平等寺に寄進したものとする〔藤田亮策―一九六三、一六二～一六三頁〕。第二～四次の追銘によれば、この鐘の所在地は次のように移動している。天文二年（一五三三）の兵乱により平等寺から奪い取られて、周防国吉敷郡山口に渡り、同三年に山口の本国寺に懸けられた。平等寺住持の玄印の請願によって大内義隆がこれを取り戻し、天文六年に平等寺に寄進した。天正一七年（一五八九）には、小早川隆景が聖福寺へ寄進した〔坪井良平―一九七四、一〇九～一一二頁〕。

それでは、どのような領主たちが、朝鮮王朝に梵鐘を求めたのだろうか。

早い事例としては、一三九八年（応永五）、足利義満が大内義弘を通じて、大蔵経や「銅鐘の巨《おお》きもの」「薬物の良きもの」を朝鮮側に求めている（『善隣国宝記』巻中、応永五年朝鮮に諭する書）。義満にとっては、最初の朝鮮王朝との交渉である。

また『朝鮮王朝実録』初期の『太宗実録』や『世宗実録』には、日本が梵鐘を朝鮮に求めた事例が散見する。それらを表9にまとめておいた。なお、『朝鮮王朝実録』では、「鐘《しょう》」は、「鍾《しょう》」と表記されている。

表9をみると、博多を拠点にして、朝鮮と通交している諸氏が多い。大内盛見をはじめ、九州探題渋川道鎮（満頼）とその被官である板倉満家、肥前の吉見昌清、少弐満貞らである。道永は壱岐の人で、朝鮮王朝から上万戸の官職を授けられた受職人である。一四一四年以降、対馬の宗貞茂が繰り返し梵鐘を求めているのがわかる。

表9　朝鮮に梵鐘を求めた使節の派遣者（『朝鮮王朝実録』による）

年　次	派　遣　者
太宗　九年（一四〇九）	大内盛見（閏四月戊辰）
太宗一二年（一四一二）	板倉満家（三月甲辰）
太宗一三年（一四一三）	渋川道鎮・吉見昌清（四月丁丑）、板倉満家（七月丙午）
太宗一四年（一四一四）	板倉満景（四月是月）、少弐満貞（六月己巳条） 道永・大内盛見（七月甲午）、宗貞茂（九月己亥） 吉見昌清、梵鐘を賜ったことを謝す（九月己亥）
太宗一五年（一四一五）	早田左衛門大郎・宗像社務顕（四月己丑）
世宗即位年（一四一八）	宗貞盛（八月壬寅）
世宗　三年（一四二一）	渋川義俊（正月戊辰）
世宗　五年（一四二三）	渋川道鎮（正月庚戌）
世宗一五年（一四三三）	宗茂直（六月丁酉、八月丙戌）

〔関周一二〇一二、八六頁〕

このうち一四〇九年（太宗九）の大内盛見の事例では、その請求に応じて「大蔵経一部、普提樹葉経一葉、螺鉢鍾・磬各一事、祖師真、懶翁和尚影子」が別賜されている（『太宗実録』巻一七、九年閏四月戊辰〈二六日〉条）。大蔵経や、祖師の真（肖像画）とともに、「螺鉢鍾」と「磬」各一事が含まれている。

一四一四年（太宗一四）には、「対馬島宗貞茂使人三十四名、小二殿《（少弐満貞）》三十一名、一岐州《（道永）》二十名、日向州二十名」という使者たち計一〇五名が、蔚山において、請求した鐘の給付が遅れたため、剣を抜いて郡人を殺そうとした。礼曹判書黄喜の提案に基づき、太宗は平道全を蔚山に派遣して、倭人たちに大義をもって責めようとしたが、倭船はすでに出発してしまっていた。また太宗は、倭人の池温を、宗貞茂に遣わし、今後日本国王および対馬島・大内殿・少弐殿・九州節度使（九州探題）等一〇処の倭使以外の各処の倭人の出送を禁じることを諭させている（以上、『太宗実録』巻二八、一四年八月丁未〈七日〉条）。

これ以降、対馬の使節が梵鐘を求める記事が目につくようになる。技術の伝播という観点から注目されるのは、一四一七年（太宗一七）の次の記事である。

対馬島守護宗貞茂送二銅鉄五百斤一、請二範鍾一也、教曰、今姑鑄給、勿二以為レ式、

（『太宗実録』巻三四、一七年一二月庚寅〈九日〉条）

宗貞茂は銅五〇〇斤を朝鮮に送り、模範となる梵鐘を求めた。太宗は、梵鐘を与えることは認めたものの、今後の先例とはしないとした。これを鋳型として使用すれば、朝鮮鐘を対馬において製造できたことになる。

これに関連して、『世宗実録』巻一、世宗即位年（一四一八）八月辛卯（一四日）条の二つの記事を挙げておきたい。

倭人司正表沙貴率二其国銅鉄匠一来、

対馬島敬差官李芸啓、火㷁・碗口唯以二銅鉄一鋳造、而銅鉄我国所レ不レ産、因レ此火㷁・碗口未レ易二鋳造一、臣至二対馬島一、於二賊倭処一、得二中国所レ鋳水鉄火㷁・碗口一以来、請以二水鉄一鋳二火㷁・碗口一、分二置諸州鎮一、命二軍器監一試レ之、

倭人の司正表沙貴が、その国の銅鉄匠を率いて朝鮮に渡った。司正は朝鮮の五衛の一職（正七品）にあたり、表沙貴は受職人である。また対馬島敬差官の李芸は、朝鮮では銅を産しないので、水鉄（鋳鉄、銑鉄）により碗口などを鋳

し、諸州の鎮に分置することを請願している。対馬島において、賊倭（倭寇）から、中国鋳造の水鉄の碗口などを得たからだという。太宗は、軍器監にこれを鋳造させ、諸州の鎮に分置させることにした。

この表沙貴は、芦屋鋳物師と考えられている〔橋本雄―二〇一二、一三二頁〕。芦屋は、筑前国の地名で、中世では葦屋と表記され、遠賀川の河口部、現在の芦屋町中心部にあたる。古代の岡水門を継承する葦屋津は遠賀川の河口湊で、国際貿易都市博多と畿内とを結ぶ航路の中継地に位置した。室町期から戦国期にかけて、葦屋は茶の湯釜（葦屋釜）の生産地として特に有名であり、遅くとも南北朝期には当地で鋳造業が行われていたものとみられている〔平凡社地方資料センター―二〇〇四〕。

また李芸の報告によれば、対馬では、おそらく倭寇が、中国で鋳造された火器である火㷁・碗口を掠奪して持ち帰ったことがうかがえる〔中島楽章―二〇一一〕。

世宗朝になっても、対馬の宗貞盛や渋川道鎮などからの求めが続いているが、朝鮮側は、一四二一年以降、「年来、貴国諸鎮が求めたものはほとんど尽きてしまった」（これは大蔵経の請求を拒否する場合にもみられる理由である）として、その要求を拒否している（たとえば、『世宗実録』巻一、即位年八月壬寅〈二五日〉条／巻一一、三年正月戊辰〈五日〉条）。

こうして世宗朝中期以降、日本では朝鮮鐘は入手できなくなる。それに代わって造られたのが、和鐘と朝鮮鐘の混淆形式である。

現存最古の遺例は、対馬市厳原町の旧清玄寺梵鐘（長崎県立対馬歴史民俗資料館に寄託）である。鐘身は、ほぼ朝鮮鐘の形式を踏襲しているが、竜頭だけは和様による双頭竜で、甬はない。応仁三年（一四六九）一〇月二二日付の銘文が陰刻され、「国主惟宗朝臣貞国」（宗貞国）と、「本寺」（清玄寺）の「檀越」として「惟宗朝臣信濃守盛家」と「子息職家」らの名がみえる。鋳工は、筑前国葦屋の金屋大工大江貞家と、小工一五人である。これ以後、葦屋の鋳工は、日朝混淆鐘を次々に製作するようになる〔坪井良平―一九七四〕。このような形式の鐘の誕生は、朝鮮鐘に価値を見出すようになったこと、そしてそれが入手できなくなったことに関係があるのではなかろうか。

おわりに

まず、本章の内容を要約しておこう。

朝鮮王朝初期は、明朝や日本・琉球などの周辺諸国に対する関心が高く、諸国の情報を収集し、それを王朝の国内統治や外交にも活用しようとしていた。そのため王朝は、日本の技術に関心を持ち、それを受容しようと試みた。朝鮮王朝という国家が主導して、技術の導入を企図したのである。

一四二九年（世宗一一）に来日した通信使朴瑞生の提言に基づき、世宗は日本の水車を導入することを決めた。朴瑞生がみた日本の水車は、自転揚水車（「自斡之車」）であり、水の流速を利用して水車を回し、水を汲み上げて上部に設定した樋に水を流し込むというものであった。朴瑞生は、日本の水車は、中国のものより優れ、朝鮮の「踏升之車」よりも優れているとした。工人に水車の造法を伝える際には、朴瑞生に同行していた学生の金慎に、日本の水車の仕組みを調べさせている。だが期待したほどの成果は上がらなかった。その理由としては、工人が学生金慎の言葉を十分に理解できなかったことや、朝鮮の土性は麤疎であり、泉水は汚れていることなどが挙げられる。

また世宗が主導して、朝鮮船に比べて速度の速い倭船や琉球船を建造させた。造船にあたっては、「倭船匠」藤次郎や、受職人の藤九郎ら、朝鮮内に滞在していた倭人を活用した。

次に日朝間の境界において、朝鮮の文物が受容されていく事例に朝鮮鐘がある。

日本に現存している朝鮮鐘は、山口県光市の賀茂神社の鐘に貞治六年（一三六七）とあるのが最も古く、一四世紀後半が一〇例をしめ、その他一五世紀初期（応永年間）が二例ある。

朝鮮王朝時代、朝鮮鐘を朝鮮王朝に求めた通交者は、博多を拠点にして、朝鮮と通交している諸氏が多かった。大内盛見をはじめ、九州探題渋川道鎮（満頼）とその被官である板倉満家、肥前の吉見昌清、少弐満貞らである。一四一四年（太宗一四）一〇五名の使者たちが、蔚山において、請求した鐘の給付が遅れたため、剣を抜いて郡人を殺そうとした。この一件以降、対馬の使節が梵鐘を求める記事が目につくようになる。一四一七年（太宗一七）、宗貞茂は銅五〇〇斤を朝鮮に送り、梵鐘の鋳型を造ってもらうことを求めた。翌年、芦屋鋳物師とみられる司正表沙貴が、銅鉄匠を率いて朝鮮に渡った。

世宗朝は、その中期にあたる一四二一年以降、日本からの梵鐘請求を拒否するようになった。日本では朝鮮鐘は入手できなくなったが、それに代わって、芦屋鋳物師によって、和鐘と朝鮮鐘の混淆形式が造られるようになった。

最後に、今後の課題を提示しておきたい。

対馬には、朝鮮半島由来の金銅仏が数多く伝わっているが、その多くは火傷を負っている。狭川真一氏は、朝鮮王朝の排仏政策によって迫害を受けた僧侶が、日本に亡命し、その際に各自の荷物として隠し持たれたものとする仮説を提示した。狭川氏は、対馬側の受容者として、受職倭人を想定している〔狭川真一 二〇〇四〕。狭川氏が、受職倭人と島内の石塔、対馬市厳原町豆酘内院の花崗岩製の宝篋印塔、同市峰町佐賀の宝篋印塔（日本の中央形式）などの関連を指摘していることは、注目される。対馬島内において、朝鮮半島の金銅仏や鐘、日本の畿内などの石塔に価値を見出すようになったことと、宗氏や対馬島民（受職人など）の活動、そして技術の伝播の関連についてさらに検証していく必要がある。

また第一節において、朝鮮王朝という国家による技術の導入を検討したが、朝鮮民衆から異国へ技術が伝わることもある。石見銀山に伝えられた灰吹法が、その典型である〔秋田洋一郎―二〇〇七〕。村井章介氏は、豊臣秀吉の朝鮮侵略の際に、済州島の海尺（海民の一種）の河甘同が、朝鮮の板屋船の様式で一隻を建造し、加藤清正に贈って使用させたという事例（『宣祖実録』巻八六、三〇年〈一五九七〉三月甲寅〈二四日〉条）を紹介している。村井氏は、朝鮮式の船だけではなく、造船技術もろとも日本軍に提供した可能性を指摘している〔村井章介―二〇一三b、四三九頁〕。このような戦時における技術交流についても、今後の課題としたい。

第六章　中世後期における唐人をめぐる意識

はじめに

前近代のアジアにおいては、時期によりそれを生み出す諸条件は変化しつつも、活発な人の移動が行われ、日本列島においても多様な形で異国の人（異民族）が居住・活動していた。日本中世に即してみても、「唐人」と称された異国人が列島内に居住・活動していたことは、すでに先学により指摘されている。

森克己氏は、日宋貿易が展開していく中で博多や敦賀などに宋の商人（海商）が居住し、一定の居住地を有していたことを指摘した〔森克己―二〇〇八、一八一～一九七頁／同―二〇一一、四章〕。こうした居住地は、唐坊と呼ばれた。古代・中世における日本最大の国際貿易港である博多では「唐房」と表記され、中国人海商が、住居・倉庫・店舗を構えて、明州（現寧波）との貿易を行っていた〔亀井明徳―一九九五／大庭康時―二〇〇九／佐伯弘次―二〇一〇／柳原敏昭―二〇一〇・二〇一一／渡邊誠―二〇一二など〕。

豊田武氏は、商人の中の「外人」の活動に注目して多くの史料を紹介し、「唐人座」の存在に注目した〔豊田武―一九八二、一三一～一三二頁／同―一九八三、一五二～一五八頁〕。網野善彦氏は職人集団としての「唐人」集団が中世前期から活躍していることを指摘し、日本の中世社会が「開かれた社会」である点を強調した〔網野善彦―一九八〇、一五六～一六五頁／同―一九八四、七九～八〇頁〕。長沼賢海氏は、「混血児」という観点から中国人の活動に言及している〔長沼賢海―一九七六〕。

また戦国期～近世初期に形成される「唐人町」について、小葉田淳氏は、「近世初期中国人の渡来・帰化の問題―唐人町研究の一駒―」「唐人町について―近世初期の中国人来住帰化の問題―」〔小葉田淳―一九七六（初出はともに一九四七年）〕を著し、ついで中村質氏が具体的な事例を詳細に検討している〔中村質―一九七三〕。さらに真栄平房昭氏は、かかる「唐人」の活動をアジアにおける華僑の活動の一環ととらえ、琉球（久米村）や日本における華僑の活動を分析し、華僑と政治権力との結びつきに注目した〔真栄平房昭―一九八三〕。そして一六世紀末～一七世紀にこうした多民族雑居状況がアジアの各地に生れたことに注目した荒野泰典氏は、それを「倭寇的状況」という概念で把握している〔荒野泰典―一九八七〕。

このような列島社会内外における異民族の活動については、今後も明らかにしていかなければならないが、本章では彼ら「唐人」を迎える側である列島内に居住する「日本人」の意識を検討の対象にしたい。

この点から注目されるのは、近世日本における「唐人」認識を論じたロナルド・トビ氏の研究である〔ロナルド・トビ―一九八八〕。トビ氏によれば、一七世紀初期の海外交流の活発化や朝鮮通信使の来日により、朝鮮人（「高麗人」）に対するイメージが新たにつくられて、彼らへの関心が高まる一方、通信使を真似て「唐人踊」「唐人行列」が各地で行われ、その過程で多様であった「異国人」認識が消えていき、「唐人」の語が「東洋人の総称」としてその範疇を拡大していくことを指摘している。

本章ではトビ氏の分析を踏まえつつ、中世日本における「唐人」をめぐる意識を探り、さらに「唐人」の語をキーワードにしていかなる論点・課題が摘出できるかを述べていくことにしたい。

まず「唐人」の語が、具体的に何を指しているのかについて、時期による主要な傾向を指摘した上で、京都を主な対象として中世後期（特に一五世紀前半）における「唐人」をめぐる意識の一端を考えてみることにしたい。

一 「唐人」の語義の変遷

「唐人」という語は、中国人を意味する語だと解されるのが一般的であろう。それは例えば『日葡辞書』においても「カラヒト」または「タゥジン」と読んで、「シナの人」の意と記されており（土井忠生ほか一九八〇、一〇〇・六五八頁）、中世末期においても同様に認識されていることがわかる。

ところが『日本国語大辞典』第二版をみると、「とう‐じん［タウ：］【唐人】」の項目には、「①唐土の人。中国人。からびと」の語義の次に、「②外国人。異国人。異人。毛唐人」とある（日本国語大辞典第二版編集委員会ほか二〇〇一、第九巻、九八二頁）。②の用例は、「仮名草子」（一六〇六年頃成立）や、「柳多留」（一七六五年成立）など近世のものであるが、中国人に限定されずに異国人全般を指す用法は、中世においても確認できる。

「異国」の人をいかなる呼称で呼んでいたかは、彼らに対する認識を探る手がかりになろう。そこで、古代～中世の「唐人」の用法の変遷（主要な傾向）を、六国史や公家の日記などからみておきたい。

「唐人」表記の早い例は、『日本書紀』巻第二六、斉明天皇元年（六五五）五月庚午朔条に「空中有二乗レ竜者一、貌似二唐人一、着二青油笠一、而自二葛城嶺一、馳隠二膽駒山一」とあるもので、比喩として「唐人」の語が使用されている。同六年九月癸卯（五日）条には新羅が「唐人」を引構《いあわ》せて、百済を傾け覆したことが述べられている。この「唐」は隋朝を指しているが、『日本書紀』の編纂時には唐朝が成立しており、八世紀までには「唐（もろこし）」の人という意で「唐人」の語が成立していたことが確認できる。

これ以後、六国史ではしばしば「唐人」という表記がなされるようになり（たとえば、『日本後紀』巻八、延暦一八年〈七九九〉正月甲戌〈二九日〉条／『日本三代実録』巻九、貞観六年〈八六四〉八月一三日丁卯条など）、中国人（唐朝の人）を指す呼称として定着するようになる。

平安期以降も同様で、九九六年（長徳二）には、陣定において大宰典倫頼の申文と並んで、「唐人返抄」のことを定めている（『小右記』長徳二年五月一九日条）。一一〇〇年（康和二）秋に、敦賀津の「唐人黄昭」が書写した「金剛頂瑜伽経十八会指帰」（近江石山寺所蔵）を、加賀の白山への参詣者がその帰路に受け取っている（『平安遺文』題跋編、六五四号）。一一一九年（元永二）頃のものとみられる某書状（東寺本東征伝裏文書）には「敦賀唐人」がみえ、敦賀にこの一両年「唐人」が着岸していないことなどが述べられている（『平安遺文』古文書編第九巻、四六七三・四六七四号）(1)。

一方、六国史において、朝鮮人は「唐人」とは明確に区別されている。『日本書紀』では「高麗人」（この「高麗」は高句麗の意。巻一〇、応神天皇七年九月条／巻二九、天武天皇九年〈六八〇〉一一月乙亥四日条など）、「新羅人」（巻六、垂仁天皇二年是年条／巻一〇、応神天皇七年九月条／巻二七、天智天皇元年〈六六二〉三月是月条など）などの用法がみえ、国号に応じて区別されている。高麗朝成立後は、「高麗人」という用語が通例使用されるようになり、一五世紀においても公家の日記に使用されている（たとえば『康富記』嘉吉三年〈一四四三〉六月一九日条など）。

ただし、古代において「唐人」と「新羅人」の区別は厳密ではない。九世紀に来航した「唐人」海商については、森公章氏の研究に詳しい〔森公章―一九九八、一四四～一四五頁掲出の表参照〕。渡邊誠氏は、日本側史料の国籍表記について、「唐人」と表記された人物が、別の史料では「新羅人」または「渤海国商主」などと表記された事例を整理している〔渡邊誠―二〇一二、二八～二九頁掲出の表参照〕。たとえば、交易のために渡海し、八二〇年（弘仁一一）に出羽国に漂着した李少貞は、『日本紀略』巻一四、弘仁一一年四月戊戌（二七日）条では「唐人」、『続日本後紀』巻九、承和九年（八四二）正月一〇日条では「新羅人」と表記されている。渡邊氏は、こうした事例を分析し、承和九年以降に日本に来航して政府の管理を受けた「新羅商人」とは、在唐新羅人であることや、各商船は唐人・新羅人・渤海人の混在であることなどを指摘している〔渡邊誠―二〇一二、三〇頁〕。

その後、中国では一〇世紀後半に宋朝（北宋）が成立するが、その国号に倣い「宋人」を使用する例もみえるようになる。一〇九一年（寛治五）七月には「宋人陳苛」が敦賀官舎に、同年閏七月には「宋人堯忠」が敦賀津に渡来している（『為房卿記』寛治五年七月二一日・閏七月二日条）。一一七〇年（嘉応二）九月、平清盛は福原の別荘にて、後白河法皇に「宋人」を対面させたため、藤原兼実は「我朝延喜以来未曾有事也、天魔之所為歟」と非難している（『玉葉』嘉応二年九月二〇日条）。承久二年（一二二〇）六月日付の筑前筥崎宮寺調所結解（石清水文書）には、「宋人御皆免田」が書きあげられている（『鎌倉遺文』古文書編第四巻、二五三三号）。

さらに下って一五世紀初頭の例をみると、『教言卿記』応永一四年（一四〇七）八月五日条では、いったん「唐人」と書いた後に「唐」の字を消して「宋人参二北山殿一」と記し、さらに「今度鵝眼十万五千貫宋人進上之由風聞也」と記している。実際にはすでに宋朝は滅亡し、明朝の時代になっているため正確な用語ではなく、この「宋人」も明使を指している。だが、筆者山科教言は「唐人」の語を避け、教言が認識している中国の王朝名に合わせて「宋人」の語を使用しているのである。一五世紀初頭においても中国人を指す語が、「唐人」のみではなかった点が注目される。

このような状況から、一六世紀には異国の人一般に対する呼称が、「唐人」の語に収斂されるようになってくる。一五世紀にすでにその端緒がみられ、『看聞日記』嘉吉三年（一四四三）七月二日条には「晴、高麗人相国寺参、法堂ニ立レ棚、供具数坏高麗布□段等積置、唐人読二祭文一」とある。この「唐人」が前の「高麗人」を指していることは明らかで、「唐人」と「高麗人」の用法の混乱がみえる。また『大乗院寺社雑事記』文明一八年（一四八六）二月一五日条では、貿易商人の楠葉西忍の父である「天竺人」ヒジリが「号二唐人倉一、在二一条殿之御地之内一、三条坊門カス（ラ脱カ）丸也」と記している。「天竺人」の倉であっても、「唐人倉」と号す意識があったことがわかる。

一六世紀になると、朝鮮と密接な交流をしている対馬の史料に、朝鮮人を指して「唐人」と呼ぶ事例がみえるようになる。『朝鮮送使国次之書契覚』（田中健夫―一九八二所収）のうちの「宗左衛門大夫覚書」（三浦の乱後の対馬―朝鮮の往来の記録）をみると、永正八年（一五一一）三月一二日条には「三月十二日ニみなとへ唐人三人つれてまいり候、唐人名ハ一人ハそとき（諸者）、年五十七、一人ハきむせうとき（崔孝同）、年三十、一人ハはめくそに（漢明）、年廿五」とあり、さらに「わゆの（和与）御所丸ハ、同卯月八月に御はしり候、唐人も御所丸之つれて御渡候」、「唐人ハ卯月三日わにのうら（鰐浦）にまいり候」とある。同様に永正一〇年一二月四日条には、「西とまり（泊）江唐人八人なかれ候て参候」とあり、一二月一九日条によると、その唐人は、「とくねき（東莱）の郡の者三人」「りやくさん（梁山）の者二人」「たいこ（大丘）の郡者三人」の計八人であったという。彼らの所属地が東莱郡・梁山・大丘であることから、彼らが朝鮮人であることは明らかであり、永正八年の「唐人」も同様に朝鮮人漂流人とみてよいであろう。また年未詳六月五日付の宗晴康書状（大浦一泰家文書）には「唐人流寄候」と記されており、文中に「高麗之かけとして上下共ニ身を過居候」との記述があることからみても、この「唐人」は朝鮮人のことと考えてよいであろう（佐伯弘次―一九九〇、二七〇～二七二頁／関周一―二〇〇二b、二四六～二四七頁）。

一六世紀末に主に九州に形成される「唐人町」のうち、肥後国人吉の「唐人町」は相良氏が朝鮮侵略の時連行した朝鮮人に由来し、筑前国福岡の「唐人町」は一六〇〇年（慶長五）の黒田氏の入部による城下町新設に際して朝鮮人を召し置いたことに由来するという（小葉田淳―一九七六、三三二頁／中村質―一九七三、一四二～一四三頁）。朝鮮人の居住を淵源としていても「唐人町」と呼んでいたのである。また豊臣秀吉の朝鮮侵略の際にも、日本側史料では朝鮮人を指して「唐人」と呼んでいる事例は数多い。『吉見元頼朝鮮日記』『乱中雑録』では、朝鮮人を「唐人」と呼んでいる

〔北島万次一九八二、一六三・一六五・一六八・一六九頁など〕。

そして「唐人」を名字として名乗る者もうまれた。一六世紀末期越後国の上杉氏家臣に「唐人又太郎（からうどまたたろう）」なる人物がおり、上杉氏の鉄砲師範を務めていた（山本隆志氏のご教示による）。天正一六年（一五八八）三月一六日付の「唐人又太郎」あて上杉景勝朱印状が残されている（『大越家文書』）〔渡辺慶一―一九八七、一八四頁〕。

このように一六世紀には、対馬島の人々でさえ朝鮮人を「唐人」と表記しており、広く異国の人を唐人と呼ぶ傾向が強まってくるとみてよいであろう。その傾向は、一五世紀から確認できる。ここから直ちに異国の人に対する認識の変化を読み取ることは早計に過ぎるが、中国人や朝鮮人をさほど区別せず認識していたのではないかとの推測は可能であろう。したがって一五～一六世紀における異国の人の呼称を、「唐人」の語に代表させてよいことになろう。

では一五～一六世紀において、「唐人」と呼ばれる人々は、具体的にどのような職種の人々であったのだろうか。豊田武氏は商人としての「唐人」の事例を紹介し、そのうち医者・薬屋の例が多かったことを指摘している〔豊田武―一九八二・八三〕。それ以外に、一五世紀の公家の日記をみると、明から来日した使節に対しても「唐人」の語で呼んでいることがわかる。具体的な事例は第二・三節で紹介するが、「唐人」の語をキーワードとして検討の対象を広げていくと、通事の例を含めて外交の場における「唐人」も検討する必要が生じてくるのである。

次節以降では、「唐人」と直接の接触があり、またさまざまな「唐人」をめぐる風聞（情報）がとびかった一五世紀前半の京都を対象に、「唐人」をめぐる人々の意識の一端をみていくことにしたい。

二　応永の外寇と「唐人」をめぐる情報

一四世紀から一五世紀前半にかけての京都は、「唐人」などの「異国」の人々と多様な接触が行われた場であった。明朝や朝鮮王朝・琉球から使節が来日して幕府と交渉を持つという外交の舞台であり、来日した禅僧が五山などの寺院を訪れたりしていた。また商人や通事として「唐人」が居住し、中には遣明船の一行に加わる者もいた。たとえば、一四三三年（永享五）の遣明船の正使を務めた竜室道淵は、明州鄞県塩倉橋の人で、博多の聖福寺に住し、一四三二年に天竜寺に列した人物である〔小葉田淳―一九四一、四一頁〕。

通事では、中国人魏天が著名である。彼は倭寇に捕らえられて日本・中国・朝鮮の間を転々とした後、足利義満の寵愛を受けて通事を務めるようになった（『老松堂日本行録』）〔関周一―二〇〇二b、三〇～三一頁／同―二〇一三、九六～九七頁〕。また「四条唐人善徳宝」は、一四三三年の遣明船の通事を務めている（『満済准后日記』永享六年五月一一日条）。

このように京都には「唐人」が居住し、都の人々との間でさまざまな接触が行われていたが、一五世紀初め、京都の人々は「唐人」来襲という情報に接することになる。いわゆる応永の外寇（朝鮮では、己亥東征と呼ぶ）である。「異国」来襲という非常事態における京都の人々の意識について、先学の研究によりつつみていくことにしたい。

応永の外寇とは、一四一九年（応永二六・世宗元）朝鮮の上王太宗によって計画された外征で、倭寇の根拠地とみなした対馬を襲撃したものである。その契機は、同年五月五日・一一日におきた倭寇による襲撃事件である。五月一三～一四日の太宗や大臣たちによる議論の結果、対馬出兵が決定され、以後戦闘準備が進められ、また朝鮮国内の対馬島民は拘留された。五月二九日には都体察使李従茂に命じて書を対馬島主宗貞盛に送り、征討の理由を告げ、六月九日に太宗は中外に征戦の目的を宣言する。諸軍は六月一二日に乃而浦、一九日には巨済島を出発して対馬に向かい、翌日浅芽湾に上陸して戦闘に入る。二六日尼老郡（仁位郡）に入るも、糠岳の戦いに敗れる。宗貞盛からの停戦修好要請に応じて朝鮮軍は撤退し、七月三日には巨済島に戻っている〔中村栄孝―一九六五／田中健夫―一九七五／村井章介―一九八八／関周一―二〇一三など／本書第三章参照〕。

以上が応永の外寇の経緯であるが、次のような「異国」来襲の風聞が、はやくも五月二三日に京都で次のように広まっている。

抑只今聞、大唐国・南蛮・高麗等、日本ニ可二責来一云々、自二高麗一告申云々、室町殿御仰天、但神国有二何事一乎、

（『看聞日記』応永二六年五月二三日条）

村井章介氏が指摘したように、情報が素早く流れているのには驚かされるが〔村井章介―一九八八、四〇六頁〕、襲撃の主体は「大唐国・南蛮・高麗等」と完全に誤認され、神国意識が吐露されている。

そして「異国」が攻めてきた原因については、次のように伝わっていた。

此間世上沙汰、自二異国一可レ責二上本朝一之由風聞、既築（筑）□（紫）探題注進申二公方一云々、彼宿意ハ、去応永十五年・同廿四年両度、自二唐朝一進物、日本不レ被二請取一、唐人ヲ不レ被レ入二於都一之間、其怒也云々、依レ是京都怪異等有レ之、不レ注、

（『康富記』応永二六年六月一一日条）

一四一一年（応永一八）以降、室町殿足利義持は、明との関係を断交しているが、「異国」の襲撃の原因は、二度にわたって来日した明の使節（「唐人」）を京都に入れずに追い返し、進物を請取らなかったことにあるとみなされていたことがわかる。ただし足利義満の死後、一四〇八年（応永一五）明朝の永楽帝が派遣した中官周全に対しては、翌年七月、義持は北山第にて引見し、その帰国に際しては、堅中圭密を同行入明させている。義持が明使入京を拒んだ

のは、一四一一年来日の王進と一四一八（一七年に明を出発）・一九年来日の呂淵の場合である（小葉田淳―一九四一、三〇～三六頁）。

そして実際に合戦が行われる中でしだいにその情報は誇張され、「大唐蜂起」（『看聞日記』応永二六年六月二五日条）、すなわち蒙古襲来の再現の如く受け取られていく。こうした情報の集大成として、七月一五日付の「探題持範注進状」なる偽文書が京都に流布し（持範なる人物はいない）、八月六日にこれをみた貞成親王は「雖二末代一、神明威力吾国擁護顕然也、此注進状正説也」と感想を述べている（『看聞日記』応永二六年八月一三日条）。八月七日、「九州少弐方」（少弐満貞）からの注進状が京都に届き、将軍義持の御前にて読みあげられた（『満済准后日記』応永二六年八月七日条）。

一方、右の『康富記』の記事の如く、京都には「怪異」が起こり、「北野御霊西方ヲ指テ飛云々、御殿御戸開云々」（『看聞日記』応永二六年六月二九日条）という。また「出雲大社震動流血云々、又西宮荒戎宮震動、又軍兵数十騎広田社ヨリ東方へ行、其中ニ女騎之武者一人如二大将一云々」（同応永二六年六月二五日条）や、七月一六日の「熱田社怪異」（『満済准后日記』応永二六年七月一九日条）など、各地の神社の怪異が京都に注進され、「諸社怪異驚入者也」（『看聞日記』応永二六年六月二九日条）という状況にあった（中村栄孝―一九六五／村井章介―一九八八／瀬田勝哉―一九九四／西山克―二〇〇四／清水克行―二〇〇八／伊藤幸司―二〇〇九b／佐伯弘次―二〇一〇a）。

以上みてきたように、京都に入ってきた外寇に関する情報は荒唐無稽な内容が多く、またさまざまな「諸社怪異」が伝えられ、それを聞いた人々からは神国意識が表出されている。それは蒙古襲来の恐怖の記憶の根深さを示しており、また朝廷や幕府の得た情報の頼りなさ、国際認識の未熟さを示すものとして理解されてきた（村井章介―一九九八、四〇八頁／佐々木銀弥―一九九四、五七頁）。これは正鵠を射た指摘であるが、一方では冷静に「唐人」に対応している側面があり、またこのような歪んだ情報を作っていく人々の意図もうかがうことができる。そこで『看聞日記』応永二六年七月の次の記事から、「唐人」をめぐる多様な意識を考えてみよう。

廿日、雨降、地下男共一献進レ之、若宮賀礼云々、抑聞、唐人襲来既付二薩摩之地一、国人合戦、唐人若干被レ討、国人も被レ伐云々、唐人中ニ有下如二鬼形一者上、以二人力一難レ責云々、浮二海上一異賊八万余艘之由大内方へ先注進到来、自二探題一注進者未レ到云々、又兵庫ニ唐船一艘着岸、是ハ為二使節一、非二軍船一云々、

廿四日、晴、聞、兵庫ニ来唐人不レ可レ被レ入二帝都一云云、牒状之外四字札献レ之、其文字云、梵沐桐重、此字無二読人一云々、僧俗才人不二読解一、難二心得一云々、薩摩ニ付異賊蒙古云々、

まずこの記事では、「唐人」が薩摩に襲来し、国人と合戦しているということ（事実ではない）が述べられている。そして「唐人」の中に「鬼形」の如き者がいるという情報が伝えられている。「唐人」を「鬼」に結び付ける歪んだ認識をここにみることができ、異常時にみえる「唐人」意識の一端がうかがえる（黒田日出男―一九九四、四三頁）。

ところでこの「唐人」が薩摩に襲来したという情報は、かつて高柳光壽氏が指摘されたように、この頃「南蛮船」（旧港からの貿易船）が薩摩に来着した事実と結びついて作られた情報であろう（高柳光壽―一九七〇、七七二～七七五頁。また伊川健二―二〇〇七、八五～八八頁も参照）。応永二六年八月以前に、博多に向かった「南蛮船」が海難にあい、薩摩国の阿多氏領に避難した。薩摩からの注進を受けた九州探題渋川道鎮やその子の義俊が再三博多に廻送するように命じたが、そのまま阿多氏領に翌年三月まで滞在した（「阿多文書」）。薩摩に襲来したという情報は、この「南蛮船」着岸の事実から作りだされたもので、おそらくある程度の真実味を持ったものとして、人々に受け入れられたであろう。

さらに付言すれば、前述した『看聞日記』応永二六年五月二三日条にみえる蜂起国に「南蛮」が加えられているのにも意味があろう。なぜなら当時京都の人々には、「南蛮」について、すでに具体的なイメージがあったと思われるからである。一四〇八（応永一五）・一二年に「南蛮船」が若狭国小浜に来航し、京都にその進物が届けられたが（『若

狭国税所今富名領主代々次第』)、外寇の前年にあたる一四一七年にも「自二南蛮国一進物到来、沈・象牙・藤以下々等済々在(之カ)□」(『満済准后日記』応永二五年八月一八日条)として、京都に「南蛮国」からの進物が届いている。蜂起国に「南蛮」が加えられたことにより、京都の人々は、より具体的なイメージを想起したのではなかろうか。このようにこの情報は、当時の活発な交流の事実に即応して作られていったことが推測される。

この記事では次に「唐船」が兵庫に着岸したこと、すなわち明からの使節である「唐人」が来日したことに触れ、それへの幕府の対応が述べられている。この使節は、呂淵のことで、前年来日するも兵庫から追い返されている。一四一九年六月二〇日、再度博多に入り、七月に兵庫に来着したのである(小葉田淳―一九四一、三四～三六頁)。この使節に関する貞成親王の記述は、「軍船」ではないことなどを指摘し、冷静に情報を書き付けたものであり、薩摩に襲来した「唐人」とはまったく別個に認識されている。またこの時の幕府の対応をみても、明使を京都に入れずに追い返すという方針は貫徹させるが、兵庫の福厳寺に鹿苑院の僧侶一人を下し、「唐使官人」の所持してきた国書の検討をさせている(『満済准后日記』応永二六年七月二三日条)。このように「蒙古襲来」の情報に接して動揺しつつも、実際に接触する「唐人」に冷静に対応する姿勢は併存しているのである。そして二四日条では、薩摩を襲来したのは「唐人」から「蒙古」に変わっている。

最後に前述の「探題持範注進状」に戻り、情報を作り出す意図をみておこう。瀬田勝哉氏はこの注進状の作成者を次のように想定している(瀬田勝哉―一九九四、二〇一～二〇三頁)。「探題持範注進状」には、少弐氏の注進状(前述)と符合する点が多いものの、少弐氏の注進状に「(大宰府天満宮)安楽寺御霊(菅原道真)」の神威が書かれているのに対し、「探題持範注進状」ではそれがカットされ、女性の大将の活躍が強調されている。これは前述した広田社よりの注進(六月二五日)に符合しており、広田社が少弐氏の注進状の内容を改作し、自社独自の神威を強調した文章にしたてて、京中に撒いたと想定している。この二通の注進状の関係については、より厳密な検討が必要と思われるが、このような神社による「神々活躍の世論づくり」の意図は十分に想定できるであろう。(2) もしこの想定が成り立つとすれば、諸社は緊急時の人々の動揺を利用して、信仰の拡大を図ったことになり、そのことが歪んだ情報や「唐人」意識を生み出す上で一役買っていたことになる。

三　明使に対する幕府の対応

次に平時に明からの使節(「唐人」)を迎えた場合の対応をみていきたい。一四三四年(永享六)に来日した明使の例(室町幕府が迎えた最後の明使)が関連史料に恵まれているため、取り上げることにしたい。この時期には、将軍足利義教により日明交渉が再開している。まず明使の行程を、小葉田淳氏の研究により確認しておこう〔小葉田淳―一九四一、三六〜四六頁〕。

一四三二年(永享四)、龍室道淵を正使とする遣明船が兵庫を出発した。翌年、使節は明朝での使命を果たし、三四年、明使中官雷春一行をともなって帰国した。雷春らは本字勘合一〇〇道・日字勘合底簿一扇を持って五艘の船に分乗し、四月には赤間関に到着し、遅れて到着した幕府船・山名船と合流して五月二一日には播磨国室津を出帆する。しかし風雨により再び室津に戻り、二二日、和田御崎に到着し、二四日に兵庫に入津した。三〇日に兵庫を発して瀬河に一泊し、六月一日に入洛した。同五日に足利義教との接見の儀が行われる。八月二一日、京都を出発して兵庫に向かい、九月三日、兵庫を発した(遣明船が同行)。

この時の明使への応接については、室町幕府や公家の間で種々の議論があった。明使接見・国書披見の儀や、明への答礼国書に署名する位署の形式、国書に記載する年号が問題になり、明使応接の儀式に参列する公家の決定をめぐって公家たちと幕府とのせめぎあいがあったことなどは、知られている（佐々木銀弥―一九九四、五〇～五二頁／高橋公明―一九八五、二四～二六頁）。結局、「以二折中儀一、唐使御対面儀ハ、先可レ宜儀候歟」（『満済准后日記』永享六年五月一二日条）として足利義満の時の応接儀礼に修正を加えて、冊封の儀礼に適合するようにした。

ここでは明使への対応について、二点に注目しておきたい。

第一に、室町殿足利義教の行動とその政治的効果である。義教は夫人とともに五月二一日兵庫に下向して、明使を迎え、二五日に京都に帰っている（『満済准后日記』永享六年五月二一日・二四日・二五日条）。将軍が明使を迎えるために兵庫に向かうのは、足利義満の例（応永九・一三・一四年）を踏襲したものである（新修神戸市史編集委員会―二〇一〇、六〇九～六一一頁（大村拓生執筆））。これは、明使（冊封使）への礼を尽くすという点で、対明関係の上でも重要な行動であったが、同時に広く京都周辺の人々（あるいはさらに広範な地域の人々）に対して、明使を迎えたことを宣伝する効果を持っていたであろう。室町殿自身が、兵庫に下向し明使を迎えることで、その権威を広く知らしめることができたと思われる。その結果、人々の明使に対する関心は急速に高められていったであろう。

明使が足利義教に接見した時の様子について、『看聞日記』永享六年（一四三四）六月五日条には、次のように記されている。

五日、晴、唐使室町殿参入之儀厳重、中剋参、官人五人乗レ輿・騎馬輩・雑人等六七百人、進物辛櫃五十合・鳥屋十籠・鵞眼卅万貫云々、樋口大宮道場為レ宿、自レ其参入、道すから奏楽於二馬上一吹レ楽、見物雑人群集数万人、希代之見物也云々、委細事未レ聞、入江殿御所ニ御喝食・東御方・御乳人、室町殿御桟敷見物云々、

右の記事によると、「唐使」（明使）雷春が室町殿足利義教のもとに参列する際、「見物雑人群集」が「数万人」にの

ぼり、「希代之見物」であったという。「数万人」というのは誇張であろうが、京都の人々の明使への関心の高さを端的に表現していよう。

このように明使は、多くの人々の関心をひいて歓迎され、幕府も丁重な扱いをしたが、彼らの参列が問題になった祭礼がある。第二点として、この点を検討してみよう。

『看聞日記』永享六年六月七日と同月八日条には、次のようにある。

七日、晴、祇薗会結構、唐人被㆑見、桟敷一色《（義貫）》用意云々、公方《（足利義教）》御桟敷京極《（持高）》如㆑例、（後略）

八日、雨降、重賢帰参、祇園会見物云々、唐人見物無㆓其儀㆒、先例不吉之間、公方不㆑被㆑仰、而一色桟敷用意、例之虚説比興也、公方ハ御見物云々、御喝食も被㆑伴申云々、

六月七日に、祇薗会の結構を「唐人」が見物することになり、その桟敷は一色（義貫カ）が用意するということを貞成親王は聞いていた。しかし祇園会を見物し、翌日貞成のもとに帰参した庭田重賢の言によれば、「唐人」は見物しなかったという。その理由は、「先例」が不吉なために、公方足利義教の仰せがなかったためという。したがって一色が桟敷を用意したという虚説が出るのは、「比興」である、と嘆じている。「唐人」が祇園会を見物するのには、不吉な「先例」があり、そのため見物できなかったというのである。

この「不吉」なる「先例」とは、いずれの時を指すのであろうか。(3) 朝鮮王朝の使節については、次のような例があり、おそらくこれが「先例」の一つであったようにと思われる。

七日、晴、祇園会、高麗人々被㆑見云々、去月自㆓高麗㆒進物数万貫・一切経等㆑渡之、使節於㆓宝幢寺㆒室町殿《（足利義持）》有㆓正看㆒云々、

（『看聞日記』応永三〇年〈一四二三〉六月七日条）

そしてこの条の頭書に、「後聞、唐人不㆓見物㆒云々」と記されている。この「唐人」は「高麗人」を指しているが、

貞成は一度は「高麗人」が祇園会に参列したとの情報を得たものの、後に彼が見物しなかったことを聞いている。いったんは見物が許可されたものの、結局は撤回されたのであろうか。この時の朝鮮使節は、一四二二年（応永二九・世宗四）に朝鮮に派遣された日本国王使圭籌に対する回礼使で、正使は直提学朴熙中、副使は護軍李芸である。

このように、壮大な歓迎を受けた明使も、朝鮮使もともに祇園会の見物は拒否されている。その理由の一つとして、祇園会が御霊信仰に基づく祭礼で、疫病流行を除去する神事であったことに関連があるのかもしれない（田沼睦氏のご教示による）。橋本雄氏は、一四二〇年（応永二七）に来日した宋希璟が、京都において、幕府から尼寺の深修庵を宿所に指定されたことを踏まえて、「女性罪業観（差別）と、外国人差別とが、ケガレ（触穢）観念を通じて連関していた可能性」を指摘している〔橋本雄―二〇一一、二四二頁〕。

また留意しておきたいのは、祇園会については明使・朝鮮使ともに同様な対応を幕府がしている点である。室町時代の日記では、明使に関する記事の詳細さに比べ、朝鮮使に関しては、彼らが幕府に示した外交用件や贈答品などが手短に記されるのが一般的であり、このことは朝鮮使に対する関心の低さを示していよう。このように明使と朝鮮使に対する意識には差異がみられるが、一方では祇園会への対応は共通している。今後は、こうした両使節への対応の共通点と相違点を一層明らかにしていく必要があろう。そのことは室町時代の人々の中国・朝鮮認識の一端をうかがう手がかりになるように思う。

おわりに

本章では「唐人」の語の用法について確認した上で、一五世紀前半の京都における「唐人」をめぐる意識の一端を考えてみた。

まず古代から中世における「唐人」の用法の変遷を追った。八世紀までには「唐（もろこし）」の人という意で「唐人」の語が成立し、六国史においても頻出する。六国史においては、朝鮮人は「唐人」とは明確に区別され、「高麗人」「新羅人」と表記された。宋朝（北宋）成立後も、「唐人」の語は使用されたが、「宋人」を使用する例もみえるようになる。

一五世紀には、「高麗人」（朝鮮人）を「唐人」と使用する例がみられ、一六世紀には「高麗人」をはじめ異国の人一般に対する呼称になる。「唐人」は医者・薬屋の例のほか、来日した明使や通事も「唐人」と呼ばれた。

次に一四一九年（応永二六）の応永の外寇に関する京都の風聞について検討した。蒙古襲来の再来の如く、「大唐国・南蛮・高麗等」による蜂起や「大唐蜂起」として伝えられた。またさまざまな「諸社怪異」が京都に伝えられ、それを聞いた人々からは神国意識が表出された。ところが同年、兵庫に明使が来日して幕府との交渉を始めると、薩摩を襲来したのは「唐人」から「蒙古」に変わっている。こうした風聞の背景には、神社による「神々活躍の世論づくり」の意図に基づく情報操作が考えられる。

また明使への対応については、次の二点を指摘した。

第一に、室町殿足利義教自身が、兵庫に下向し明使を迎えることで、その権威を広く知らしめることができるという政治的効果が得られたと思われる。その結果、人々の明使に対する関心は急速に高められ、室町幕府も丁重な扱いをした。

第二に、足利義教は、明使が祇園会に参列することは、「先例不吉」として結局認めなかった。

以上、本章では、先学の研究に学びつつ、「唐人」という語をキーワードにして、いかなる論点が提示できるのかを示してきた。中世の人々の異国・異民族に対する意識の一端は明らかにできたように思う。

注

（1）敦賀における「唐人」については、〔森克己―二〇〇八／戸田芳実―一九九二、二一〇頁／保立道久―一九九八、第六章、一六三～一六五頁〕参照。村井章介氏は、康平三年（一〇六三）からの約六〇年間の史料上に集中的にみられる、越前から但馬の港に来着したり居留した「唐人」について、契丹（遼）と日本とを結びつける媒介者であった可能性を指摘している〔村井章介―二〇〇六、二二六～三八頁〕。

（2）『看聞日記』所引の「探題持範注進状」と同文（助詞の仮名づかいに若干異同がある）の文書の写が、大分県の柞原八幡宮に残されている（『大分県史料』九、柞原八幡宮文書四五号、『鎌倉遺文』第一九巻一四三六七号）。後年に蒙古襲来の内容と誤認したためか、「弘安四年」の付年号が付されており、さらに前述した貞成の感想までそのまま記されている。この文書も、応永の外寇時の情報の広がりを示すものなのであろうか。

（3）旧稿〔関周一―一九九五〕では、ここで「明使については確認できない」と記述した。この点について、河内将芳氏から、次のような批判を受けた〔河内将芳―二〇一二、一二七～一二八頁〕。

河内氏は、旧稿以後に発表された大塚活美氏の研究〔大塚活美―二〇〇五〕を踏まえて、筆者や橋本雄氏が「不思議と重要な事実を見落としている」とする。それは、『南都真言院伝法灌頂記』応永一一年（一四〇四）六月八日条の記事である。

八日、戊寅、祇薗（園）会、異国官人等見物、昨日依二降雨一、今日執□之、

この「異国官人等」は、同年五月一二日に「入洛」し、五月一六日に「北山殿」で足利義満と対面した明使である。右の記事からは、式日の六月七日が「降雨」であったため、祇園会は翌八日に延引され、それを明使が見物したことがわかる。

河内氏は、足利義満が式日を延引させてまで祇園会を明使に見物させようとしていたことを指摘する一方、「式日が変更されること自体は、祭礼にかかわる『先例』としてけっしてよいものとはとらえられなかったであろう」とし、「先の明使節の祇園会見物にかかわる『先例不吉』とは、この応永一一年のことを意味すると考えるのが自然であり、みずからの祇園会見物の先例を父義満にもとめていた義教にとって、七日ではなく、八日に明使節に祇園会を見物させたという先例まで躊躇せざるをえなかったというのが実

際だったのではないだろうか」と述べている。

河内氏の指摘するように、右の事例が、「唐人」を参列させた（参列を拒否したものではない）祇園会の「先例」であったことは間違いない。そして「降雨」によるものとはいえ、祇園会を延引させた例は「不吉」なものであったろう。だが足利義教が明使に見物させなかった理由が判然としない。「『降雨』による『不吉』な延引は、『異国官人等』による見物が原因だった」、端的にいえば「『異国官人』等を見物させようとしたことが『降雨』の原因であった」というように、足利義教が、「異国官人等」の見物と、昨日降雨により延引したという二つの事項に因果関係があると考えていたのであろうか。しかし、右の『南都真言院伝法灌頂記』の記事と、本文で引用した『看聞日記』の記事とから、そこまで読み取れるだろうか。『南都真言院伝法灌頂記』の記事は、二つの事項を単に並列させて記したものとも読めるのではなかろうか。

終章

一　本書の要約

これまで六章にわたって、唐物に代表されるモノの動きと技術の交流について論じてきた。筆者が主張してきたことを整理しておこう。

第一章は、中世における唐物の流通と消費を考察した。一五〜一六世紀の京都における消費を主に分析し、また博多や鎌倉にも言及したことで、中世における都市の流通・消費を考える素材を提示できたのではないかと思う。

一一〜一六世紀前半、宋商船や、寺社造営料唐船や遣明船などを通じて、中国大陸から京都に唐物が流入した。一五世紀には朝鮮王朝との貿易も開始され、特に同世紀前半には、明・朝鮮王朝・琉球王国の使節が京都を訪れて唐物をもたらし、唐物流入のピークを迎えた。

京都における唐物消費の事例としては、宴や儀式・法要の室礼や法会の捧物が挙げられる。贈答品の中にも唐物はみられ、天皇・院・足利将軍が臣下らに下賜する場合や、八朔のような年中行事において贈答される場合があった。贈答品の中には、伝世品も含まれていた。

一五〜一六世紀には、独自に貿易を行っていた島津氏・大内氏らから京都に唐物がもたらされた。島津氏が、将軍・公家に対して、琉球王国・朝鮮王朝から入手した唐物を積極的に進上したのに対して、大内氏の唐物進上は、天皇・公家・将軍に対して、特別な便宜を受けた場合に限定されていた。大内氏は、将軍への進上品については太刀・銭を基本としていた。また贈答品が流用・循環される事例もある。

一五世紀後半、京都における唐物流入が減少するのにあわせて、武家の贈答品は太刀・銭などにほぼ固定する傾向になり、唐物の占める比重は小さくなった。

また貿易の拠点であった博多における贈答品の中には、唐筵・高麗木綿・胡椒などがみられた。鎌倉は、一四世紀前半、唐物ブームを迎えていたが、一五世紀以後も贈答などによって唐物がもたらされたと推測される。

第二章では、唐物の一つである香料を取り上げ、日本への輸入ルートの変遷を考察し、貿易の担い手や、香料の消費を考察した。貿易の担い手として琉球の役割に注目し、日本と朝鮮における香料の消費の相違を明らかにした。

香料の輸入ルートを四つの時期にわけた。第一期（八〜一四世紀前半）は、中国からの輸入が主であった。唐や宋・元は、東南アジア諸国との貿易を通じて、大量に香料を集めていた。第二期（一四世紀後半〜一六世紀中期）になると、琉球が中継貿易に活躍するようになり、琉球が東南アジアとの貿易を通じて香料を入手し、それを日本や朝鮮に輸出したり、あるいは、日本から朝鮮・中国へ輸出されるようになる。第三期（一六世紀後期〜一七世紀前期）は、南蛮船や朱印船による貿易の時期にあたり、日本船が東南アジア諸国と直接交易をした。第四期（一七世紀中期〜一九世紀中期）は、オランダ船や唐船（明・清船）が、沈香などを長崎に運んでくるようになる。第二期における琉球船が果たした役割をオランダ船や唐船が、博多の役割を長崎が果たしていた。

第一期にあたる、一四世紀前半の新安沈没船は、植物遺体の検討から、高級品よりもむしろ多様な階層の需要に応える商品を多数搭載していたことが明確になった。香料（香辛料・薬材など）は慶元（現寧波）の市場で入手し、搭載されていた胡椒などは到着地の博多周辺の需要を反映していた可能性がある。

第二期の香料貿易の担い手である琉球は、暹羅（シャム）の民間主導の市場で、中国産陶磁器の代価として得た銭により、胡椒・蘇木などを購入していた。一三六〇年代には九州北部～琉球間で商船が往来し、一三八〇年代末には暹羅船も九州方面まで航行していたものと考えられる。一四世紀後半～一五世紀には、琉球や暹羅、博多などの商人が主導する交易（民間主導の交流）が存在していた可能性が高い。また第二期の朝鮮王朝に対する香料の輸出に携わったのは、薩摩・博多・対馬などの人々が多く、その背景に琉球商船の活動があり、物資が集積する場である博多の役割の大きさを確認した。

日本における香料の消費をみると、第一期は、①仏教の法会において使用される場合と、②匂自体を趣味として楽しむ場合があった。香料は、①のように仏教儀式の中で焼香供養や塗香として使用するのが、本来の用途であり、②については薫物（煉香）があった。第二期になると、②の用途の比重が高くなり、香木の種類が、沈香木一種、ないしは沈香・麝香に収斂されるようになる。そして沈香一種の深浅を鑑賞する「香合」（名香合）が、頻繁に行われるようになる。

一方、朝鮮における香料の用途は、文廟・家廟の祭奠に多く用いられ、祭祀の焚香には沈香・白檀が中心であった。特に薬用としての需要は高く、胡椒は薬効のある食物として珍重されていた。調味料以外に、鎮痛剤として嘔吐や胃の痛みを和らげ、肥満防止、解熱、咳止めの効果が期待されていた。そのため、日本に対して胡椒種の請求をするほどの需要があった。

第三章は、足利義持・義教・義政期を対象に、朝鮮王朝に派遣された日本国王使を検討し、特に朝鮮王朝に大蔵経や銅銭を求めたことに注目した。当該期の日本国王使の性格や朝鮮使への対応について個々の事例を明確にし、大蔵経を求める室町殿の意図を検討してみた。

足利義持期の日本国王使は、当初は報聘の意味あいが強かったが、まもなく大蔵経を請求する使節（請経使）となり、それが定着した。義持は、経板の獲得にも執着したが、大蔵経の請求の背景には五山などの寺院の要求があったものと思われ、経典や経板の獲得により、寺院の統制を強化する狙いがあったことが推測される。

足利義教期は、朝鮮（世宗朝）からの使節への答使（回礼の使節）は送らず、大蔵経を求める使節（請経使）のみ派遣している。幕府の姿勢を補完したのが、博多商人の宗金であり、通信使護送の任にあたっている。日本国王名義の偽使も登場している。また義教は、洛中の御所で朝鮮使に接見して、使節や重臣・公家らに対して自己の権威を強く誇示しようとした。そのことは、朝鮮使を一段低く見ることにつながり、朝鮮使を朝貢使とみなす意識が表出した。

足利義政期は、特定の寺院の要求に応じて日本国王使を派遣した。そのため派遣の運営を、寺院・大名らの側に委ねる形態をとるようになった。日本国王使は、幕府（日本国王）派遣の使節であるという本来的な性格を次第に失っていき、偽使を発生させる素地を生み出した。

また朝鮮王朝から銅銭を獲得したことを検討した。その方法は、①日本国王使や、守護大名の使節が、朝鮮王朝に直接贈与を要請する、②商人らの交易を通じて獲得するという二つがあった。①、とりわけ日本国王使の果たした役割は大きい。朝鮮王朝の対応に応じて、布貨（木綿など）で代替できるという状況に転じてきたことも注目される。輸入された銅銭は、朝鮮で鋳造されたものとみて差し支えなく、日本側にとっては銅銭であることが重要で、中国銭であろうと、朝鮮銭であろうと大差はなかったものと考えられる。

第四章では、日本への生産技術の伝来という観点から、一六世紀における鉄砲伝来を取り上げた。鉄砲は単に商品として受容されたのではなく、鉄砲の生産システムが伝わったことに意義があることを強調した。また日本で生産された鉄砲が、朝鮮王朝や明にどのように伝わったかについて明らかにした。

ポルトガル人を乗せた王直のジャンク船が、種子島に来航した年次は、清水紘一・村井章介両氏の説に従い、南浦文之『鉄炮記』の記述を、アントーニオ＝ガルヴァン『諸国新旧発見記』に合わせて一年前にずらして、一回目の来航を一五四二年（天文一一）、二回目の来航を一五四三年とした。

『鉄炮記』にみられる生産システムの伝来の過程と合わせると、一五四二年、王直の船が種子島に漂着した。①種子島時尭は、商品（兵器）として鉄砲を購入した。②時尭は、家臣の篠川小四郎に命じて、火薬の調合の仕方を修得させた。③それに飽き足らなかった時尭は、「鉄匠」（刀鍛冶カ）に対して鉄砲の製造を命じた。「鉄匠」は、ポルトガル人から購入した鉄砲を模倣して銃身を鍛造した。外形を似せることはできたが、底を塞ぐ尾栓（雌ネジ）を造ることはできなかった。④一五四三年、「蛮種」の「鉄匠」を乗せた船が、再び種子島に来航した。この「鉄匠」は、矢板金兵衛に尾栓のネジの作り方を教えた。これによって鉄砲生産の技術が、一連のシステムとして種子島に伝来した。⑤一年余りの後、「数十の鉄炮」を製造することができた。

このように種子島が鉄砲生産システムを受容した背景には、一五四二・四三年の禰寝氏による種子島侵攻と、琉球貿易をめぐる大内氏との確執とがあった。そのため種子島氏は、新兵器の導入に深い意欲を持っていたものと推察される。また鉄砲の原材料である鉄や真鍮、火薬の原料である硝石などが必要であるが、それらは後期倭寇（中国人密貿易商）または琉球から輸入したものと考えられる。種子島は、中国・琉球との間に商船が往来していた境界の地にあたる。

一五五〇年代、日本で製造された鉄砲（「鳥銃」）は、朝鮮王朝に持ち込まれたが、朝鮮では鉄砲は定着しなかった。それを転換して、日本の鉄砲を受容したのは、一五九〇年代の日本の朝鮮侵略（「唐入り」、壬辰・丁酉倭乱）であった。鉄砲の導入にあたり大きな役割を果たしたのは、朝鮮側に投降した降倭であった。宇田川武久氏によれば、朝鮮王朝は降倭の中から武器の知識に明るい者を選り抜き、訓練都監や軍器寺などに配属して、鉄砲や刀剣類の製造法と用法の取得を図ろうとした。また朝鮮王朝は投順軍を創設して降倭を動員し、日本軍ばかりではなく、北方の野人（女真人）との戦闘にも活用した。

明の場合も日本との戦争を契機として、鉄砲（「鳥銃」）を導入した。久芳崇氏によれば、それらは日本軍から奪い取ったもので、この場合も降倭が大きな役割を果たした。

朝鮮王朝と明における鉄砲の受容は、いずれも日本との戦争を契機とし、受容にあたっては、鉄砲に通じていた降倭（日本人捕虜）が果たした役割は大きい。

第五章では、日朝境界をこえて技術が伝播した事例を検討し、中世日本とは異なり、朝鮮王朝という国家が、積極的に異国日本から技術を導入しようとしたことを明らかにした。

一四二九年（世宗一一）に来日した通信使朴瑞生の提言に基づき、世宗は日本の水車を導入することを決めた。朴瑞生がみた日本の水車は、自転揚水車（「自斡之車」）であり、水の流速を利用して水車を回し、水を汲み上げて上部に設定した樋に水を流し込むというものであった。だが工人が学生金慎の言葉を十分に理解できなかったことや、朝鮮の土性は麤疎であり、泉水は汚れていることなどから、期待したほどの成果は上がらなかった。

また世宗が主導して、朝鮮船に比べて速度の速い倭船や琉球船を建造させた。造船にあたっては、「倭船匠」藤次郎や、受職人の藤九郎ら、朝鮮内に滞在していた倭人を活用した。第四章で述べた降倭と同様、ここでも、導入にあたって朝鮮にいた倭人が果たした役割は大きい。

また日朝間の境界において、朝鮮の文物が受容されていく事例として、朝鮮鐘が挙げられる。朝鮮王朝時代、朝鮮鐘を朝鮮王朝に求めた通交者は、博多を拠点にして、朝鮮と通交している諸氏が多かった。大内盛見をはじめ、九州探題渋川道鎮（満頼）とその被官である板倉満家、肥前の吉見昌清、少弐満貞らである。一四一四年（太宗一四）以降、対馬の使節が梵鐘を求める記事が目につくようになる。一四一七年（太宗一七）、宗貞茂は銅五〇〇斤を朝鮮に送り、梵鐘の鋳型を造ってもらうことを求めた。翌年、芦屋鋳物師とみられる司正表沙貴が、銅鉄匠を率いて朝鮮に渡った。世宗朝は、一四二一年以降、日本からの梵鐘請求を拒否するようになった。日本では朝鮮鐘は入手できなくなったが、それに代わって、芦屋鋳物師によって、和鐘と朝鮮鐘の混淆形式が造られるようになった。

このように朝鮮鐘に価値を見出して朝鮮に求めたり、和鐘と朝鮮鐘の混淆形式の成立は、対馬や博多、芦屋といった境界におけるモノの交流が生み出したものといえる。芦屋鋳物師とみられる倭人が、銅鉄匠を率いて朝鮮に渡ったことは、朝鮮王朝に朝鮮鐘の鋳造技術を教えてもらうこと、すなわち朝鮮から日本への技術移転を図ったのだとの評価が可能なのではなかろうか。

第六章は、「唐人」（からうど、とうじん）という言葉に示される異国人に対する認識を、唐物と対比させる試みであった。

本書序章でみたように、「唐物」の語は、一五世紀、朝鮮から輸入された舶来品にも使用され、次第に対象を拡大させていった。その傾向は、一五世紀以降、「唐人」にもみえる。

古代から中世における「唐人」の用法の変遷をみると、八世紀までには「唐（もろこし）」の人という意で「唐人」の語が成立し、六国史においても頻出する。六国史においては、朝鮮人は「唐人」とは明確に区別され、「高麗人」「新羅人」と表記された。宋朝（北宋）成立後も、「唐人」の語は使用されたが、「宋人」を使用する例もみえるようになる。

一五世紀には、「高麗人」（朝鮮人）を「唐人」と使用する例がみられ、一六世紀には「高麗人」をはじめ「異国」

の人一般に対する呼称になる。「唐人」は医者・薬屋の例のほか、来日した明使や通事も「唐人」と呼ばれた。一四一九年（応永二六）の応永の外寇（己亥東征）に関する京都の風聞をみると、蒙古襲来の再来の如く、「大唐国・南蛮・高麗等」による蜂起や「大唐蜂起」として伝えられた。また種々の「諸社怪異」が京都に伝えられ、それを聞いた人々からは神国意識が表出された。ところが同年、兵庫に明使が来日して幕府との交渉を始めると、薩摩を襲来したのは「唐人」から「蒙古」に変わっている。こうした風聞の背景には、神社による「神々活躍の世論づくり」の意図に基づく情報操作が考えられる。

また明使への対応については、次の二点が指摘できる。第一に、室町殿足利義教自身が、兵庫に下向し明使を迎えることで、その権威を広く知らしめることができるという政治的効果が期待された。第二に、足利義教は、明使が祇園会に参列することは、「先例不吉」として結局認めなかった。これらは、一五世紀、室町殿が「唐人」（ここでは明使）をどのように認識し、どのように政治的に利用できると考えていたのかを端的に示している。

以上、各章の概要を述べてきたが、特に留意しておきたいのは、第一・六章でみたように、一五世紀、「唐物」「唐人」の用法が、本来の中国以外にも対象を広げ始めたことである。このことは、当該期の人々（主に京都の公家・武家ら）の異国認識の変化を示すものと理解できるのではなかろうか。「唐」＝中国、「唐人」＝中国人という伝統的な認識が揺らぎ始め、「唐」が広く異国を示し、「唐人」を異民族一般と認識するようになった。

その背景には、一五世紀前半、室町幕府（国家）や地域権力（大内氏、宗氏ら）が主導する形で、明、朝鮮王朝、琉球というさまざまな異国からの使節が京都を訪れたことがあるのではなかろうか。そして一五世紀初期には「南蛮船」（東南アジア諸地域の船）が、若狭国や薩摩、博多、対馬などに来航しているのである。こうした活発な異国・異民族との交流が、対外認識の変化を生み出していったのではなかろうか。こうした対外認識については、さらなる検討を期したい。

二　今後の課題

残された課題は数多いが、最後に四点を挙げて、本書を締めくくりたい。

第一に、香料をはじめとする唐物を個々の品目に即して、その需要や消費、さらには期待された機能などを考察することである。本書第一・二章とも史料の網羅的な収集に努めたものの、序章で述べた近年の唐物研究の論点と繋ぐことができなかった。個々の史料において、唐物の記述は品目名のみが記されるなど、断片的な情報が多いという制約もある。古川元也氏が示した史料論から改めて学ぶと同時に、橋本雄氏に代表されるような「和漢の構造」〔和の中の漢、和の中の和〕を踏まえた室町殿の権力構造や文化支配の議論と関わる理論上の見通しを提示していく必要がある。

第二に、技術の伝来や移転が可能になる条件の考察を深めることである。第五章の朝鮮王朝という国家による技術の導入と対比させて、第四・五章において、種子島や対馬・博多のような境界における技術の伝来について考察した。村井章介氏は、中世の境界空間は生産、交易、消費の三領域にまたがって大きな富を生み出す沃野であると同時に、政治勢力の角逐の場ともなったことを指摘している〔村井章介―二〇一二〕。村井氏の指摘に加えれば、境界は文化交流の場という側面を持ち、本書で述べた鉄砲や石造物の生産技術が受容されている〔関周一―二〇一三a、二六頁〕。こうした境界の果たした役割を多面的に考察することが、技術伝来の諸条件を明確にすることに繋がるものと考えられる。

第三に、「唐人」を、朝鮮王朝が使用する「倭人」などと対比させて、この言葉の対象から対外認識や交流の実像を探ることである〔藤田明良―一九九五、九頁〕。

この「倭」「倭人」「倭寇」についての村井章介氏の近業をみておこう〔村井章介―二〇一三a、第Ⅱ部第一章〕。村井氏は、「倭寇」を「境界人」と規定し、「倭」とは「日本」とは相対的に区別される、九州西北地域を中心とする境界空間の名であるとする。この空間に対して、日本中央政府たる幕府は、「守護」を介して支配しようとするも、中央集権官僚国家たる朝鮮・中国に比して支配力がはるかに微弱であり、「倭人」の統制は、地域支配者たる「領主層」に委ねられた。そのため「倭」の空間は、なかば自立した交易・海賊行為の基地となり、「領主層」は海賊たちの統制者となる場合も、援助者や加援者となる場合もあった。

また済州島、朝鮮半島南辺、舟山諸島など中国沿海の海民たちの生態も、境界空間における倭人ときわめてあい似たものであり、朝鮮・中国の国家は、海島に逃れ海上を浮遊する人々を、完全に掌握できたわけではなかった。彼らを「倭人」「倭寇」と弁別することの困難さは、「仮倭」「装倭」の動きによって加速され、両者が交じりあった状態が生まれる。朝鮮・中国の国家は、民族的には異なる出自を持つ人々を、ひとしなみに「倭」「倭寇」の名で呼ぶことになった。

こうした議論を踏まえると、「唐人」もまた「境界人」の一つということになろう。この点は、古代史・近世史における理解と合わせて、今後も検証していかなければならない。

第四に、考古学・美術史など「ほかの研究分野」との協業を図り、それらの方法を学びつつ、その成果を積極的かつ批判的に摂取していくことである。本書は、考古学や美術史の成果に学びつつも、歴史学の方法に徹して議論を展開してきた。今後は、諸分野との協業を通じて、同じ土俵の上で議論を展開すると同時に、新たな方法論の構築に努めていく必要がある。そのことは、右で述べた諸課題の分析にも繫がっていく。

以上の諸課題について、今後の研究の進展を期して、本書を結びたいと思う。

引用・参考文献

秋田洋一郎　二〇〇七「一六世紀石見銀山と灰吹法伝達者慶寿禅門―日朝通交の人的ネットワークに関する一試論―」『ヒストリア』第二〇七号

秋山謙蔵　一九三五「朝鮮使節の観たる中世日本の商業と海賊」同『日支交渉史話』内外書籍

秋山謙蔵　一九三九『日支交渉史研究』岩波書店

秋山伸隆　一九九八「戦国大名毛利氏と鉄炮」同『戦国大名毛利氏の研究』吉川弘文館

安里　延　一九四一『日本南方発展史―沖縄海洋発展史―』三省堂

網野善彦　一九八〇『日本中世の民衆像―平民と職人―』岩波書店〔岩波新書〕

網野善彦　一九八四『日本中世の非農業民と天皇』岩波書店（『網野善彦著作集』第七巻、二〇〇八年、岩波書店に再録）

荒木和憲　二〇〇六「一五・一六世紀の島津氏―琉球関係」『九州史学』第一四四号

荒木和憲　二〇〇七『中世対馬宗氏領国と朝鮮』山川出版社

荒野泰典　一九八七「日本型華夷秩序の形成」朝尾直弘・網野善彦・山口啓二・吉田孝編『日本の社会史第一巻　列島内外の交通と国家』岩波書店

有賀要延　一九九〇『香と仏教』国書刊行会

有馬成甫　一九六二『火砲の起原とその伝流』吉川弘文館

有光保茂　一九三七「博多商人宗金とその家系」『史淵』第一六輯

李《イ》　領《ヨン》　一九九九『倭寇と日麗関係史』東京大学出版会

家塚智子　二〇一〇「室町時代における唐物の受容―同朋衆と唐物―」久保智康編『東アジアをめぐる金属工芸　中世・国際交流の新視点』勉誠出版〔アジア遊学134〕

伊川健二　二〇〇七『大航海時代の東アジア―日欧交通の歴史的前提―』吉川弘文館

伊川健二　二〇〇八・〇九「鉄砲伝来の史料と論点」（上）（下）『銃砲史研究』第三六一・三六二号
伊川健二　二〇一三「鉄砲伝来伝説の系譜」宇田川武久編『日本銃砲の歴史と技術』雄山閣
生田　滋　二〇〇一「東南アジアの大航海時代」池端雪浦・石井米雄他編『岩波講座東南アジア史第三巻　東南アジア近世の成立』岩波書店
泉　万里　二〇〇五「外への視線―標の山・南蛮人・唐物―」玉蟲敏子編『講座日本美術史第五巻〈かざり〉と〈つくり〉の領分』東京大学出版会
板橋区立郷土資料館編集・発行　二〇〇四『日本の砲術―和流砲術から西洋流砲術へ―』
伊藤幸司　二〇〇二『中世日本の外交と禅宗』吉川弘文館
伊藤幸司　二〇〇三「大内氏の琉球通交」『年報中世史研究』第二八号
伊藤幸司　二〇〇五「日朝関係における偽使の時代」日韓歴史共同研究委員会『日韓歴史共同報告』第二分科篇
伊藤幸司　二〇〇九ａ「偽大内殿使考察―大内氏の朝鮮通交と偽使問題―」『日本歴史』第七三一号
伊藤幸司　二〇〇九ｂ「応永の外寇をめぐる怪異現象」北島万次・孫承喆・橋本雄・村井章介編著『日朝交流と相克の歴史』校倉書房
伊藤幸司　二〇一〇「硫黄使節考―日明貿易と硫黄―」西山美香編『東アジアを結ぶモノ・場』勉誠出版〔アジア遊学132〕
伊藤幸司　二〇一二「大内教弘・政弘と東アジア」『九州史学』第一六一号
伊藤幸司　二〇一三「大内氏の外交と大友氏の外交」鹿毛敏夫編『大内と大友―中世西日本の二大大名―』勉誠出版
伊藤博之・小泉好延・原祐一　一九九九『日本における真鍮の歴史』私家版
井上正夫　一九九二「高麗朝の貨幣―中世東アジア通交圏を背景にして―」『青丘学術論集』第二集
今谷　明　一九八五『室町幕府解体過程の研究』岩波書店
今谷　明　一九九二『日本の歴史第九巻　日本国王と土民』集英社
入間田宣夫　二〇〇五『北日本中世社会史論』吉川弘文館
入間田宣夫・豊見山和行　二〇〇二『日本の中世５　北の平泉、南の琉球』中央公論新社

上里隆史　二〇一〇「琉球の大交易時代」荒野泰典・石井正敏・村井章介編『日本の対外関係4　倭寇と「日本国王」』吉川弘文館
上里隆史　二〇一二『海の王国・琉球―「海域アジア」屈指の交易国家の実像―』洋泉社〔歴史新書〕
上田純一　一九九二「妙楽寺と博多商人―応永の外寇をめぐって―」地方史研究協議会編『異国と九州―歴史における国際交流と地域形成―』雄山閣
宇田川武久　一九九〇『鉄炮伝来―兵器が語る近世の誕生―』中央公論社〔中公新書〕
宇田川武久　一九九三『東アジア兵器交流史の研究―十五～十七世紀における兵器の受容と伝播―』吉川弘文館
宇田川武久　二〇〇二『鉄砲と戦国合戦』吉川弘文館〔歴史文化ライブラリー〕
宇田川武久　二〇〇四「鉄炮にみる南蛮文化の到来」『歴史学研究』第七八五号
宇田川武久　二〇〇六『真説　鉄砲伝来』平凡社〔平凡社新書〕
榎本　渉　二〇〇七『東アジア海域と日中交流―九～一四世紀―』吉川弘文館
遠藤基郎　一九九二「中世における扶助的贈与と収取―トブラヒ（訪）をめぐって―」『歴史学研究』第六三六号
大津　透　二〇〇一『日本の歴史06　道長と宮廷社会』講談社
大塚活美　二〇〇五「室町将軍・異国使節等の祇園祭見物―中世における首都京都の祭礼―」『京都文化博物館研究紀要』第一七集
大庭康時　二〇〇九『シリーズ遺跡を学ぶ061　中世日本最大の貿易都市―博多遺跡群―』新泉社
大庭康時・佐伯弘次・菅波正人・田上勇一郎編　二〇〇八『中世都市博多を掘る』海鳥社
大橋康二　二〇〇四『海を渡った陶磁器』吉川弘文館〔歴史文化ライブラリー〕
岡美穂子　二〇一〇『商人と宣教師　南蛮貿易の世界』東京大学出版会
岡内三真　一九八六「新安沈船を通じてみた東アジアの貿易」『朝鮮史研究会論文集』第二三号
岡本良知　一九三六『十六世紀日欧交通史の研究』弘文荘
長　節子　一九七五「朝鮮との貿易はどのように推移したか」森克己・田中健夫編『海外交渉史の視点第一巻　原始・古代・

中世』日本書籍
長　節子　一九八七『中世日朝関係と対馬』吉川弘文館
長　節子　二〇〇二a『中世　国境海域の倭と朝鮮』吉川弘文館
長　節子　二〇〇二b「朝鮮前期朝日関係の虚像と実像―世祖王代瑞祥祝賀使を中心として―」『年報朝鮮學』第八号
小和田哲男監修・小林芳春編　二〇〇三『徹底検証　長篠・設楽原の戦い』吉川弘文館
鹿児島県編　一九三九『鹿児島県史』第一巻、鹿児島県（一九七四年復刻）
加藤榮一　一九九三『幕藩制国家の形成と外国貿易』校倉書房
加藤榮一　一九九五「銀と日本の鎖国」歴史学研究会編『講座世界史第一巻　世界史とは何か―多元的世界の接触の転機―』東京大学出版会
神奈川県立歴史博物館編集・発行　二〇〇七『宋元仏画』
金子　拓　一九九八『中世武家政権と政治秩序』吉川弘文館
何《カ》　治濱《ヒジン》　一九九〇「明・日貿易における貿易品としての日本刀考」『史海』第三七号
紙屋敦之　一九九〇『幕藩制国家の琉球支配』校倉書房
亀井明徳　一九八六『日本貿易陶磁史の研究』同朋舎
亀井明徳　一九九五「日宋貿易関係の展開」『岩波講座日本通史第六巻　古代5』岩波書店
亀井明徳　二〇〇九「日本出土の元青花瓷の諸問題」『亜州古陶瓷研究Ⅳ』亜州古陶瓷学会
河内将芳　二〇一二『祇園祭の中世―室町・戦国期を中心に―』思文閣出版
川口卯橘　一九三一「大蔵経板求請と日鮮の交渉」『青丘学叢』第三号
川添昭二編　一九八八『よみがえる中世1　東アジアの国際都市博多』平凡社
川添昭二　一九九六『対外関係の史的展開』文献出版
川添昭二　一九九九「鎌倉時代の対外関係と文物の移入」同『日蓮とその時代』山喜房佛書林（初出は、『岩波講座日本歴史第六巻　中世二』岩波書店、一九七五年）

添房江　二〇〇五『源氏物語時空論』東京大学出版会
河添房江　二〇〇七『源氏物語と東アジア世界』日本放送出版協会〔NHKブックス〕
河河添房江　二〇〇八『光源氏が愛した王朝ブランド品』角川書店〔角川選書〕
河添房江　二〇一〇「平安文学と異国」荒野泰典・石井正敏・村井章介編『日本の対外関係3　通交・通商圏の拡大』吉川弘文館
河添房江　二〇一四『唐物の文化史―舶来品からみた日本―』岩波書店〔岩波新書〕
河添房江・保立道久・服藤早苗・木村茂光（司会）二〇〇八「座談会『源氏物語』の可能性」『歴史評論』第七〇二号
河添房江・皆川雅樹編　二〇一一『唐物と東アジア―舶載品をめぐる文化交流史―』勉誠出版〔アジア遊学147〕
岸野　久　一九八九『西欧人の日本発見―ザビエル来日前日本情報の研究―』吉川弘文館
北島万次　一九八二『朝鮮日々記・高麗日記―秀吉の朝鮮侵略とその歴史的告発―』そしえて
北島万次　二〇〇二『壬辰倭乱と秀吉・島津・李舜臣』校倉書房
喜舎場一隆　一九九三『近世薩琉関係史の研究』国書刊行会
金　柄夏　一九六五「李朝前期における対日蘇木取引」『大阪大学経済学』第一五巻二号
金　柄夏　一九六七「李朝前期における対日胡椒取引」宮本又次編『商品流通の史的研究』ミネルヴァ書房
国吉菜津子　一九九一「琉球における陶磁貿易の一考察」『南島史学』第三八号
國原美佐子　一九九四「唐船奉行の成立―足利義教による飯尾貞連の登用―」東京女子大学紀要『論集』第四四巻第二号
久保智康　二〇一〇「中世日本における倣古銅器の受容と模倣―唐物意識の内実―」同編『東アジアをめぐる金属工芸　中世・国際交流の新視点』勉誠出版〔アジア遊学134〕
久芳　崇　二〇一〇『東アジアの兵器革命―十六世紀中国に渡った日本の鉄砲―』吉川弘文館
久留島典子　二〇〇一『日本の歴史13　一揆と戦国大名』講談社
黒嶋　敏　二〇一二『中世の権力と列島』高志書院
黒田省三　一九五五「中世朝鮮貿易に於ける輸出物資について」児玉幸多編『日本社会史の研究』吉川弘文館

黒田日出男　一九九四「絵巻のなかの鬼―吉備大臣と〈鬼〉―」大隅和雄責任編集『週刊朝日百科日本の歴史別冊歴史を読みなおす5、大仏と鬼―見えるものと見えないもの―』朝日新聞社
桑門智亜紀編　二〇一三「特集　水中考古学の現状と課題　日本・韓国・中国・東南アジアの水中遺跡」『季刊考古学』第一二三号、雄山閣
考古学ジャーナル編集委員会編　二〇一三「特集　水中考古学―元寇船最新研究の成果―」『月刊考古学ジャーナル』第六四一号、ニューサイエンス社
国立歴史民俗博物館編集・発行　二〇〇四『海をわたった華花―ヒョウタンからアサガオまで―』
国立歴史民俗博物館編　二〇〇五『東アジア中世海道―海商・港・沈没船―』毎日新聞社
国立歴史民俗博物館編集・発行　二〇〇六『歴史のなかの鉄炮伝来―種子島から戊辰戦争まで―』
国立歴史民俗博物館編集・発行　二〇一三『時代を作った技―中世の生産革命―』
小葉田淳　一九三九『中世南島通交貿易史の研究』日本評論社（刀江書院より復刊、一九六八年。増補版、臨川書店、一九九三年）
小葉田淳　一九四一『中世日支通交貿易史の研究』刀江書院（同社より、一九六九年復刊）
小葉田淳　一九七六『金銀貿易史の研究』法政大学出版局
小島瓔禮　一九八六「芥隠承琥伝」島尻勝太郎・嘉手納宗徳・渡口眞清三先生古稀記念論集刊行会編『球陽論叢』ひるぎ社
小島瓔禮　一九九〇「海上の道と隼人文化」網野善彦・大森太良・谷川健一・宮田登・森浩一編『海と列島文化第五巻　隼人世界の島々』小学館
佐伯弘次　一九七八「大内氏の筑前国支配―義弘期から政弘期まで―」『九州中世史研究』第一輯
佐伯弘次　一九八四「中世後期の博多と大内氏」『史淵』第一二一輯
佐伯弘次　一九九〇「国境の中世交渉史」網野善彦・大林太良・谷川健一・宮田登・森浩一編『海と列島文化第三巻　玄海灘の島々』小学館
佐伯弘次　一九九二「永享十二年少弐嘉頼赦免とその背景」地方史研究協議会編『異国と九州―歴史における国際交流と地域

形成―』雄山閣
佐伯弘次　一九九六「中世都市博多と「石城管事」宗金」『史淵』第一三三輯
佐伯弘次　一九九七「外国人が見た中世の博多」村井章介・佐藤信・吉田伸之編『境界の日本史』山川出版社
佐伯弘次　一九九九「室町期の博多商人宗金と東アジア」『史淵』第一三六輯
佐伯弘次　二〇〇三『日本の中世9　モンゴル襲来の衝撃』中央公論新社
佐伯弘次　二〇一〇a「応永の外寇と東アジア」『史淵』第一四七輯
佐伯弘次　二〇一〇b「博多と寧波」荒野泰典・石井正敏・村井章介編『日本の対外関係第3巻　通交・通商圏の拡大』吉川弘文館
佐伯弘次　二〇一三「室町時代の博多商人宗金と京都・漢陽・北京」中島楽章・伊藤幸司編『東アジア海域叢書11　寧波と博多』汲古書院
狭川真一　二〇〇四「火傷を負った金銅仏」『仏教芸術』第二七五号
桜井英治　一九九六「折紙銭と十五世紀の贈与経済」勝俣鎮夫編『中世人の生活世界』山川出版社
桜井英治　一九九八「日本中世の贈与について」『思想』第八八七号
桜井英治　二〇〇二「『御物』の経済―室町幕府財政における贈与と商業―」『国立歴史民俗博物館研究報告』第九二集
桜井英治　二〇一一『贈与の歴史学―儀礼と経済のあいだ―』中央公論新社〔中公新書〕
佐々木銀弥　一九九四『日本中世の流通と対外関係』吉川弘文館
佐々木稔編著　二〇〇二『鉄と銅の生産の歴史―古代から近世初頭にいたる―』雄山閣
佐々木稔編　二〇〇三『火縄銃の伝来と技術』吉川弘文館
佐藤進一　一九六三「室町幕府論」『岩波講座日本歴史第七巻　中世三』岩波書店（のち、同『日本中世史論集』岩波書店、一九九〇年）
鮫島安豊　二〇〇二「種子島の製鉄の歴史」『ふぇらむ』Vol.7（2002）No.5
三條西公正　一九七一『香道―歴史と文学―』淡交社（改訂版、一九八五年）

島尾　新　一九八九「一五世紀における中国絵画趣味」『MUSEUM』第四六三号

島尾　新　一九九七「会所の美術―室町時代の唐物と『美術』システム―」『国立歴史民俗博物館』第七四集

島尾　新　二〇〇四「『東山御物』随想―イメージのなかの中国画人たち―」根津美術館『南宋絵画―才情雅致の世界―』

島尾　新　二〇〇六「会所と唐物―室町時代前期の権力表象装置とその機能―」鈴木博之・石山修武・伊藤毅・山岸常人編『シリーズ都市・建築・歴史4　中世の文化と場』東京大学出版会

島尾　新　二〇一一「日本美術としての『唐物』」河添房江・皆川雅樹編『唐物と東アジア―舶載品をめぐる文化交流史―』勉誠出版〔アジア遊学147〕

清水克行　二〇〇四『室町社会の騒擾と秩序』吉川弘文館

清水克行　二〇〇八『大飢饉、室町社会を襲う！』吉川弘文館〔歴史文化ライブラリー〕

清水紘一　二〇〇一「日葡交渉の起源」同『織豊政権とキリシタン―日欧交渉の起源と展開―』岩田書院（初出は、中央大学一〇〇周年記念論文集文学部編集委員会編『中央大学一〇〇周年記念論文集　文学部』中央大学、一九八五年）

清水紘一　二〇〇八『日欧交渉の起源―鉄砲伝来とザビエルの日本開教―』岩田書院

清水有子　二〇〇六「ポルトガル人日本初来に関する基礎的問題」『南島史学』第六七号

新修神戸市史編集委員会編　二〇一〇『新修神戸市史歴史編Ⅱ　古代・中世』神戸市

須川英徳　一九九三「高麗から李朝初期における諸貨幣―銭・銀・楮貨―」『歴史評論』第五一六号

須田牧子　二〇一一『中世日朝関係と大内氏』東京大学出版会

鈴木眞哉　一九九七『鉄砲と日本人―「鉄砲神話」が隠してきたこと―』洋泉社（のち筑摩書房〔ちくま学芸文庫〕、二〇〇〇年）

鈴木眞哉　二〇〇三『鉄砲隊と騎馬軍団―真説・長篠合戦―』洋泉社〔洋泉社新書y〕

鈴木康之　二〇〇八「滑石製石鍋の流通と琉球列島」池田榮史編『古代中世の境界領域―キカイガシマの世界―』高志書院

関　周一　一九九二「香料の道と日本・朝鮮」荒野泰典・石井正敏・村井章介編『アジアのなかの日本史第Ⅲ巻　海上の道』東京大学出版会

関　周一　一九九五「中世後期における『唐人』をめぐる意識」田中健夫編『前近代の日本と東アジア』吉川弘文館
関　周一　一九九五「日中関係史と陶磁器」『青山考古』第一二号
関　周一　一九九七「室町幕府の朝鮮外交―足利義持・義教期の日本国王使を中心として―」阿部猛編『日本社会における王権と封建』東京堂出版
関　周一　一九九八「朝鮮王朝からの銅銭輸入」『出土銭貨』第九号
関　周一　一九九九「朝鮮王朝官人の日本観察」『歴史評論』第五九二号
関　周一　二〇〇二a「唐物の流通と消費」『国立歴史民俗博物館研究報告』第九二集
関　周一　二〇〇二b『中世日朝海域史の研究』吉川弘文館
関　周一　二〇〇三「明帝国と日本」榎原雅治編『日本の時代史11　一揆の時代』吉川弘文館
関　周一　二〇〇四「一六世紀アジアにおける鉄砲と戦争」小林一岳・則竹雄一編『戦争Ⅰ　中世戦争論の現在』青木書店
関　周一　二〇〇六「香料の道　再考」研究代表者小野正敏　平成14年度～平成17年度科学研究費補助金　基盤研究（A）（2）『前近代の東アジア海域における唐物と南蛮物の交易とその意義』
関　周一　二〇〇九「『朝鮮王朝実録』の日本関係史料」北島万次・孫承喆・橋本雄・村井章介編著『日朝交流と相克の歴史』校倉書房
関　周一　二〇一〇a「『朝鮮王朝実録』にみる国家と境界の技術交流」研究代表者小野正敏　平成18年度～平成21年度科学研究費補助金　基盤研究（A）『中世東アジアにおける技術の交流と移転―モデル、人、技術』
関　周一　二〇一〇b「『中華』の再建と南北朝内乱」荒野泰典・石井正敏・村井章介編『日本の対外関係4　倭寇と「日本国王」』吉川弘文館
関　周一　二〇一一「唐物に関する近年の研究」『貿易陶磁研究』第三一号
関　周一　二〇一二a「回顧と展望　日本　中世　四　中世の対外交流」『史学雑誌』第一二一編第五号
関　周一　二〇一二b『対馬と倭寇―境界に生きる中世びと―』高志書院〔高志書院選書〕
関　周一　二〇一三a「中世『東アジア』研究の動向」『歴史学研究』第九〇六号

関　周一　二〇一三b『朝鮮人のみた中世日本』吉川弘文館（歴史文化ライブラリー）
瀬田勝哉　一九九四「伊勢の神をめぐる病と信仰」同『洛中洛外の群像—失われた中世京都へ—』平凡社
対外関係史総合年表編集委員会編　一九九九『対外関係史総合年表』吉川弘文館
高橋公明　一九八二「外交儀礼よりみた室町時代の日朝関係」『史学雑誌』第九一編第八号
高橋公明　一九八五「室町幕府の外交姿勢」『歴史学研究』第五四六号
高橋公明　一九八九「十六世紀の朝鮮・対馬・東アジア海域」加藤榮一・北島万次・深谷克己編著『幕藩制国家と異域・異国』校倉書房
高橋公明　一九九一「中世日本海地域と対外交流」網野善彦・大林太良・谷川健一・宮田登・森浩一編『海と列島文化第二巻　日本海と出雲世界』小学館
高橋公明　一九九二「外交称号、日本国源某」『名古屋大学文学部研究論集史学』第三八号
高橋公明　一九九五「一六世紀中期の荒唐船と朝鮮の対応」田中健夫編『前近代の日本と東アジア』吉川弘文館
高柳光壽　一九七〇「応永年間に於ける南蛮船来航の文書について」『高柳光壽史学論文集　上巻』吉川弘文館（初出は、一九三二年）
高良倉吉　一九九三『琉球王国』岩波書店（岩波新書）
竹内理三　一九三八「中世寺院と外国貿易（上）（下）」『歴史地理』第七二巻第一・二号、（のち『竹内理三著作集　第八巻　古代中世の課題』角川書店、二〇〇〇年）
竹本千鶴　二〇〇六『織豊期の茶会と政治』思文閣出版
竹本千鶴　二〇一一「戦国織豊期の唐物—唐物から名物へ—」河添房江・皆川雅樹編『唐物と東アジア—舶載品をめぐる文化交流史—』勉誠出版（アジア遊学147）
竹本千鶴　二〇一三「『君台観左右帳記』から「大名茶湯」へ」『貿易陶磁研究』第三三号
太宰府市史編集委員会編　二〇〇二『太宰府市史』中世資料編、太宰府市
田中健夫　一九五九『中世海外交渉史の研究』東京大学出版会

田中健夫　一九七五『中世対外関係史』東京大学出版会
田中健夫　一九八二『対外関係と文化交流』思文閣出版
田中健夫編　一九九五『訳注日本史料　善隣国宝記・新訂続善隣国宝記』集英社
田中健夫　一九九六『前近代の国際交流と外交文書』吉川弘文館
田中健夫　一九九七『東アジア通交圏と国際認識』吉川弘文館
田中浩司　一九九四「中世後期における『礼銭』『礼物』の授受について—室町幕府・別奉行・東寺五方などをめぐって—」『経済学論叢（中央大学）』第三五巻第四号
田中浩司　一九九八「年中行事からみた室町幕府の経済について—十五世紀後半以降を中心に—」『中央史学』第二一号
田中浩司　二〇〇一「中世後期の『財産』とたからもの—その具体相と意識をめぐって—」小野正敏・五味文彦・萩原三雄編『中世人のたからもの　蔵があらわす権力と富』高志書院
田中博美　一九八七「武家外交の成立と五山禅僧の役割」田中健夫編『日本前近代の国家と対外関係』吉川弘文館
田中博美　一九九〇「遣明船貿易品としての日本刀とその周辺」『東京大学史料編纂所所報』第二四号
谷　信一　一九八三「唐物」国史大辞典編集委員会編『国史大辞典』第三巻、吉川弘文館
谷口眞子　二〇〇一「移行期戦争論—大坂冬の陣の総合的検討—」歴史学研究会編『戦争と平和の中近世史』青木書店
谷口眞子　二〇〇四「史料・文献紹介　佐々木稔編『火縄銃の伝来と技術』」『歴史学研究』第七八五号
田村洋幸　一九六七『中世日朝貿易の研究』三和書房
千々和到　一九八三「『誓約の場』の再発見—中世民衆意識の一断面—」『日本歴史』第四二二号
坪井良平　一九七四『朝鮮鐘』角川書店
土井忠生・森田武・長南実編訳　一九八〇『邦訳　日葡辞書』岩波書店
徳永和喜　一九九〇「島津氏の南島通交貿易史—南島の国際性と薩摩藩の琉球口貿易の展開—」網野善彦・大林太良・谷川健一・宮田登・森浩一編『海と列島文化第五巻　隼人世界の島々』小学館
徳永和喜　二〇〇二「中国・東南アジアとの交流」松下志朗・下野敏見編『街道の日本史55　鹿児島の湊と薩南諸島』吉川弘

文館
所　荘吉　一九六四『火縄銃』雄山閣（復刻版は、雄山閣、一九八九年）
所　荘吉　一九八六「鉄砲伝来をめぐって—その正しい理解のために—」種子島開発センター編『鉄砲伝来前後』有斐閣
所　荘吉　一九八七「日本銃砲史（4）鉄炮伝来説の検討（2）」『銃砲史研究』第一九五号
所　荘吉　一九九六『図解古銃事典』雄山閣出版
所　荘吉　一九九九「鉄砲伝来の真相」『設楽原歴史資料館研究紀要』第三号
戸田芳実　一九九二「北陸道と敦賀」同『歴史と古道—歩いて学ぶ中世史—』人文書院
飛田英世　一九九七「羽生氏と鹿島大祢宜家文書」『広報あそう』第五一二号
豊田　武　一九八二『豊田武著作集第一巻　座の研究』吉川弘文館
豊田　武　一九八三『豊田武著作集第三巻　中世の商人と交通』吉川弘文館（初出は、『日本商人史　中世篇』東京堂、一九四九年）
仲尾　宏　一九八九『前近代の日本と朝鮮—朝鮮通信使の軌跡—』明石書店
仲尾　宏　二〇〇〇『朝鮮通信使と壬辰倭乱—日朝関係史論—』明石書店
仲尾　宏　二〇一一『朝鮮通信使の足跡—日朝関係史論—』明石書店
中島楽章　二〇〇五「ポルトガル人の日本初来航と東アジア海域交易」『史淵』第一四二輯
中島楽章　二〇〇九「ポルトガル人日本初来航再論」『史淵』第一四六輯
中島楽章　二〇一一「銃筒から仏郎機銃へ—十四～十六世紀の東アジア海域と火器—」『史淵』第一四八輯
中島楽章　二〇一三a「鉄砲伝来と倭寇」荒野泰典・石井正敏・村井章介編『日本の対外関係5　地球的世界の成立』吉川弘文館
中島楽章　二〇一三b「一五四〇年代の東アジア海域と西欧式火器—朝鮮・双嶼・薩摩—」同編『南蛮・紅毛・唐人—一六・一七世紀の東アジア海域—』思文閣出版
永積洋子　一九九九「平戸に伝達された日本人売買・武器輸出禁止令」『日本歴史』第六一一号

長沼賢海　一九七六「国際混血児」同『日本海事史研究』九州大学出版会
中村　質　一九七三「近世の日本華僑―鎖国と華僑社会の変容―」福岡ユネスコ協会編『外来文化と九州・九州文化論集二』平凡社
中村栄孝　一九六五『日鮮関係史の研究　上巻』吉川弘文館
中村栄孝　一九六六『日本と朝鮮』至文堂
中村栄孝　一九六九a『日鮮関係史の研究　中巻』吉川弘文館
中村栄孝　一九六九b『日鮮関係史の研究　下巻』吉川弘文館
新島奈津子　二〇〇五「古琉球における那覇港湾機能―国の港としての那覇港―」『専修史学』第三九号
新名一仁　二〇〇六「三宅国秀・今岡通詮の琉球渡海計画をめぐる諸問題―南九州政治史の視点から―」『九州史学』第一四四号
西岡芳文　一九九八「歴史のなかのイチョウ」『年報三田中世史研究』第五号
西山　克　二〇〇四「応永の外寇異聞」『関西学院史学』第三一号
新田英治　一九九八「鹿島大祢宜家文書の発見によせて」『茨城県史研究』第八〇号
日本国語大辞典第二版編集委員会・小学館国語辞典編集部編　二〇〇一『日本国語大辞典』第二版、第三巻・第九巻、小学館
貫井正之　一九九六『豊臣政権の海外侵略と朝鮮義兵研究』青木書店
羽下徳彦　一九九五「中世後期武家の贈答おぼえがき」同『中世日本の政治と史料』吉川弘文館
河宇鳳《ハウボン》・孫承喆《ソンスンチョル》・李薫《イフン》・閔徳基《ミンドツキ》・鄭成一《チョンソンイル》（赤嶺守　監訳）二〇一一『朝鮮と琉球』榕樹書林
春名　徹　一九九三a「アジアにおける銃と砲」荒野泰典・石井正敏・村井章介編『アジアのなかの日本史Ⅵ　文化と技術』東京大学出版会
春名　徹　一九九三b「書評と紹介　宇田川武久著『東アジア兵器交流史の研究』」『国史学』第一五一号
橋本　雄　一九九七「『遣朝鮮国書』と幕府・五山―外交文書の作成と発給―」『日本歴史』第五八九号
橋本　雄　一九九八a「遣明船と遣朝鮮船の経営構造」『遙かなる中世』第一七号

橋本　雄　一九九八b「室町幕府外交の成立と中世王権」『歴史評論』第五八三号
橋本　雄　二〇〇五『中世日本の国際関係—東アジア通交圏と偽使問題—』吉川弘文館
橋本　雄　二〇一〇a「対明・対朝鮮貿易と室町幕府—守護体制」荒野泰典・石井正敏・村井章介編『日本の対外関係4　倭寇と「日本国王」』吉川弘文館
橋本　雄　二〇一〇b「大蔵経の値段—室町時代の輸入大蔵経を中心に—」『北大史学』第五〇号
橋本　雄　二〇一一『中華幻想—唐物と外交の室町時代史—』勉誠出版
橋本　雄　二〇一二『偽りの外交使節—室町時代の日朝関係—』吉川弘文館〈歴史文化ライブラリー〉
畑　靖紀　二〇〇四「室町時代の南宋院体画に対する認識をめぐって—足利将軍家の夏珪と梁楷の画巻を中心に—」『美術史』第一五六冊
羽田　聡　二〇一〇「中世史料研究と唐物」久保智康編『東アジアをめぐる金属工芸　中世・国際交流の新視点』勉誠出版〈アジア遊学134〉
林　文理　一九九八「博多綱首の歴史的位置—博多における権門貿易—」大阪大学文学部日本史研究室創立五〇周年記念論文集『古代中世の社会と国家』清文堂出版
林屋辰三郎　一九八八「香りの文化史」同『日本史論聚八　芸術の周辺』岩波書店
原田正俊　二〇一一「室町殿の室礼・唐物と禅宗」『日本仏教綜合研究』第九号
韓《ハン》　文鍾《ムンジョン》　二〇〇一『朝鮮前期向化・受職倭人研究』国学資料院（ソウル）
東恩納寛惇　一九四一『黎明期の海外交通史』帝国教育会出版部（『東恩納寛惇全集　第三巻』第一書房、一九七九年）
平尾良光　二〇一三「豊後府内から出土した金属材料の産地」鹿毛敏夫編『大内と大友—中世西日本の二大大名—』勉誠出版
平木　實　一九九四「朝鮮時代前期における胡椒交易をめぐって」『朝鮮学報』第一五三輯
平山武章・橋口尚武　一九九〇「種子島の歴史と文化」網野善彦・大林太良・谷川健一・宮田登・森浩一編『海と列島文化　第五巻　隼人世界の島々』小学館
福島金治　一九八八『戦国大名島津氏の領国形成』吉川弘文館〈中世史研究選書〉

藤田明良　一九九五「交流と海禁」佐藤和彦・榎原雅治・西岡芳文・海津一朗・稲葉継陽編『日本中世史研究事典』東京堂出版
藤田亮策　一九六三『朝鮮学論考』藤田先生記念事業会
藤本正行　二〇〇三『信長の戦争―信長公記』にみる戦国軍事学―』講談社〈講談社学術文庫〉（原本は、同『信長の戦国軍事学』JICC出版局、一九九三年）
藤本正行　二〇〇四「一六～一七世紀における鉄炮の使用―書評：宇田川武久『江戸の炮術』・『鉄砲と戦国合戦』―」『歴史学研究』第七八五号
二木謙一　一九八五『中世武家儀礼の研究』吉川弘文館
古川元也　二〇〇七a「唐物考―『仏日庵公物目録』を中心に―」『年報三田中世史研究』第一四号
古川元也　二〇〇七b「唐物の請来と価値の創出」神奈川県立歴史博物館編集・発行『宋元仏画』
古川元也　二〇一一「中世唐物再考―記録された唐物―」河添房江・皆川雅樹編『唐物と東アジア―舶載品をめぐる文化交流史―』勉誠出版〈アジア遊学147〉
古川元也　二〇一三「記録された青磁と『仏日庵公物目録』」『貿易陶磁研究』第三三号
文化公報部文化財管理局（韓国）一九八八『新安海底遺物（綜合編）』
平凡社地方資料センター　二〇〇四『日本歴史地名大系41　福岡県の地名』平凡社
寶月圭吾　一九四三『中世灌漑史の研究』畝傍書房（吉川弘文館から復刊、一九八三年）
保立道久　一九九八「虎・鬼ヶ島と日本海海域史」同『物語の中世―神話・説話・民話の歴史学―』東京大学出版会
洞　富雄　一九九一『鉄砲―伝来とその影響―』思文閣出版
堀　輝三　二〇〇一「イチョウの伝来は何時か―古典資料からの考察―」Plant Morphology 13 (1)
堀池春峰　一九八二『南都仏教史の研究　下巻』法蔵館
堀本一繁　一九九九「茶の湯からみた博多」千宗室監修・谷端昭夫編『茶道学大系第二巻　茶道の歴史』淡光社
真栄平房昭　一九八三「琉球＝東南アジア貿易の展開と華僑社会」『九州史学』第七六号

牧田諦亮　一九五五・五九『策彦入明記の研究上・下巻』法蔵館
増田勝機　一九九〇「中世薩摩の海外交渉―朝鮮・中国との関係を中心に―」網野善彦・大林太良・谷川健一・宮田登・森浩一編『海と列島文化第五巻　隼人世界の島々』小学館
松尾弘毅　一九九九「室町期における壱岐藤九郎の朝鮮通交」『九州史学』第一二四号
松尾弘毅　二〇〇七「朝鮮前期における向化倭人」『史淵』第一四四輯
松岡久人　一九七八「大内氏の朝鮮貿易研究序説」同編『内海地域社会の史的研究』マツノ書店
的場節子　二〇〇七『ジパングと日本　日欧の遭遇』吉川弘文館
丸亀金作　一九六六「高麗の大蔵経と越後安国寺とについて」『朝鮮学報』第三七・三八輯
皆川雅樹　二〇一一「日本古代の対外交易と『東部ユーラシア』」『歴史学研究』第八八五号
皆川雅樹　二〇一四『日本古代王権と唐物交易』吉川弘文館
峯田元治・佐々木稔　二〇〇三「熱間鍛造法で製作された火縄銃の事例研究」『産業考古学』第一一〇号
三宅英利　一九八六『近世日朝関係史の研究』文献出版
宮武志郎　二〇〇四「オスマン朝における火器技術と国家の受容」『歴史学研究』第七八五号
閔《ミン》　徳基《ドツキ》　一九九四『前近代東アジアのなかの韓日関係』早稲田大学出版部
村井章介　一九八八『アジアのなかの中世日本』校倉書房
村井章介　一九九三『中世倭人伝』岩波書店〔岩波新書〕
村井章介　一九九五『東アジア往還―漢詩と外交―』朝日新聞社
村井章介　一九九七a「鉄砲伝来再考」『東方学会創立50周年記念　東方学論集』東方学会
村井章介　一九九七b『海からみた戦国日本―列島史から世界史へ―』筑摩書房〔ちくま新書〕（増補版は、同『世界史のなかの戦国日本』筑摩書房〔ちくま学芸文庫〕、二〇一二年）
村井章介　一九九七c『国境を超えて―東アジア海域世界の中世―』校倉書房
村井章介　二〇〇四「鉄砲はいつ、だれが、どこに伝えたか」『歴史学研究』第七八五号

村井章介　二〇〇五『中世の国家と在地社会』校倉書房
村井章介　二〇〇六『境界をまたぐ人びと』山川出版社〔日本史リブレット28〕
村井章介　二〇一一「見直される境界空間」根津美術館紀要『此君』三
村井章介　二〇一三a『日本中世境界史論』岩波書店
村井章介　二〇一三b『日本中世の異文化接触』東京大学出版会
村井章介　二〇一三c「十五世紀朝鮮・南蛮の海域交流─成宗の胡椒種請求一件から─」森平雅彦編『東アジア海域叢書14　中近世の朝鮮半島と海域交流』汲古書院
桃木至朗編　二〇〇八『海域アジア史研究入門』岩波書店
森　克己　二〇〇八『新編　森克己著作集1　新訂日宋貿易の研究』勉誠出版（初版は一九四八年、国立書院。新訂版は、『森克己著作選集　第一巻』国書刊行会、一九七五年）
森　克己　二〇〇九a『新編　森克己著作集2　続日宋貿易の研究』勉誠出版（初版は、『森克己著作選集　第二巻』国書刊行会、一九七五年）
森　克己　二〇〇九b『新編　森克己著作集3　続々日宋貿易の研究』勉誠出版（初版は、『森克己著作選集　第三巻』国書刊行会、一九七五年）
森　克己　二〇一一『新編　森克己著作集4　増補日宋文化交流の諸問題』勉誠出版（初版は一九五〇年、刀江書院、増補版は、『森克己著作選集　第四巻』国書刊行会、一九七五年）
森　公章　一九九八『古代日本の対外認識と通交』吉川弘文館
森　茂暁　二〇〇〇『後醍醐天皇─南北朝動乱を彩った覇王─』中央公論新社〔中公新書〕
盛本昌広　一九九七『日本中世の贈与と負担』校倉書房
柳原敏昭　二〇一〇「唐坊と唐人町」荒野泰典・石井正敏・村井章介編『日本の対外関係4　倭寇と「日本国王」』吉川弘文館
柳原敏昭　二〇一一『中世日本の周縁と東アジア』吉川弘文館

矢野美紗子　二〇〇九「王統交代期の首里王府について」『南島史学』第七三号
山内晋次　二〇〇二「日宋貿易の展開」加藤友康編『日本の時代史6　摂関政治と王朝文化』吉川弘文館
山内晋次　二〇〇三『奈良平安期の日本とアジア』吉川弘文館
山内晋次　二〇〇九『日宋貿易と「硫黄の道」』山川出版社〈日本史リブレット75〉
山内晋次　二〇一三「日宋貿易と『トウボウ』をめぐる覚書」中島楽章・伊藤幸司編『東アジア海域叢書11　寧波と博多』汲古書院
山口県編集・発行　一九九六『山口県史史料編　中世1』
山口県編集・発行　二〇一二『山口県史通史編　中世』
山下真一　二〇〇六「中近世移行期の種子島氏—島津氏の権力編成との関連で—」『日本歴史』第六四九号
山田憲太郎　一九四二『東亜香料史』東洋堂（同朋舎より、一九七九年復刻）
山田憲太郎　一九四八『日本香料史』小川香料（同朋舎より、一九七九年復刻）
山田憲太郎　一九五六「明治前日本香料史」同『東西香薬史』福村書店
山田憲太郎　一九七九a『東西香料史研究』中央公論美術出版
山田憲太郎　一九七九b『スパイスの歴史—薬味から香辛料へ—』法政大学出版局
山田憲太郎　一九七九c『香料博物事典』同朋舎
山川　均　二〇〇八『日本史史料研究会研究選書2　中世石造物の研究—石工・民衆・聖—』日本史史料研究会企画部
山川均編　二〇一二『東アジア海域叢書10　寧波と宋風石造文化』汲古書院
屋良健一郎　二〇一二「中世後期の種子島氏と南九州海域」『史学雑誌』第一二一編第一一号
横井　清　一九七九『東山文化』教育社〈教育社歴史新書〉（平凡社〈平凡社ライブラリー〉、一九九四年）
吉岡康暢　二〇〇二「南島の中世須恵器」『国立歴史民俗博物館研究報告』第九四集
四日市康博編著　二〇〇八『モノから見た海域アジア史—モンゴル～宋元時代のアジアと日本の交流—』九州大学出版会
米谷　均　一九九七「一六世紀日朝関係における偽使派遣の構造と実態」『歴史学研究』第六九七号

米谷　均　二〇〇〇「一七世紀前期日朝関係における武器輸出」藤田覚編『十七世紀の日本と東アジア』山川出版社
李　献璋　一九六一「嘉靖年間における浙海の私商及び舶主王直行蹟考（上）（下）」『史学』第三四巻一・二号
歴史学研究会　二〇〇四「小特集　一六～一七世紀における軍事技術の発達・交流と価値観」『歴史学研究』第七八五号
脇田晴子　一九九二「物価より見た日明貿易の性格」宮川秀一編『日本史における国家と社会』思文閣出版
和田久徳　一九六七「一五世紀初期のスマトラにおける華僑社会」『お茶の水女子大学人文科学紀要』第二〇号
和田久徳　一九八六「十四五世紀における東南アジア船の東アジア来航と琉球国」島尻勝太郎・嘉手納宗徳・渡口眞清三先生古稀記念論集刊行会編『球陽論叢』ひるぎ社
綿貫友子　一九九五「中世貿易陶磁の流通と水運―貿易陶磁器の受容と国内輸送路の考察―」『青山考古』第一二号
渡辺慶一編　一九八七『上杉謙信のすべて』新人物往来社
渡邊　誠　二〇一二『平安時代貿易管理制度史の研究』思文閣出版
シャルロッテ・フォン・ヴェアシュア（河内春人訳）二〇一一ａ『モノが語る　日本対外交易史　七―一六世紀』藤原書店（原著はフランス語版、一九八八年。英語版、二〇〇六年）
シャルロッテ・フォン・ヴェアシュア　二〇一一ｂ「平安時代と唐物」河添房江・皆川雅樹編『唐物と東アジア―舶載品をめぐる文化交流史―』勉誠出版〔アジア遊学147〕
ロナルド・トビ　一九八八「近世日本の庶民文化に現れる朝鮮通信使像―世俗・宗教上の表現―」『韓』第一一〇号
バート・S・ホール（市場泰男訳）一九九九『火器の誕生とヨーロッパの戦争』平凡社
アンソニー・リード（平野春秋・田中優子訳）一九九七・二〇〇二『大航海時代の東南アジア―一四五〇～一六八〇年―』Ⅰ・Ⅱ　法政大学出版局

あとがき

　私は、中世東アジア海域、またそれを構成するさまざまな地域を舞台として展開される人（ヒト）・物（モノ）・情報の交流を描くことを研究課題としている。博士論文を公刊した『中世日朝海域史の研究』（吉川弘文館、二〇〇二年）では、中世日朝海域におけるヒト（被虜人・漂流人）をめぐる交流、『対馬と倭寇―境界に生きる中世びと―』（高志書院、二〇一二年）では対馬と三浦という地域を対象にヒトやモノの動きを扱い、『朝鮮人のみた中世日本』（吉川弘文館、二〇一三年）は朝鮮人の日本観察という情報に重点をおいた。前三著が中世日朝関係をテーマに据えたものに対し、四冊目の単著である本書は、モノと技術の交流から、中世日本のアジアやヨーロッパとの交流を見通そうとした。前三著ほどではないものの、相変わらず『朝鮮王朝実録』に依拠する記述は多いが、日本史料・中国史料・ヨーロッパ史料（ただし日本語訳を使用）など多様な史料にも目配せして考察を進めるように配慮した。

　専門書の造り方については、関連のない論文を寄せ集めた「論文集」にはしない、一書としてまとまりを欠くような「第一部」「第二部」や「第一編」「第二編」というような構成はとらない、序論・本論・結論という構成を明確にすることなどを、常々構想してきた。そのため本書のもとになる論文を蓄積するのに時間がかかってしまった。初出年でいえば、早いもので一九九二年、新しいもので二〇一一年と、二〇年もの開きがある。その間に文体は変化し、一冊にまとめるためには、章・節の構成をはじめ、文章にも手を加える必要があった。モノと技術をテーマに一貫性をもたせようとしたが、博士論文である最初の著書ほどのまとまりは出せなかった。特に序章に示した唐物に関する近年の研究とは十分な接点をもって論じていない点は、本書の大きな弱点であることは痛感している。本書を刊行することでこれまでの研究に一区切りし、方法を磨いてさらに研究を深化させていきたいと考えている。また近年書いた外交に関するものなどを除いて、私の研究の大半は、四冊の著書にまとめることができた。その他、『日本の時代史』や『日本の対外関係』などに収録されている中世対外関係史の概説や、研究動向や書評（短いものを含めれば、中世対外関係史に関わるものが二〇編以上ある）は、発表した時点にこそ意味のあるものと考えているが、それなりの分量になってきたので、何らかの機会にまとめることができればと思っている。

ブランド品には一切興味を持たず、モノに対するこだわりのない私が、モノに関する研究を始めるきっかけになったのが、第二章の原論文「香料の道と日本・朝鮮」を収めた『アジアのなかの日本史』（全六巻、東京大学出版会）の企画に加えていただいたことである。拙論を収めた第Ⅲ巻は一九九二年に刊行されたが、執筆したのはその前年で、まだ筑波大学の大学院生であった。二巻ずつ執筆者が集まって構想を話す会議と、全体での研究報告会という二度の会議があり、後者では報告をした。二〇代後半の私（執筆者中の最年少）が、錚々たるメンバーの中に加わらせていただいたことは、貴重な経験であった。一回目の会議で、編者の一人である村井章介氏から、従来の貿易史研究にみられるような輸出・輸入という動きのみではなく、貿易品（香料）の消費を論じることを課題として与えられた。奇しくもこの課題は、その後の唐物論にも引き継ぐことになる。

一九九六年度からの三年間、代表を桜井英治氏、事務を小島道裕氏が担当された、国立歴史民俗博物館の共同研究「日本における都市生活史の研究」A班「古代・中世の都市をめぐる流通と消費」（第一期）に加わった。この共同研究には、歴史学・考古学・建築史の研究者が参加したが、日本中世史の参加者は桜井氏をはじめ、湯浅治久・田中浩司・中島圭一・宇佐見隆之の各氏ら、私と同世代（三〇代）が多かったのに対し、考古学からは吉岡康暢氏や小野正敏氏ら中世考古学を牽引する面々が加わっていた。時にはゲストスピーカーをまじえて行われた昼間の研究会だけではなく、夜の懇親会においても、お互いに忌憚なく意見を述べ合い、刺激的な議論が展開された。この共同研究のテーマは「流通と消費」であり、それに即して、「唐物の流通と消費」という本書第一章の原論文を執筆した。この論文は、幸いに異分野の研究者の目にとめてもらい、拙論では最も多く引用されている。

その後、小野氏や村木二郎氏、中島氏のご配慮によって、基盤研究（A）（2）「前近代の東アジア海域における唐物と南蛮物の交易とその意義」（研究代表者　小野正敏、二〇〇二〜二〇〇五年度）・国立歴史民俗博物館共同研究「前近代の東アジアにおける人・モノ・技術の交流とシステム」、基盤研究（A）「中世東アジアにおける技術の交流と移転―モデル、人、技術」（研究代表者　小野正敏、二〇〇六年度〜二〇〇九年度）、基盤研究（B）「『中世』を作った技術―生産から見る時代史」（研究代表者　村木二郎、二〇一一〜一三年度）・国立歴史民俗博物館共同研究「中世の技術と職人に関する総合的研究」、基盤研究（B）「中世を終わらせた『生産革命』―量産化技術の広がりと影響―」（研究代表者　中島圭一、二〇一一〜一四年度）に加えていただいた（科研は、研究協力者）。そして「東アジア中世海道　海商・港・沈没船」（二〇〇五年三月〜一一月。国立歴史民俗博物館、大阪歴史博物館、山口県立萩美術館・浦上記念館の三館を巡回）と「時代を作った技―中世の生産革命」（二〇一三年七月〜一一月。国立歴史民俗博物館、広島県立歴史博物館の二館を巡回）の二つの企画展にも展示プロジェクト委員として加わることができた。本書には、右にあげたプロジェクトによる研究成果を盛り込んでおり、数多くのご教示をいただいたプロジェクトのメンバーに、この場を借りて厚くお礼を申し上げたい。また中世考古学の方々と一緒になる機会が増えたが、筑波大学第一学群（この学群は今はない）人文学類に入学して、一〜二年次を同じクラスで過ごした考古学専攻の友人たちから耳学問をしていたことが役に立っている。

また故佐々木稔氏からお誘いを受けて火縄銃構造解析研究会に加わり、理工系の実験結果を目の当たりにしたことも、それまで想定さえしなかった経験であった。その中で、歴史学では何ができるのかについて考えさせられた。

そして、東京大学史料編纂所で行われる前近代対外関係史研究会（対外史研）と『朝鮮王朝実録』講読会、東京文理科大学・東京教育大学・筑波大学・中央大学の卒業生らによる日本中世史研究会、今はない明治大学大学院棟で行われた益田家文書研究会など、東京で開かれる複数の研究会に出席できたことが研究の礎になっている。中堅・若手（だった）対外関係史・海域アジア史研究者が集う「倭寇の会」メンバーの厚情は、ありがたいものである。

本書におさめた研究の大半は、専業非常勤講師をしていた時期のものである。一九九四年四月につくば国際大学の非常勤講師を始めて以来、一四大学、三短期大学、一工業高等学校、三高等学校、二予備校の非常勤講師（兼任講師）を務めた。茨城県日立市の実家を住居とし、茨城県や東京都などの学校を廻っていた。

そうした中、二〇一一年三月一一日の東日本大震災を迎えた。日立市は震度六強を記録し、最大五・三メートルの津波が押し寄せた。私は自宅で被災したが、地震が発生してまもなく電気・ガス・水道のライフラインは止まった。ラジオからの情報のみでは、原発事故を含めた災害全体の状況を知ることは容易ではなかった。東北各地の津波の映像をテレビで初めてみたのは、電気が復旧した三月一四日の夕方のことだった。震災直後は、かつて経験をしたことのないほどの集中力で日々を暮らし、震災報道や被災情報を注視したが、数ヵ月して津波の映像をはじめとする震災の記録から目を背けるようになってしまい、三年を過ぎた今でも被災の後遺症は消えない。歴史学の立場からいえば、この震災からは、地域の歴史文化を守り伝えるという重い課題を改めて突きつけられ、残された史料を通じて先人の経験に学ぶ必要性に気づかされた。だが、茨城大学の高橋修氏を中心に組織された茨城史料ネットには、いくらかの手伝いをした程度に過ぎず、どれだけ地域に向き合っているのかという点については、忸怩たる思いで過ごしていた。

専業非常勤講師をはじめてから二〇年目の二〇一三年、仕事や生活の環境が激変することになった。公募に応募していた宮崎大学教育文化学部に一〇月一日付で採用されたのである。五〇歳にして、初めて専任教員になった。九州は対外関係史研究におけるフィールドではあるものの、宮崎県には調査で一度訪れただけで、また親族はおらず、知人もほとんどいなかった。幸い、西洋史の中堀博司氏をはじめとする同僚の先生方には親切に接していただき、とりわけ中堀氏には、仕事に不慣れな私に対して懇切に面倒をみていただいている。また前任の山田渉氏からは、授業の進め方をはじめとする種々のご助言をいただき、宮崎県地域史研究会の諸氏にも紹介していただいた。遠距離の異動のため、宮崎に持参する蔵書や資料類は、半分程度にした。そのため、本書の校正は、宮崎と実家の両方で作業をしなければならなかった。改めて研究に費やした時間の長さを感じた次第である。

現在、宮崎大学教育文化学部には、学校教育課程と人間社会課程の二つの課程があり、私は後者の課程の社会システムコースを主担当としている。従来は、もっぱら講義を担当し、演習は、武蔵大学で「日中交流史演習」（受講生は二名）前・後期を一年間担当したのみであった。宮崎大学では、逆に講義の担当は少なく、日本史ゼミ（両課程の学生が所属）生を中心とした演習での指導が大きなウェイトを占める。社会システムコースでは二年生後期からゼミに属す（学校教育課程の学生も、事実上その時期から指導が始まる）ため、私の採用が決まる以前から、両課程あわせて一一名のゼミ所属希望者（二年生）が待っていた。現在、試行錯誤を繰り返しながら、ゼミ生（三年生一一名、二年生五名）を指導している。三年生についていえば、教員としてだけではなく、先輩（院生・学部生）の役割（時には親の役割）にあたる細かな指導が必要だが、一年を経過して、だいぶ歴史学を学ぶ学生らしくなってきた。日本史担当教員は私一人しかいない（宮崎大学には、歴史学の教員は中堀氏と私の二人しかいない）ため、赴任当初は、開設できる日本史の授業の少なさ（日本史を学ぶ時間が少ない）が気になった。だが、学部や課程・コースの特性から、地理学・経済学・法学など他の学問分野との垣根が低く、異分野の教員複数が指導する授業があり、また学生も他の分野の授業も履修するため、いわゆる「文学部史学科」にありがちな自分の専門の時代のみを勉強する（それが「効率的」なのは確かだが）というスタイルにはならず、歴史学以外のさまざまな体験を通じて視野を広げるという良さがあることに気づいた。それに授業以外の勉強会や個別指導を加えながら、論文や史料の読解力など、歴史学の基本的な素養を身につけてもらえればというのが、現時点での感触である。日々の学生指導を通じて思い起こされるのは、筑波大学の指導教官であった田沼睦先生から受けたご指導である。いかに先生が辛抱強く指導してくださったかが、ようやくわかった気がする。

「地域貢献」は地方国立大学の使命であり、「まちづくり」という観点からも宮崎県の歴史文化に向かい合う責務がある。大学でも宮崎県をフィールドにする授業を担当しているが、さらに宮崎県と宮崎市の文化財審議委員をそれぞれ拝命して、否応なく地域と関わらざるを得なくなった。新たな勉強の場となった宮崎県地域史研究会は、人数は大勢とはいえないものの、例会や勉強会を頻繁に開催し、宮崎初心者の私にとってはかけがえのない場になっている。

一九八六年に大学院に入学してから、早三〇年近くなる。その間にご指導をいただいた諸先生や諸先輩の中には故人となられた方々も数多い。その一方、最近の中堅・若手の研究者の活躍はめざましく、二〇一三年から刊行が始まった『岩波講座日本歴史　中世』の執筆者の大半は、私よりも若い四〇代・三〇代の方々である。あまり足手まといにならないように、研究や教育に前進していきたいと思う。

最後に、編集や出版の労を取っていただいた吉川弘文館の方々に、感謝の意を表しておきたい。

二〇一四年八月

関　周一

索　　引

I　事　項　名（主要な事項と人名・地名の一部）

あ　行

亜　鉛 ……155, 156
阿久根 ……135, 138, 139
麻　布 ……26, 39, 118, 122
芦屋鋳物師 ……191, 193, 220
綾 ……11, 22, 23, 31〜33, 35
アルケブス銃 ……131, 132
アントーニオ＝ダ＝モッタ …136, 137, 144, 150, 151
硫　黄…24, 38, 41, 47, 78〜80, 89〜91, 130, 157, 225, 241
硫黄島 ……157
銀　杏 ……71, 72
入れ子の空間論……56
馬…16, 17, 24, 25, 27, 28, 36, 43〜46, 48〜50, 59, 75, 78, 79, 87, 89〜92, 94, 97, 98, 118, 166, 174, 208, 231
エスカランテ ……133, 134, 151
応永の外寇…5, 7, 59, 91, 100, 104, 105, 109, 183, 202, 203, 211, 212, 221, 225, 226, 230, 236
王　直 ……129, 143, 149, 152, 162, 164, 218, 242
鸚　鵡 ……9, 19, 23, 28
御　訪……42
御　成 ……17, 42, 43, 45, 53〜55
小　浜 ……28, 205
織部丞 ……142〜144

か　行

芥隠承琥 ……28, 229
会　所 ……55〜57, 127, 231
海　商 ……2, 3, 21, 23, 68, 70〜72, 74, 139, 157, 195, 198, 229
回礼使 …102, 103, 105〜107, 109, 111, 114, 177, 210
藿　香 ……84, 89, 90, 92
貨　幣 ……99, 102, 117, 118, 225, 231
鎌　倉 …2, 4, 9, 14, 23, 31, 33, 34, 36, 37, 58, 61, 62, 64, 70, 84, 108, 157, 188, 199, 212, 214, 215, 227
火　薬……130, 144, 146, 147, 152, 156, 157, 165, 166, 169〜172, 174, 218
唐　糸 ……16, 34, 42, 49
唐　絵 ……12〜14, 30, 31, 48, 56, 63
唐　紙 ……40, 51
唐　墨 ……12, 14, 23, 27, 29, 31, 52
唐　筵 ……23, 59, 62〜64, 215
唐　物 …1, 4, 5, 7〜20, 22〜24, 27〜38, 41〜43, 46, 48〜53, 55〜64, 67〜69, 73, 120, 187, 214, 215, 220〜222, 224, 225, 228, 231〜234, 237〜239, 242
唐物御覧 ……31, 32, 63
唐物荘厳……56
甘　草 ……89, 90
官貿易……22
鵞眼（銭の異称） ……27, 45, 208
臥蛇島 ……158
生　糸……25
絹織物 ……11, 12, 14, 24, 25, 27, 28, 31, 35, 44
伽　羅 ……86, 87
境　界 …1, 2, 4, 7, 158, 176, 185〜187, 192, 218〜220, 222, 223, 230〜232, 240
境界人 ……223
経　典 ……14, 26, 83, 101, 124, 217
京　都…2, 4, 5, 16, 17, 20, 21, 23, 26〜29, 34, 37, 42, 52〜54, 58, 60, 62〜64, 70, 72〜75, 88, 104〜108, 110〜112, 116, 147, 188, 196, 201〜211, 214, 215, 221, 226, 230, 233
喜利志多佗孟太 ……142, 144
金　慎 ……177〜180, 182, 192, 219
金　襴 ……27, 28, 35, 39, 45, 46, 49, 89, 90
祇園会 ……5, 209〜213, 221

偽　使 …2, 92, 99〜101, 111, 112, 117, 124, 217, 225, 237, 241
魏　天 ……………………………………105, 202
孔　雀 ……………………………9, 19, 28, 35, 82
久辺国主………………………………………………93
熊野(種子島の地名) ……………………143, 144
薫陸香 ……………………………………19, 22, 83
慶　元 ………………30, 37, 70, 72, 96, 186, 215
圭　籌 ……………………89, 103〜107, 109, 210
花瓶(けびょう) …13, 27, 30, 32, 35〜37, 42, 44, 61, 62, 73, 85
権門貿易 ……………………………………21, 237
香合(こうあわせ) ……………………85, 94, 97
香合(こうごう) ……27, 32, 34, 35, 62, 75, 85, 94, 97, 216
胡椒種請求 …………………………93〜95, 240
皇帝の絵画……………………………………………57
荒唐船 ………………………………129, 167, 233
公貿易 ……………………21, 22, 24〜26, 79, 93
公　物 ……………………………10, 14, 61, 238
高麗鶯…………………………………………………60
香　料……4, 5, 9, 12〜14, 18, 19, 27, 28, 66〜69, 72〜76, 80, 82〜84, 86, 87, 91, 92, 94, 96, 97, 123, 137, 215, 216, 222, 231, 232, 241
鴻臚館 …………………………………………19, 20
香　炉 ……27, 34〜36, 44, 46, 51, 59, 61, 62, 73
降　倭 ………………………172, 173, 218, 219
告　身 ………………………………………………169
国風文化 ……………………………………20, 57
胡　椒 …25, 39, 60, 61, 64, 66, 67, 69, 71〜74, 76 〜80, 82, 86, 88〜90, 92〜98, 123, 215, 216, 228, 237, 240
高麗人 ……80, 109, 196, 198, 199, 209〜211, 220
御物(東山御物) ……………53〜55, 64, 230, 231
五峯(王直の号) ………………142, 143, 149, 152

さ　行

犀　角 ……………………………………79, 89, 90
彩花席 ……………………………………26, 39, 47
薩　摩 …1, 22, 39, 40, 42, 67, 75, 87, 91〜93, 97, 138, 140, 141, 157, 158, 165, 169, 171, 176, 188, 205, 206, 211, 216, 221, 235, 239
砂　糖 ……………………………25, 34, 39, 42, 51
三貢船 ………………………………………148, 149
三司官……………………………………159〜161
紫　檀 ……………………………11, 14, 71〜73
漆　器…………………………………………………25
室　礼 ………………29, 30, 55, 63, 65, 214, 237
篠川小四郎 ……………………143, 144, 152, 218
私貿易 ……………………………21, 22, 24〜26
紗 ………………………………27, 50, 51, 161, 240
朱　砂 …………………………………11, 22, 95
焼　香 ……………………………83, 86, 97, 216
硝　石 ………………………………130, 156, 218
消　費……2, 4, 5, 9, 14, 16, 17, 28, 29, 38, 58, 63, 64, 67, 83, 87, 96, 97, 214〜216, 222, 232
白　糸……………………………………………42〜46
新羅人 ……………………18, 198, 199, 211, 220
新安沈没船…2, 23, 67, 69〜73, 96, 144, 215, 226, 238
進貢貿易 ……………………………………24, 79
深修庵 ………………………………105, 107, 210
真　鍮 ……………………………155, 156, 218, 225
暹羅(しんら，シャム) …74, 76, 77, 82, 97, 136, 156, 216
自幹の車 ……………………………179, 180, 182, 192
寺社造営料唐船 …………23, 61, 63, 70, 73, 214
自転揚水車 …………………………178, 192, 219
麝　香 …9, 11, 12, 22, 29, 32, 42〜45, 67〜69, 73 〜75, 81, 82, 84〜86, 97, 216
爪蛙(ジャワ)…………………………………………82
ジャンク …2, 133, 135〜137, 139, 149, 162, 218
炷　香…………………………………………………85
銃　筒 ……………………………168〜171, 235
重　宝 ……………12, 32, 35, 54, 56, 63, 117, 120
什　物 ………………………………10, 14, 29, 61
受職人 ……169, 171, 185, 189, 190, 192, 193, 219
沈　香 …9, 11, 12, 19, 22, 28, 29, 32〜35, 39, 42, 44〜46, 49, 51, 52, 63, 66〜69, 72〜75, 78, 82 〜86, 89, 90, 93〜98, 215, 216
沈　俵 …………………………………………33, 75
水　牛 ……………………………………11, 23, 48
水　車 ……………………4, 177〜182, 192, 219
錫 …………………………………………25, 78〜80
請経使 ………………108, 110, 114, 124, 125, 217
生産技術……3, 4, 6, 128, 131, 141, 143, 164, 171, 186, 187, 217, 222
生産システム ……129〜131, 152, 153, 156, 164, 165, 217, 218
青　磁 ……14, 16, 19, 36, 37, 61, 62, 73, 75, 238

誓約の場 ……………………………………86, 234
銭　貨 ……6, 12, 13, 48, 117, 119, 121, 123, 125, 232
仙洞(上皇) ……………………………32〜34, 75
染　料……………………………………………12
銭…2, 4, 6, 12〜14, 17, 22〜25, 33, 42, 46, 48, 52, 59, 63, 64, 77, 90, 94, 97, 114, 117〜123, 125, 186, 215〜217, 230〜232, 234
禅　僧 ………1, 2, 23, 56, 92, 104, 141, 202, 234
宋希璟 ……………………………103, 105, 210
宗　金……59, 104, 110〜112, 116, 124, 217, 224, 230
双　嶼 ……………………137, 140, 149, 166, 235
宋　人 ……………………38, 186, 199, 211, 220
束　香 ……………………………………79, 89
蘇香円 ……………………………………60, 61
蘇芳(蘇木のこと) …………………11, 12, 22, 46
蘇　木 …11, 24, 25, 39, 40, 46, 47, 76〜80, 82, 88〜91, 94, 97, 216, 228
染　付 …………………30, 32, 33, 36, 37, 42, 44
贈答品 …12, 13, 17, 35, 36, 50, 51, 54, 60, 64, 89, 101, 210, 214, 215
贈　与…4, 9, 14, 17, 18, 25, 26, 37, 38, 41, 46, 48, 49, 51, 52, 54〜57, 61〜64, 122, 125, 217, 226, 230, 240
象　牙 ……………………………………78, 79, 88

た　行

平長親……………………………………169〜171
平松次 ……………………………………………169
薫　物 ……11, 14, 19, 29, 61, 68, 84, 85, 97, 216
竹崎浦 ……………………………………162, 164
太　刀…24, 26, 27, 32, 36, 39, 41〜52, 59, 63, 64, 215
種子島 ……4, 129, 130, 132, 133, 135, 136, 138〜141, 143〜153, 155〜165, 170, 176, 218, 222, 229, 230, 235, 237, 241
種子島忠時 …………………………158, 160, 161
種子島時堯 ………141〜144, 146, 160〜162, 164
種子島恵時 ………………………………162, 163
憑(たのみ) ……………………………………34, 64
丹木(蘇木のこと) ………………88〜90, 94, 123
大宋屛風…………………………………………30
大蔵経 …4, 26, 47, 48, 74, 93, 99〜108, 110, 111, 114〜116, 121, 124〜126, 189, 191, 216, 217, 227, 239
大蔵経板 ………………102〜108, 116, 124, 227
大般若経 ………………………………104, 109
大宰府 ………………………19〜21, 23, 31, 32, 206
茶　碗 ……11, 13, 23, 33, 35〜37, 44, 45, 51, 55
重　源 ……………………………………………186
丁　子…11, 12, 29, 32, 50, 51, 69, 72〜74, 83, 84, 96
鳥　銃 …128, 132, 166, 168, 171〜173, 175, 218, 219
朝鮮鐘 ……4, 187, 188, 190〜193, 219, 220, 234
鳥目(銭の異称) …………………42〜45, 62, 63
苧　布 ……………………………26, 39, 47, 94
堆　紅 …………13, 32, 35, 43, 44, 49, 51, 62, 63
堆　黒……………………………………………14
堆　朱 ………………………………14, 46, 61
通信使……64, 100, 110〜114, 119, 124, 177, 192, 196, 217, 219, 235, 242
通　事 …78, 79, 103, 105, 119, 201, 202, 211, 221
対　馬 …4, 7, 20, 47, 67, 69, 75, 80〜83, 87, 89〜92, 94, 97, 98, 100, 104, 118, 119, 123, 169, 171, 175, 176, 183, 185, 189〜191, 193, 200〜203, 216, 220〜222, 224, 227, 232, 233
鉄　砲 …4, 6, 7, 128〜133, 138, 140, 141, 143〜150, 152, 153, 155〜157, 162, 164〜166, 168, 170〜174, 186, 201, 217〜219, 222, 225, 226, 228, 231, 232, 235, 238, 239
鉄　炮 …128, 129, 135, 136, 138, 140〜149, 151〜153, 155, 162, 164〜166, 168, 170, 171, 218, 224, 226, 229, 235, 238
鉄砲伝来……4, 6, 7, 128, 129, 131, 133, 138, 140, 145, 148〜150, 152, 155, 164, 165, 217, 225, 226, 231, 235, 239
鉄　釘 ……………………………………183, 184
鉄　匠 ……143, 144, 153, 172, 190, 193, 218, 220
天竺人 ……………………………………………200
天竜寺 ……………………………109, 116, 121
藤九郎 ……………………185, 192, 219, 239
踏升の車 ……………………179, 180, 182, 192
陶磁器 …2, 12〜14, 16, 21, 25, 35, 36, 38, 62, 73, 77, 97, 186, 216, 226, 232, 242
等持寺 ……………………………105, 107, 109
唐　人 ……5, 7, 27, 30, 167, 195〜207, 209〜213, 220〜223, 232, 235, 240
唐人座 ……………………………………………195

唐人町 ……196, 200, 240
唐　船 …23, 56, 61, 63, 70, 73, 98, 113, 129, 139, 162, 164, 167, 184, 185, 205, 206, 214, 215, 228, 233
唐房(博多) ……21, 195
唐　坊 ……1, 38, 195, 240
塗　香 ……83, 97, 216
虎　皮 ……11, 26, 39, 41〜45, 47, 49
銅　銭 …2, 4, 6, 23, 24, 94, 117〜123, 125〜217, 232
銅 …2, 4, 6, 11, 13, 23〜26, 30, 34, 39, 42, 44, 47, 59, 70, 78, 89, 90, 94, 108, 117〜123, 125, 131, 155, 170, 173, 189, 190, 193, 216, 217, 220, 228〜230, 232
銅　鐘 ……108, 189
銅鉄匠 ……190, 193, 220
同朋衆 ……53, 224
緞子（どんす）……27, 33, 49〜51
曇　子……27

な　行

長篠・設楽が原の戦い ……166
那　覇 ……2, 160, 161, 163, 236
鉛 ……130, 142, 144, 155〜157
南　蛮 ……74, 123, 205, 206
南蛮酒 ……28, 42, 43
南蛮船(南蕃船) …28, 74, 80, 82, 83, 94, 97, 104, 205, 215, 221, 233
南蛮筒 ……128, 133
南浦文之 ……141, 218
肉　桂 ……39, 69
荷　口 ……160, 161
錦 ……11, 22, 23, 25, 27, 29, 31〜33, 40, 49
西村(種子島の地名) ……142, 143, 152, 188
日朝混淆鐘 ……192
日本国王使……4, 6, 25, 26, 47, 59, 63, 89, 92, 93, 99〜104, 106, 110, 111, 114〜117, 119, 123〜125, 210, 216, 217, 232
乳　香 ……9, 19, 68, 78, 79, 84
人　参 ……26, 39, 44, 45, 47, 199
禰寝氏 ……148, 151, 162, 218
練　貫 ……35, 47, 51

は　行

博　多……1, 2, 4, 20〜22, 37, 48, 51, 58〜61, 63, 64, 67, 73, 75, 81〜83, 87, 88, 90〜93, 96〜98, 100, 104, 111, 115, 116, 124, 159, 176, 189, 191, 193, 195, 202, 205, 206, 214〜217, 219〜222, 224, 226, 227, 229, 230, 237, 238, 241
白　磁 ……14, 37, 90, 91
舶来品 ……4, 9, 10, 12, 13, 220, 228
八　朔 ……34〜36, 53, 63, 214
梅園石 ……186
番　錫 ……79, 80
東山御物 ……53, 54, 231
秘色青磁 ……14, 19
火縄銃 ……6, 128, 130〜133, 138, 146, 152, 153, 167, 230, 234, 235, 239
豹　皮 ……26, 39, 41, 47, 49, 63
兵　庫 ……37, 74, 205〜208, 211, 221
尾　栓 ……130, 144, 153, 155, 218
備辺司 ……168, 169, 172
白　檀 ……11, 14, 83, 84, 89, 90, 94, 97, 216
檳　榔 ……11, 71, 72
フェルナン＝メンデス＝ピント ……140
布　貨 ……121, 122, 125, 217
附搭貨物 ……79, 80
附搭物 ……24, 79
仏郎機国 ……144
仏郎機砲 ……173
フランシスコ＝ゼイモト ……136, 137, 140, 144, 150
フレイタス ……133〜137, 151
豊後府内 ……2, 157, 237
アントーニオ＝ペイショット ……136, 137, 140
宝幢寺 ……105, 106, 109, 209
報聘使 ……102, 103
北　絹 ……35, 39, 46, 50, 51
朴瑞生 ……110〜112, 119, 177〜182, 192, 219
盆 …13, 27, 30, 32, 34, 35, 39, 43〜46, 49〜51, 55, 61〜63, 75, 85, 89
梵　鐘 ……190, 193, 220

ま　行

マラッカ ……74, 132, 134, 135, 151
密貿易 …21, 22, 139, 149, 156, 162, 164, 166, 218
明　礬 ……11, 89
民間貿易 ……21, 22
明　使 ……5, 26, 27, 64, 96, 199, 203, 206〜212, 221

牟良叔舎 ……………………………142, 144, 150
室町殿 …4, 17, 32〜35, 41, 53〜55, 57, 64, 74, 75, 99, 101, 115, 120, 125, 146, 147, 203, 208, 209, 211, 216, 221, 222, 237
名 物 …………………………15, 54, 64, 65, 233
名物狩り ……………………………………65
瑪 瑙 ………………………………11, 24, 78
綿 紬 …………………26, 39, 47, 119, 122, 123
持躰松遺跡……………………………………38
木 綿 …22, 25, 31, 47, 60, 61, 64, 118, 122, 125, 215, 217

や 行

矢板金兵衛 ……………………………132, 153, 218
薬 種 …………………………12, 14, 86, 95, 97

ら 行

雷 春 ……………………………………27, 207
琉 球……1, 4, 12, 24, 27, 28, 32, 33, 37〜42, 52, 58, 60, 63, 64, 66, 67, 69, 73〜83, 86, 87, 91〜93, 96〜98, 135, 136, 141, 151, 157〜164, 176, 177, 183〜185, 192, 196, 202, 214〜216, 218, 219, 221, 224〜228, 231, 233, 236, 238, 242
竜室道淵 ……………………………27, 202, 207
竜 脳 ……………………11, 69, 82,〜84, 90, 95
レキオス ……………………133, 135, 136, 151
鹿苑僧録 …………………………………107, 113

わ 行

和 漢 ……………………………9, 56, 57, 222
倭 寇 …2, 7, 82, 83, 103, 110, 128, 129, 139, 143〜145, 147, 149, 162, 164, 166〜170, 183, 187, 188, 191, 196, 202, 218, 223, 224, 232, 235, 237, 240
倭 人 …109, 118, 119, 166, 168〜172, 182, 183, 185, 186, 190, 192, 193, 219, 220, 222, 223, 239
倭 船 …………4, 168, 182〜185, 190, 192, 219
和の中の漢 ……………………………55, 56, 222
和 様 ……………………………………14, 191

II 史 料 名

あ 行

足利将軍御内書并奉書留………………………27
吾妻鏡……………………………………………23
阿多文書 ……………………………………205
イエズス会日本通信 ………………………139
異訓庭訓往来……………………………………71
石山本願寺日記 ……………………………165
石清水文書 …………………………………199
蔭凉軒日録 …………28, 48, 85, 86, 113, 120, 127
円覚寺文書 …………………………………61, 62
大浦一泰家文書 ……………………………200
大越家文書 …………………………………201
大隅国図田帳 ………………………………157
御湯殿上日記……………………………………49

か 行

海東諸国紀 ……………………………38, 58, 177
海游録……………………………………………98
鹿島大禰宜家文書 ………………62, 235, 236
金沢文庫文書 ………………………………61, 62
兼顕卿記…………………………………………48
看聞日記 ……12, 13, 27, 30, 34, 56, 106, 114, 120, 126, 127, 199, 203〜205, 208, 209, 212, 213
吉 記……………………………………………30
旧記雑録後編……………………………………40
旧記雑録拾遺 ………………………………141
旧記雑録前編 …39, 41, 42, 45, 46, 98, 158〜160, 162
祇園執行日記……………………………………36
玉 葉 ……………………………………30, 199
薫集類抄…………………………………………84
君台観左右帳記 ……………………54, 64, 233
愚管記(後深心院関白記) ……………71, 127
経略復国要編 ………………………………173
建内記 ……………………………………114, 127
建武記……………………………………………85
源氏物語 …………………………8, 11, 19, 228
高麗史 ……………………………………47, 80〜82
高麗史節要………………………………………81
金剛頂瑜伽経十八会指帰 …………………198
後愚昧記 ……………………………………127

後法成寺関白記 ……………………………49, 50

さ　行

策彦和尚再渡集…………………………………48
策彦和尚初渡集 …………………………48, 59, 60
実隆公記 ………………………………50, 63, 85
五月雨日記……………………………………85
島尾成一所蔵文書 ………………………75, 81
島津家文書 ………………39～42, 45, 52, 98, 146
島津国史………………………………………39
笑雲入明記……………………………………78
正任記…………………………………………59
正倉院文書……………………………………68
小右記 ……………………………22, 32, 198
続日本後紀 ……………………………………198
諸国新旧発見記 …………………136, 137, 218
新猿楽記 ……………………11, 13, 22, 25, 69
神器譜 ………………………………156, 174
尺素往来………………………………………86
善隣国宝記 ……27, 100, 102, 105～108, 113, 126, 127, 189, 234
宋　史 …………………………………………157
続史愚抄 ……………………………126, 127
続善隣国宝記 ………………………100, 234

た　行

太平記 ……………………………48, 56, 84, 109
種子島家譜 ………141, 146～148, 158, 159, 162
為房卿記 ………………………………………199
探題持範注進状 …………………204, 206, 212
大永享禄之比御状幷書状之跡付………………47
醍醐寺文書……………………………………84
大小御鉄炮張立製作 …………………………155
大乗院寺社雑事記 ………………………96, 199
代始和抄………………………………………86
大明会典………………………………………78
親俊日記………………………………………49
籌海図編 ……………………………25, 166, 168
朝鮮王朝実録 …7, 26, 38, 87, 102, 167, 168, 176, 189, 232
太祖実録 ……………38, 47, 76, 78, 87, 126
定宗実録 ………………………………47, 87, 126
太宗実録 …82, 102～104, 126, 183, 189, 190
世宗実録 …26, 38, 39, 87, 88, 91, 92, 95, 102, 104～108, 110～112, 114, 115, 118, 119, 126, 127, 168, 177～185, 189, 190, 191
文宗実録………………………………………39
世祖実録 ……………………………120～122
成宗実録 …26, 75, 87, 93, 94, 122, 123, 125, 127
燕山君日記……………………………………96
中宗実録 ……………………………93, 167
明宗実録 …………………………95, 168～171
宣祖実録 ……………………………172, 173, 194
朝鮮送使国次之書契覚 ………………94, 200
経俊卿記………………………………………30
鉄炮記 …135, 136, 138, 141, 142, 145～149, 151～153, 162, 164, 165, 218
ディオゴ＝デ＝フレイタスから入手した情報…133, 134
殿中申次記……………………………………36
東寺本東征伝裏文書 …………………………198
東大寺所蔵因明論議抄裏文書…………………31
言継卿記………………………………………52
徳永氏系図 ……………………………………148

な　行

中川文書 ………………………………………163
中嶋流炮術管闚録 ……………………………155
南都真言院伝法灌頂記 ……………………212, 213
南浦文集 ………………………………………141
ニコラオ＝ランチロットの第二日本情報 …156
二条河原落書…………………………………85
蜷川親元日記 ……………………………48, 49
日本一鑑 ………………………………144, 156, 162
日本教会史 ……………………………………140
日本紀略 ………………………………………198
日本後紀 ……………………………………11, 198
日本三代実録 …………………………………198
日本書紀 ……………………………68, 197, 198
日本図纂………………………………………25
仁和寺文書……………………………………31

は　行

仏日庵公物目録 …………………10, 14, 61, 238
遍歴記 …………………………………………140
報恩院文書 ……………………………………127
北条貞時十三年供養記…………………………61
保閑斎集 ………………………………………127

ま 行

満済准后日記……13, 28, 32〜34, 49, 62, 75, 112, 127, 202, 204, 206, 208
御堂関白記……32
民経記……23, 30, 32
明実録……78, 97, 168
　太祖実録……76, 78
明月記……29
師守記……127
門葉記……84

や 行

八板氏系図……148
康富記……31, 36, 114, 127, 198, 203, 204
八代日記……139
山田聖栄日記……42, 45, 98
柞原八幡宮文書……212
吉田家日次記……109
吉見元頼朝鮮日記……200

ら・わ行

乱中雑録……200
吏部王記……20
歴代鎮西志……102, 149
歴代宝案……76, 77, 79, 97
老松堂日本行録……104, 105, 126, 202
鹿苑僧録……107, 113
若狭国税所今富名領主代々次第……28, 104, 206

著者略歴
一九六三年　茨城県日立市に生まれる
一九九二年　筑波大学大学院博士課程歴史・人類学研究科単位取得退学
博士（文学、筑波大学）
日本学術振興会特別研究員、つくば国際大学ほか非常勤講師、宮崎大学教育学部教授を経て
現在　神戸女子大学文学部教授

〔主要著書〕
『中世日朝海域史の研究』（吉川弘文館、二〇〇二年）
『火縄銃の伝来と技術』（佐々木稔編、共著、吉川弘文館、二〇〇三年）
『対馬と倭寇―境界に生きる中世びと―』（高志書院、二〇一二年）
『中世の海域交流と倭寇』（吉川弘文館、二〇二四年）

中世の唐物と伝来技術

二〇一五年（平成二十七）一月　一日　第一刷発行
二〇二五年（令和　七　）五月二十日　第三刷発行

著　者　関《せき》　周《しゅう》　一《いち》

発行者　吉　川　道　郎

発行所　株式会社　吉川弘文館
郵便番号一一三―〇〇三三
東京都文京区本郷七丁目二番八号
電話〇三―三八一三―九一五一〈代〉
振替口座〇〇一〇〇―五―二四四番
https://www.yoshikawa-k.co.jp/

組版＝株式会社 三秀舎
印刷・製本＝株式会社 デジタルパブリッシングサービス
装幀＝山崎　登

© Seki Shūichi 2015. Printed in Japan
ISBN978-4-642-02923-0

JCOPY 〈出版者著作権管理機構 委託出版物〉
本書の無断複写は著作権法上での例外を除き禁じられています．複写される場合は，そのつど事前に，出版者著作権管理機構（電話 03-5244-5088，FAX 03-5244-5089，e-mail : info@jcopy.or.jp）の許諾を得てください．

関　周一著

中世の海域交流と倭寇

A５判・三四八頁／一〇〇〇〇円

一四世紀以降、日本海や東シナ海をとりまく地域空間が国境を越えて生成し、海域交流が転変した。日本・朝鮮・中国の動向もふまえ、倭寇や対馬島海民、海商の実態を考察。海域史研究の成果を、日本中世史の中に位置づける。

中世日朝海域史の研究

A５判・三二〇頁／八〇〇〇円〈僅少〉

中世東アジア海域では、国家・地域権力による交流と民衆レベルの交流が相互に関係していた。三浦・対馬などの地域に重点をおき、倭人の朝鮮居留や被虜人を考察。人・物・情報がどのように循環していたかを解明する。

朝鮮人のみた中世日本

（歴史文化ライブラリー・オンデマンド版）

四六判・二四〇頁／二三〇〇円

室町時代、使節や漂流者として日本を訪れた朝鮮の人びと。当時の衣服・髪型から倭寇、食事と酒、稲作の方法まで、彼らが観察した日本の姿を、日本史料で検証して紹介。中世日本の社会・文化を異なる視点から見つめ直す。

関　周一編

日朝関係史

A５判・四一六頁／三五〇〇円

活発な通交、貿易、戦争、断絶…。古来、日本列島と朝鮮半島は、国境を史的境界としない多様・多元的な移動や交流があった。双方の関係を、東アジア内の広範な交流にも触れながら解明。広域史の視点から見つめ直す。

吉川弘文館

（価格は税別）